从师之道

缩短专业成长周期

王怀波　刘红新　主编

上海财经大学出版社
SHANGHAI UNIVERSITY OF FINANCE & ECONOMICS PRESS

图书在版编目(CIP)数据

从师之道 ：缩短专业成长周期 / 王怀波，刘红新主编. -- 上海 ：上海财经大学出版社，2024. 8. -- ISBN 978-7-5642-4449-1

Ⅰ. G659. 2

中国国家版本馆 CIP 数据核字第 202492XX18 号

□ 策划编辑　刘冬晴
□ 责任编辑　李嘉毅
□ 封面设计　贺加贝

从师之道：缩短专业成长周期

王怀波　刘红新　主编

上海财经大学出版社出版发行
（上海市中山北一路 369 号　邮编 200083）
网　　址：http://www.sufep.com
电子邮箱：webmaster @ sufep.com
全国新华书店经销
上海市崇明县裕安印刷厂印刷装订
2024 年 8 月第 1 版　2024 年 8 月第 1 次印刷

787 mm×1092 mm　1/16　11.75 印张(插页：2)　250 千字
定价：40.00 元

前　言 | Foreword

教师的称谓，最早见于西周金文中，称为“师氏”，简称“师”，系教国子之官。教师一词最早出自《学记》：“教师者所以学为君也。”《说文解字》注曰：“师教人以道者之称也。”唐朝韩愈《师说》“师者，传道授业解惑也”，更是把“老师”的职业精髓阐述得精炼明确。无论时代怎样变迁，社会怎样进步，教育怎样改革，学校怎样发展，教师传道授业解惑的主责主业都是一脉相承。

“国将兴，必贵师而重傅；贵师而重傅，则法度存。”改革开放以来，特别是进入新时代以来，党中央、国务院高度重视教师教育工作。习近平总书记强调，要从战略高度来认识教师工作的极端重要性，把加强教师队伍建设作为基础工作来抓。广大教师是打造中华民族“梦之队”的筑梦人，要努力培养“有理想信念、有道德情操、有扎实学识、有仁爱之心”的好老师。要在全社会营造尊师重教的良好氛围，让教师成为令人羡慕的职业。这些重要论述回答了为什么要加强教师队伍建设、新时代建设什么样的教师队伍、怎样建设教师队伍等一系列重大的理论和实践问题，为新时代教师队伍建设提供了根本遵循。党的十八大后的十年来，我国专任教师总数从 2012 年的 1 462.9 万人增长到 2021 年的 1 844.4 万人，增幅达 26%。建立了以 215 所师范院校为主体、510 所非师范院校共同参与的中国特色教师教育体系，实现了由“中师、专科、本科”三级教师教育向“专科、本科、研究生”三级教师教育跃升。教师培训体系更加完备，2021 年，国家实施“优师计划”，进一步聚焦欠发达地区教师的定向培养。改革“国培计划”，实施职业院校教师素质提高计划、中西部高校新入职教师国培示范培训计划等项目，建立“国省市县校”五级联动的新型教师培训体系。“优师计划”建立了教师工资保障长效机制，基本实现了义务教育教师平均工资收入水平不低于当地公务员平均工资收入水平。我们欣喜地看到报考教师岗位的人数逐年递增，报考教师资格证的人数实现翻番，广大教师安心从教、热心从教、舒心从教、静心从教的局面正在形成。

伟大的时代呼唤大国良师，伟大的时代造就人民教育家。毋庸置疑，教师的成长与专业发展要尊重教育规律，更要尊重教师自身成长规律。一般来说，从一名优秀教师成长规律来看，主要经历了在校学习（准教师）、新入职教师、教坛新秀、骨干教师、卓越教师、教育家型教师这样几个成长阶段。每一个阶段的专业发展各有差异，是一个螺旋式上升的过程。基于这样一个认识，我们组织部分师德高尚、业务精湛、经验丰富的中小学正高职称教师、湖北省特级教师、襄阳市隆中名师共同编写了这本《从师之道：缩短专业成长周期》，旨在通过他们自身成长过程中的典型案例和教学心得去阐述一些教育、教学规律，用身边的人与事去影响身边的教师，用身边的教师榜样去感染身边的教师，用身边的教师典型去带动身边教师的专业成长。正所谓“他山之石，可以攻玉”，本书“站在巨人的肩上”，为广大中小学教师尤其是青年教师阐释为人之道、为师之道、治学之道、爱生之道，缩短成长周期，使之尽快成为学生为学、为事、为人的“大先生”，成为被社会尊重的楷模，成为世人效法的榜样。

编　者

2024年8月于襄阳古城

目 录 | Contents

第一章

理想情操

如何做一位新时代的好老师？这是每一位教师的时代之问，也是其孜孜不倦的追求和奋斗目标。党的十八大以来，以习近平同志为核心的党中央高度重视教师队伍建设工作，把教师队伍建设作为推动教育事业高质量发展、建设教育强国的第一资源和核心竞争力，出台了一系列方针政策，作出了一系列重大决策部署。2018 年 1 月 20 日，中共中央、国务院印发了《关于全面深化新时代教师队伍建设改革的意见》，明确提出：全面贯彻党的教育方针，坚持社会主义办学方向，落实立德树人根本任务，遵循教育规律和教师成长发展规律，加强师德师风建设，培养高素质教师队伍，倡导全社会尊师重教，形成优秀人才争相从教、教师人人尽展其才、好教师不断涌现的良好局面。这是新中国成立以来，第一个以党中央、国务院名义印发的关于加强教师队伍建设的专门文件，规格之高、设计之优、措施之实、意义之重前所未有，这是教育之大幸，更是教师之大幸。那么，到底怎么样才能成为新时代的一名好老师呢？2014 年 9 月 9 日，习近平总书记在走访看望北京师范大学师生时，回答了教师的时代之问。总书记指出，好老师没有统一的模式，可以各有千秋、各显身手，但有一些共同的、必不可少的特质：第一，做好老师，要有理想信念；第二，做好老师，要有道德情操；第三，做好老师，要有扎实学识；第四，做好老师，要有仁爱之心（以下简称“四有好老师”）。这是总书记的殷殷嘱托，更应成为全国广大教师的共同遵循与矢志不渝的追求。

第一节 理 想 信 念

一、何为教育理想和教育信念

典型案例

坚守教育报国之心——张桂梅

张桂梅，女，满族，1957 年 6 月出生，中共党员，云南省丽江华坪女子高级中学党支部书记、校长，华坪县儿童福利院院长，曾荣获“时代楷模”“全国优秀共产党员”“全国先进工作者”“全国师德标兵”“全国最美乡村教师”“全国脱贫攻坚楷模”“感动中国 2020 年度人物”等荣誉称号。

张桂梅同志坚守教育报国初心，牢记立德树人使命，扎根贫困地区四十多年，立志用教育扶贫斩断贫困代际传递，倾力建成全国第一所全免费女子高中，让超过 1 600 名贫困山区女学生圆梦大学，托举起当地群众决战决胜脱贫攻坚的信心希望。

张桂梅同志坚守初心、对党忠诚，响应党的号召，毅然到云南支援边疆建设，跨越千里、辗转多地，无怨无悔。她创办免费女子高中，帮助数千名山区女孩改变命运，为国家输送了一批又一批学子。她坚决贯彻党的教育方针，将坚定的理想信念融入办学体系，用红色教育为师生铸魂塑形。2000 年，她在领取劳模奖金后，把全部奖金 5 000 元一次性交了党费。她把对党的忠诚和对人民的热爱渗透在血脉里，在她身上充分体现着一名共产党员初心如磐的精神品质和至诚至深的家国情怀。

张桂梅同志爱岗敬业、爱生如子，为了不让一名女孩因贫困失学，坚持家访 11 年，遍访贫困家庭 1 300 户以上，行程十余万公里。她长期拖着病体工作，超量的付出透支了原本羸弱的身体，换来女子高中学生学习的好成绩。她不遗余力践行着“只要我还有一口气，就要站在讲台上”的诺言，用实际行动铺就贫困学子用知识改变命运的圆梦之路。多年来她一直住在学生宿舍，和孩子们吃住在一起，陪伴学生学习生活。她在教书育人岗位上为贫困地区教育事业作出了重要贡献，在她身上充分体现了人民教师潜心育人的敬业精神和立德树人的使命担当。

张桂梅同志执着奋斗、无私奉献、心怀大我，对自己近乎苛刻地节俭，却把工资、奖金和社会各界捐款一百多万元全部投入贫困山区教育中。她长期义务兼任华坪福利院院长，多方奔走筹集善款，20 年来含辛茹苦养育 136 名孤儿，被孩子们亲切称呼为“妈妈”。她把全部身心献给了祖国西南贫困山区的教育和福利事业，在她身上充分体现了人民教师以德施教的仁爱之心和至善至美的师者大爱。

［**点评**］　烂漫的山花中，我们发现你。自然击你以风雪，你报之以歌唱。命运置你于危崖，你馈人间以芬芳。不惧碾作尘，无意苦争春，以怒放的生命，向世界表达倔强。你是崖畔的桂，雪中的梅。

——感动中国 2020 年度人物张桂梅颁奖词

资料来源：中华人民共和国教育部网站，www.moe.gov.cn。

我们可以从颁奖词的三个方面去分析并体会张桂梅老师拥有的坚定理想与信念。

（1）自然击你以风雪，你报之以歌唱。颁奖词作者借用宋代陆游的《卜算子·咏梅》“驿外断桥边，寂寞开无主。已是黄昏独自愁，更着风和雨。无意苦争春，一任群芳妒。零落成泥碾作尘，只有香如故。”以梅花自喻，咏梅的艰辛，感叹人生的不易；赞梅的精神又表达了青春无悔的信念以及对自己爱国情操和高洁人格的自许。陆游从国家民族的利益出发，作出生命的表白。悲忧中透出一种坚贞的自信。借梅言志,他曲折地写出险恶仕途中坚持高洁志行,不媚俗,不屈邪,清真绝俗,忠贞不渝的情怀与抱负。通篇未见“梅”字,却处处传出“梅”的神韵。张桂梅老师身上体现的也正是这种抗击暴风雪,潜心育桃李的精神。她坚守教育报国初心,牢记立德树人使命,扎根贫困地区四十多年,立志用教育扶贫斩断贫困代际传递,倾力建成全国第一所全免费女子高中,让超过 1 600 名贫困山区女学生圆梦大学。

(2) 命运置你于危崖,你馈人间以芬芳。毛泽东《卜算子 · 咏梅》“风雨送春归,飞雪迎春到。已是悬崖百丈冰,犹有花枝俏。俏也不争春,只把春来报。待到山花烂漫时,她在丛中笑。”毛泽东在这首词前有引语:“读陆游咏梅词,反其意而用之。”侧重写梅花的美丽、积极、坚贞,不是愁而是笑,不是孤傲而是具有新时代革命者的操守与傲骨。“悬崖”表明环境是如此险峻,“百丈冰”显示出寒威如此的酷烈,而梅花竟然在这冰凝百丈、绝壁悬崖上俏丽地开放着,一个“俏”字,不仅描画出梅花的艳丽形态,而且兀现了梅花傲岸挺拔、花中豪杰的精神气质。张桂梅老师为了不让一名女孩因贫困失学,坚持家访 11 年,遍访贫困家庭超 1 300 户,行程十余万公里。她长期拖着病体工作,超量的付出透支了原本羸弱的身体,换来女子高中学生学习的好成绩。这充分展现了她美丽、积极、坚贞的理想信念。

(3) 不惧碾作尘,无意苦争春,以怒放的生命,向世界表达倔强。在陆游的词中,梅花是遭“群芳妒”的,与众花是对立的,且以“香如故”自命清高,表现了孤芳自赏、离群索居的情绪。突出梅花甘愿隐于百花之中的情操,使梅花具有明媚开朗、至刚无欲的品格。张桂梅对自己近乎苛刻地节俭,却把工资、奖金和社会各界捐款全部投入贫困山区教育中。她长期义务兼任华坪福利院院长,多方奔走筹集善款,20 年来含辛茹苦养育 136 名孤儿,被孩子们亲切称呼为“妈妈”,不正是体现了她不惧碾作尘、不争春的品格吗?不正是坚定的理想信念带来的常人难以做到的善行吗?从张桂梅老师身上,我们不难看出,她的理想是她在 40 年的教育实践中形成的忠诚于党和人民的教育事业、热爱祖国、热爱学生,对改变贫困山村面貌的美好向往与追求,是她的世界观、人生观、价值观在其一生奋斗目标上的表现。习近平总书记指出,正确的理想信念是教书育人、播种未来的指路明灯。好老师心中要有国家和民族,要明确意识到肩负的国家使命和社会责任。张桂梅老师正是这一教诲的模范遵守者和忠实践行者。

测试

单选题:1. 教师职业最大的特点就是以灵魂来塑造灵魂,以人格来培养人格,这说明教师应该(　　)。

A. 学为人师、行为示范　　B. 严于律己、勇于担当

C. 言行一致、身体力行　　D. 以上都是

正确答案:A

多选题:2. 新时代加强教师理想信念教育的主要途径是(　　)。

A. 马克思主义理论教育　B. 中国近现代史教育　C. 中国共产党党史教育　D. 习近

平新时代中国特色社会主义思想教育 E. 社会主义核心价值体系教育 F. 专业知识教育

正确答案：ABCDE

判断题：3. 教师的内心信念是教师的道德认识、道德情感和道德意志在教育实践上的统一。

正确答案：对。

知识拓展

教师荣誉称号有关理想信念的要求

1. 湖北省特级教师：(1) 政治立场坚定，坚持以习近平新时代中国特色社会主义思想为指导，拥护中国共产党的领导，贯彻党的教育方针，忠诚党和人民的教育事业，忠实履行国家教育职责。(2) 严格遵守法律法规，依法从教。(3) 爱岗敬业，模范遵守新时代教师职业行为准则，在争做“四有好老师”、当好“四个引路人”、坚持“四个相统一”上做好表率。(4) 落实立德树人根本任务，遵循教育规律和学生成长规律，树立科学成才观念，坚持面向人人、因材施教、知行合一。热爱、关心、尊重每一个学生，促进学生德智体美劳全面发展。对违反师德师风行为的，实行一票否决。

2. 湖北楚天名师：政治素质好，忠诚于党和人民的教育事业，全面贯彻党的教育方针，为人师表，师德高尚。

3. 襄阳隆中名师：忠诚于党的教育事业，全面贯彻国家教育方针，落实教师专业标准，模范遵守《中小学教师职业道德规范》，认真履行教师职责，敬业爱岗，教书育人，为人师表。

4. 襄阳市中小学幼儿园骨干教师：具有良好的职业道德素质，深入学习习近平新时代中国特色社会主义思想，忠诚于党和人民的教育事业，忠实履行国家教育职责。热爱教育事业，热爱学生，教书育人，为人师表，模范履行教师职责，有良好的师德修养，在同行中有较高知名度。

5. 襄阳市中小学幼儿园教坛新秀：热爱教育事业，热爱学生，切实履行教师职责，模范遵守中小学教师职业道德规范，敬业爱岗，教书育人。

所谓教育理想，就是教师自己在实践中形成的、有实现可能性的、对未来社会和自身发展目标的向往与追求，是教师的世界观、人生观和价值观在奋斗目标上的集中体现。教育信念就是教师在一定的认识基础上确立的对自己的教育理想坚信不疑并身体力行的心理态度和精神状态。它是教师认知、情感和意志的有机统一体，它为教师矢志不渝、百折不挠地追求教育理想目标提供了强大的精神动力。教育理想和教育信念是相互依存、相互转化的。离开教育理想谈教育信念只能是空谈，离开教育信念谈教育理想是寸步难行的。从这个意义上来讲，教师的教育理想和教育信念是难以分割地紧密联系在一起的。也正因为如此，我们常常把教育理想与教育信念统称为教师的理想信念。

二、如何涵养教师的理想信念

教师的理想信念是伴随着教师成长过程一步一步形成的，具有阶段性特点。从一名优秀教师的成长规律来看，其主要经历了在校学习（准教师）、新入职教师、教坛新秀、骨干教师、卓越教师、教育家型教师这样几个成长阶段。每一个阶段的理想信念是有差异的，是一个螺旋式上升的过程。

（一）准教师阶段

准教师阶段是教师理想信念初步形成阶段，这一阶段具有不确定性的特点，教师的理想信念停留在感性层面，理想信念来源于书本，来源于憧憬，也来源于灌输。有一种像雾像雨又像风的感觉，漂忽不定。但到了大学高年级，随着学习的深入、知识积累的增加，尤其是教育学、心理学、教材教法等专业知识的丰富，对教师职业的认可、对教师理想信念的坚守会与日俱增。高校可以利用思政课对其进行坚定“四个自信”，树立“四个意识”，做到“两个维护”的针对性教育，帮助其改变一些模糊认识，尤其是帮助其提高自觉抵制西方敌对势力文化渗透的本领和能力，牢固树立正确的世界观、人生观、价值观，坚定对马克思主义的信仰，对社会主义和共产主义的信念。

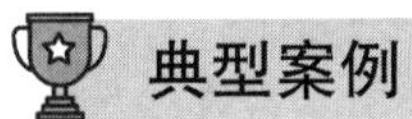

湖北文理学院“格桑花”“雪莲花”支教队

2014 年，湖北文理学院“格桑花”支教队首次赴西藏山南琼结县中学志愿支教。6 年来，共有 8 批 37 人次赴藏，每批队员在藏工作 4 至 6 个月，丰富了当地中学校园文化生活及科技实践活动，有效地促进了教学质量的提高及汉藏民族团结。

“我自愿做一名光荣的‘格桑花’‘雪莲花’支教队员，履行教书育人职责……”2024 年 3 月 7 日，湖北文理学院出征仪式上，第十六批“格桑花”和第三批“雪莲花”支教团队共计 25 名队员接过支教接力棒，即将赶赴西藏和新疆完成支边使命，传承“格桑花”支教精神。

湖北文理学院以“格桑花”赴藏支教行动为核心引领，打造了“格桑花之家”展馆阵地和“格桑花周末志愿服务”等衍生品牌，大力培育和弘扬志愿服务精神、民族团结精神、社会主义核心价值观，鼓励学生到西部去，到基层去，到祖国最需要的地方去，为“藏汉一家亲”“藏鄂一家亲”作出更大的贡献。青年一代有理想、有担当，国家就有前途，民族就有希望。湖北文理学院党委书记唐峻表示，让祖国挑选，叫人民放心，“格桑花”支教团队就是一支具有胸怀理想、无私奉献、勇于担当、不畏艰辛、脚踏实地精神的团队，这种精神和品质是一批又一批支教团队在支教活动中展现出来、传承下来的，需要我们继承和弘扬。

资料来源：湖北文理学院网站，www.hbuas.edu.cn。

（二）新入职教师阶段

新入职教师阶段是教师理想信念的愿景与现实的碰撞与磨合阶段，这一阶段，刚从高校门进入中小学校门的新入职教师带着对教师职业的美好憧憬走上了实实在在的工作岗位。刚开始，这些新入职教师怀揣着对教育事业的热爱以及对校园生活的美好愿景，一头扎在三尺讲台上，为教育教学呕心沥血、尽心尽力，甚至废寝忘食。但随着教师与教师之间、师生之间、教学工作与家庭之间、个人与单位之间，尤其是在教师待遇保障还不到位的情况下，新入职教师的理想信念会产生摇摆甚至动摇，用一句土话来说，理想是丰满的，现实是骨感的。他们会萌发跳槽或辞职的意念。针对新入职教师这一时期的特点，要求我们有的放矢抓好新入职教师的理想信念教育，实施政治建设"思想铸魂"行动。一是深入学习领会习近平新时代中国特色社会主义思想和党的二十大精神。健全教师集中学习制度，组织实施新教师岗前培训。加强党的创新理论学习，重点学习习近平总书记关于教育的重要论述，在深学笃行中提高理论素养、坚定理想信念，夯实坚定拥护"两个确立"、坚决做到"两个维护"的思想根基。二是深入学习习近平总书记关于教师队伍建设的重要指示批示精神。组织新入职教师深入学习领会习近平总书记关于"四有好老师""四个引路人""四个相统一"等重要指示要求，将学习成果转化为不断提高自身道德修养、以模范行为影响带动学生成长的生动实践。三是充分发挥教师党支部和党员教师作用。创新党建载体和方式，建立健全"好党员带动好老师，好支部带活好团队，好作风带出好氛围"机制。坚持党建引领，建强教师党支部，严格党的组织生活制度，开展好"三会一课"，使教师党支部成为涵养新入职教师良好师德师风的重要平台，成为践行高尚师德的中坚力量、争做"四有好老师"的示范标杆。深入开展"新入职教师访万家"活动，利用暑期集中开展精准家访活动，每学年对每名学生至少开展 1 次家访。通过多种渠道家访指导家长掌握与孩子有效沟通的技巧，提升沟通交流成效。新入职教师在家访中，要重点关注外来务工人员随迁子女、农村留守儿童、孤残儿童和经济困难家庭儿童假期生活，通过"爱心暑托班"等形式提供更多的关爱与帮助。

典型案例

一位入职两年教师的家访手迹

从教两年来，对于班上的学困生，我大多是与家长进行电话沟通，交流的内容也是学生的缺点多于优点。但我发现这样的方式并未取得理想的效果。有了前车之鉴，我明白了在家访的时候要善于把握时机，灵活调节，在轻松融洽的气氛中提出孩子存在的问题，共同商量、探讨教育措施，使学生心服口服，家长也欣然配合。基于此，我利用周末休息的时间，和我们班的老师家访了自己所带班级的学生，我们深入学生家中，进行家访，感受颇深。

学生小志（化名），因父母离异，和爷爷、奶奶、爸爸一起生活，可能是缺乏母爱的原因，感觉他是一个特别敏感，内心特别脆弱的孩子，面对我们的到来，他显得非常紧张，可能是害怕老师会“告状”。在与小志爸爸交流的过程中，我了解到孩子不爱说话，学校里发生的事情对家里人只字不提，孩子爸爸表示无论问什么，孩子都不回答。在讨论到孩子的近期成绩有所下降的时候，孩子突然间抽泣起来，我意识到这可能伤害到孩子的自尊心了，于是，我们停止了交谈，待孩子情绪平息之后，我开始和孩子交流，询问孩子周末喜欢做什么、在学校和谁比较要好、喜不喜欢现在的同桌等，孩子慢慢地开始和我交谈。我鼓励他多交朋友，及时跟家人沟通。回到家之后，我开始反思，平时对小志的关注太少，忽略了孩子，我下定决心帮助他，给他失去的母爱。渐渐地，小志的话多了，也结交了好多的朋友，上课大胆举手回答问题，问问题的次数也越来越多了。这更让我意识到家访工作何其重要，更加认识到教育过程中要充满期待，如果把一份爱心放在家访中，就会取得意想不到的效果。

记得有位老教师曾写下这样一则从教格言——呕心沥血捧真情，春风化雨献爱心。我想用在这里形容家访最好不过了。家访不是告学生的黑状，也不是对家长发牢骚；家访应如春风，通过家访，让家长，让孩子，让我们自己沐浴在春风中。教育孩子就像牵着蜗牛散步，需要我们不时放慢脚步去欣赏他们的成长。

（三）教坛新秀阶段

教坛新秀阶段是教师理想信念初步生根阶段。这一阶段，教师度过了新入职的磨合期及摇摆期，体验了疼并快乐着的刻骨铭心。随着教育教学水平的不断提升，事业的成就感、职业的幸福感逐步得到体现。尊重教师成长的规律，适时开展教坛新秀的评选认定，选树一批典型，一方面用身边的典型教育感召身边的青年教师，可以带来“蘑菇效应”，起到事半功倍的效果，另一方面对于当选为教坛新秀的教师来说，可以进一步夯实其理想信念，筑牢其终身从事教育事业的价值追求，加深其对中国特色社会主义的思想认同、理论认同、情感认同，不断增强其道路自信、理论自信、制度自信，积极引导学生热爱祖国、热爱人民、热爱社会主义、热爱中国共产党，帮助学生筑梦、追梦、圆梦，让一代又一代学生成为实现中华民族伟大复兴梦想的接班人。

襄阳市教坛新秀评选条件

基本条件：(1) 深入学习贯彻习近平新时代中国特色社会主义思想，忠诚于党和人民的教育事业，忠实履行国家教育职责。(2) 热爱教育事业，热爱学生，教书育人，为人师表，模范履行教师职责，有良好的师德修养，在同行中有一定的知名度。(3) 近5年年度考核达到合格及以上等次。(4) 年龄在35岁以下，教龄在5年以上，身心健康，每学年教学工作量在300课时以上(不含早、晚自习等)，承担本学科教学任务兼任中层干部职务的教师，任课课时数要达到专任教师的1/2课时及以上。(5) 获得县(市)区级及以上优秀教师、优秀班主任等荣誉称号，且工作业绩突出，在同等条件下优先入选。(6) 具备符合现任教学阶段要求的相应教师资格，教师资格证按规定注册且注册结论为合格。

教育教学业绩条件：

1. 学科专业知识扎实，有一定教育理论素养，具有创新意识。(1) 公开课、优质课获县(市)区级以上一等奖或市级二等奖以上等次。(2) 市级教学基本功大比武获二等奖及以上等次，县(市)区级组织的教师专业能力大赛中获一等奖。(3) 主持或参加县(市)区级以上教学课题研究且课题已结题；或承担本学科教改实验任务，已取得明显成效，获得优秀及以上等级奖项。中职学校教师获得教学能力大赛市级二等奖及以上等级奖项。(4) 教学成绩突出。在本学科教学与研究中取得显著成绩且被学校、学生和同行认可。(5) 教科研能力强。近三年在县(市)区级以上教育征文评选或比赛中获得一等奖，或在县级以上教育教学类刊物独立发表本学科的教育教学研究论文 3 篇以上，其中至少有 2 篇在《襄阳教育》及省级以上教育教学类公开刊物上独立发表。

2. 在学生思想政治教育、心理健康教育和班主任工作方面得到师生的认可和称赞。(1) 担任年级组长、教研组长、备课组长、班主任、大队辅导员或心理咨询师等工作，负责指导体育、美术、音乐、信息技术等学科兴趣小组、学生社团活动等累计满三年，并取得较好成绩。(2) 乡村青年教师评审认定“教坛新秀”，须已在农村学校(不含城关所在地)连续任教三年以上，且仍在乡村学校任教。(3) 获国家级各类教育教学重大成果奖或其他表彰奖励中教育教学工作特别优秀者，可优先评审认定。

（四）骨干教师阶段

骨干教师阶段是教师理想信念相对比较成熟的阶段，这一阶段的显著特点就是，在落实授业解惑的基础上，更懂得传道的重要性。在教育教学的过程中，把传道放在第一位，以传道为责任和使命，明确意识到自己肩负的国家使命和社会责任。这一阶段，随着教育教学水平和能力的显著提升，教师在同行眼里、在学生家长心目中、在社会层面都有了较强的威望和影响力。这就好像一把双刃剑，这一阶段的教师很有可能成为一些校外培训机构的围猎对象，一些意志薄弱者，可能会成为有偿家教的俘虏者。更有甚者，在课堂上不讲，课后让学生到家里补课，从而收取一定数量的补课费，让家长敢怒不敢言，严重损害了教师的形象，严重违反了师德师风。针对这一问题，要实施规则立德“固本强基”行动。一是加强教师法治教育。组织教师学习教育法、教师法、教师资格条例，事业单位工作人员处分暂行规定、从业禁止制度、教职员工准入查询制度等法律法规和制度规定，提高教师法律意识和依法从教意识。二是学习新时代教师职业行为十项准则等系列师德规范。组织专家学者、教育部门负责人、学校负责人开展准则宣讲、案例解读、学习讨论等，引导广大教师全面理解和准确把握其内涵要义，提升全体教师的规则意识，坚持全员全覆盖。新入职教师岗前须接受师德师风专题培训。三是组织开展一线工作测试。结合教师法治教育、师德规范等学习内容，设计师德情境测试卷。充分考虑不同地域、学段、学科教师岗位特点，将教师职业行为规范要求等融入具体教育教学情境中，侧重考察教师完整、准确理解、把握和践行准则的能力。

测试

判断题 1. 考虑到孩子们成绩不理想，三位家长主动找到刘老师，想让他给孩子们补课并表示要支付酬劳，刘老师急家长之所急，当天就开始为孩子们补课。后来，又有家长找上门，学生多了辅导不过来，刘老师就好心地向他们推荐了一家培训机构。（×）

解析：此题有两处错误，一是当天就开始为孩子补课，二是向他们推荐培训机构。

判断题 2. 蔡老师注重研究教材教法，为了帮学生们提高学习效率，他找遍全县书店，终于为学生们选到合适的教辅材料。在蔡老师的软磨硬泡下，书店经理被感动了，以六折价格为全班同学提供购书优惠。蔡老师说，一定要让孩子们得到实惠。（×）

解析：国家实行一科一辅，而且要上规定的目录。为学生选合适的教辅资料，是错误的。

（五）卓越教师阶段

卓越教师阶段是教师坚定理想信念的高级阶段。中共中央、国务院印发了《关于全面深化新时代教师队伍建设改革的意见》，明确提出：到 2035 年，教师综合素质、专业化水平和创新能力大幅提升，培养造就数以百万计的骨干教师、数以十万计的卓越教师、数以万计的教育家型教师。

卓越（outstanding, brilliant, remarkable）是高超出众的意思。卓越教师应是教育情怀深厚，专业基础扎实，勇于创新教学，善于综合育人和具有终身学习发展能力的高素质专业化创新型中小学教师。按照这一要求，湖北襄阳市在评选认定骨干教师的基础上，遴选了一部分优秀教师作为"隆中名师"（比照卓越教师的标准）进行培养。

典型案例

隆中名师工程

2012 年 2 月，襄阳市委办公室、市政府办公室印发《隆中名师工程实施方案》（襄办发〔2012〕8 号），由此建立了实施"三名工程"常态化培养评选机制，即每年培养、评选、认定 40 名隆中名师（含名班主任）、6 名名校长。截至 2020 年底，全市在职在岗隆中名师 478 名，隆中名校长 46 名，名班主任工作室主持人 85 名。

严格标准，确保公信力。"隆中名师、名校长、名班主任"由市教育局负责牵头组织评选，由市教育局和人社等有关部门联合认定。评选按照学校推荐、县级教育部门审核申报、市教育局组织评审、市教育局和人社等有关部门联合认定的程序组织评选。各县市区和市直学校可结合实际，遴选本层次的"名师"培养对象。具体评选时严格评选标准，保证隆中名师水平。坚持面向一线、面向基层选拔和培养隆中名师的原则。名师评选坚持在教学一线的教师和校长(园长)中选拔、培养,激励教师以更好的精神风貌投身教育事业,形成良好的导向机制。坚持德才兼备、注重业绩的原则。把德、能、勤、绩、廉作为评选名师的主要标准,严格评选,宁缺毋滥,真正把师德师风优、教学水平高、教学效果好,在同行、学生及家长中有较高评价的教师评选为名师。坚持公开评选、公平竞争的原则。严格按照程序和标准对参评教师进行综合评定、公开评选、全面考核、择优评授,成熟一名评授一名。改革、完善评选方式。评审时吸收学生家长代表、社会知名人士代表参加评审。坚持动态管理、严格考核的原则。名师评选实行定期评授,动态管理,对年度考核不合格者,取消"名师"称号及相应待遇,确保名师队伍的质量,树立名师队伍良好形象。

落实待遇,强化保障力。由襄阳市委、市政府将隆中名师、名校长、名班主任纳入"隆中人才支持计划",由市财政安排专项经费,由市政府授予荣誉称号并颁发证书。从命名的次月起享受每月 500 元的岗位补贴。岗位补贴由市财政拨专款支付,每月随工资直达个人账户。

动态管理,保证竞争力。制定了《隆中名师、名校长、名班主任管理办法》,加强对隆中名师的日常管理与考核,督促其发挥作用:① 实行定期考核评估制度,实行目标管理,每学年考核一次,建立考核档案。考核工作由市教育局统一组织安排。② 实行考核备案制度,考核时须填报"隆中名师、名校长考核情况登记表",考核组写出考核报告,一并存入本人业务考核档案,考核结果报市教育局备案。③ 实行考核分级制度,考核结果分为优秀、称职、基本称职、不称职 4 个等次,考核结果为优秀的、称职的,全额领取津贴;基本称职的,不领取津贴;不称职的,取消称号。④ 实行"一票否决"制度,考核中发现有下列情况之一的,经市教育局批准,撤销其称号并停发津贴:在评选工作中弄虚作假,不符合名教师、名校长条件的;严重违反教师职业道德的;所任职的学校在综合评估中居良好等次以下的;校长任职的学校发生重大责任事故的;年度考核或任职考核不称职的;调离校长岗位的;违反国家法律并受到刑事处罚的。

资料来源:襄阳市教育局门户网站,http://jyj.xiangyang.gov.cn。

(六) 教育家型教师阶段

教育家型教师是教师理想信念的最高阶段,具有坚定性、实践性、超越性的特点。所谓坚定性,就是坚信正确而不肯改变的观念,即牢固树立为党育人、为国育才的理想信念,牢记立德树人的使命,矢志不渝地为教育事业奋斗终生。所谓实践性,就是扎根三尺讲台,心无旁骛,一心一意教书育人,为学生的成才、成长、成人呕心沥血。所谓超越性,就是把教书育人作为一种推动社会及人类进步、创造美好生活的巨大力量,是教师在一定的认识基础上确立的对教书育人坚定不移并身体力行的心理态度和精神状态,是教师认知、情感和意志的有机统一体,为他们矢志不渝、百折不挠地追求教育理想目标提供了强大的精神动力。2023 年 9 月 9 日,在第三十九个教师节到来之际,习近平总书记致信出席全国优秀教师代表座谈会的各位老师,从六个方面精辟概括了中国特有的教育家精神,即心有大我、至诚报国的理想信念；言为士则、行为世范的道德情操；启智润心、因材施教的育人智慧；勤学笃行、求是创新的躬耕态度；乐教爱生、甘于奉献的仁爱之心；胸怀天下、以文化人的弘道追求。教育家精神的提出进一步彰显了以习近平同志为核心的党中央对“强教必先强师”认识的新高度。从具体内容上看，心有大我、至诚报国的理想信念是教师恪守为党育人、为国育才重要使命的必要前提。言为士则、行为世范的道德情操，乐教爱生、甘于奉献的仁爱之心，是教师成为“大先生”、落实立德树人根本任务应当具备的职业操守。启智润心、因材施教的育人智慧，勤学笃行、求是创新的躬耕态度，则是对教师要有扎实学识的具体性要求。建设一支具有新时代教育家精神的教师队伍，直接关系到教育强国、科技强国、人才强国建设的进展，直接关系到中华民族伟大复兴的战略目标能否实现。大国博弈的前沿阵地在教育、科技与人才领域，其较量的背后是教育实力、师资力量的比拼。新时代教师作为打造中华民族“梦之队”的筑梦人，要切实肩负起历史使命，为建设教育强国、科技强国、人才强国躬身于行。

知识拓展

襄阳市中小学教师弘扬践行“教育家精神”征文一等奖作品
躬耕不辍轻许国，乐为抔雪沃新苗

（襄阳四中　张念）

鲁迅先生有言：“中华民族自古以来就有埋头苦干的人，有拼命硬干的人，有为民请命的人，他们是中国的脊梁。”教师是立教之本、兴教之源。在我从教的襄阳四中，也有这样一大批优秀教师，他们是四中的脊梁，用实际行动阐释了“教育家精神”！

春霖滋沃土，矢志育新苗。2011年，王启冲老师响应国家援疆号召，面对同事和家人劝说，他坚定地说：“我是一名党员教师，国家需要我，我就得上！”初到精河，冬月底的一个清晨，王老师骑自行车去3千米外的教室上课，室外零下26度，一不小心，连人带车划出去十几米远，左腿当时鲜血直流，想到孩子们还在等着自己上课，他顾不上伤口，艰难地爬了起来，颤颤巍巍地推起无法骑行的车，一瘸一拐地向学校走去……

尽管面临水土不服和重重困难，王老师仍坚持教学，走访了148名学生家庭，主动承担更多教学任务。他还组织援疆教师与当地青年教师“结对子”“传帮带”，留下了一支带不走的教师队伍。“心有大我，至诚报国；支教边疆，培根铸魂”是王老师的“教育家精神”。跨越3 400千米，坚守1 142个日夜，他用实际行动展现坚定的意志和使命担当！教育是一项需要家国情怀、社会良知、高尚道德共同铸就的伟大事业！

倾心育桃李，挺膺续华章。四中苏挺老师二十年如一日地关心学生，不仅在教学上倾注大量心血，而且在生活上给予学生无微不至的关爱。他为住校生带水果，为假期不能回家的学生包饺子、煮汤圆、送月饼等。一次，班上学生生病发高烧，父母又不在身边，苏挺上完课后就赶紧回家煲好鸡汤，当保温桶里香喷喷的鸡汤递给学生时，学生感动得热泪盈眶，哽咽地说道："班爹，谢谢您！您比我亲爹还要亲！"教学期间，苏挺老师的岳父去世，为了不耽误教学，他只请了半天假就匆匆赶回学校。高考期间，他父亲不幸遭遇车祸，悲痛万分的他无奈选择了"不孝"，因为他知道，父亲的手术还能再等，可学生一生的命运却等不得，高考考场外的他焦急万分，却只能偷偷抹泪，生怕自己的一点点情绪影响学生高考发挥，一直到高考全部顺利结束，送走最后一个学生，他才连夜驱车赶往几百千米外的老家，送爸爸上手术台。最终，他的教学付出得到了回报，他的学生在高考中取得了优异成绩，全班 32 人全部被"985 院校"录取，特优生数量再创历史新高。同时，苏老师在科研和学术方面也取得了显著成就，获得了多项国家级荣誉和奖项。"言为士则、行为世范，勤学笃行、求是创新"是苏挺老师的教育家精神。他用行动诠释了一位好老师的定义：要教好书，更要育好人。春风化雨，滋兰树蕙！

圃匠勤耕耘，良匠育英才。王筠老师有着三十年的教龄，他始终充满活力和热情。三十年来，他把所带的每一届学生的成绩、照片和视频资料一一保存，直到今天仍清晰地记得十几年前学生的名字，这份用心令人敬佩和感动。刘红云老师，大病初愈身体欠佳，仍勇担高三教学重任，每天 6 点早早到教室陪伴学生，深夜仍在批改作业、辅导学生。还有冯彧、杨国明等几十年的老班主任们，他们把办公桌搬到教室旁，全力支持学生。还有默默资助学生上大学的梅春燕老师、爱生如子的周俊老师、"学生在我就在"的李敬福老师……

四中教师注重书本知识，更注重对学生的价值引领，厚植家国情怀。"红歌联唱送党恩""樱花艺术节""八十华里远足""十八岁成人礼"等一系列实践活动，让学生感受祖国的强大，激发学生的民族自豪感。"乐教爱生，甘于奉献；启智润心，以文化人"是一批批四中教师的教育家精神。讲台能载千秋伟业，烛光亦照万里河山。这千秋伟业，是一辈辈平凡教师用双手托起的；这万里河山，是一代代勤奋教师用双肩扛起的！躬耕不辍轻许国，乐为抔雪沃新苗；痴心一片终不悔，只为桃李竞相开！作为一名青年教师，我要积极弘扬教育家精神，向身边的教育家们学习致敬，不忘初心，潜心耕耘，用爱与担当书写襄阳教育的新篇章！

第二节 道德情操

一、教师道德情操的主要内涵

2023 年度荆楚好老师——马治文

"快到退休年龄，没想到会与精河结下不解之缘，虽不舍家人，但我从未后悔。"这是

2021年10月，来自湖北省襄阳市第五中学（以下简称襄阳五中）的马治文第二次援疆到博尔塔拉蒙古自治州精河县高级中学时的内心独白。“我们班的学生下课后经常去找马老师请教不懂的地理问题！”精河县高级中学高三（11）班维吾尔族学生阿尔曼说，“马老师讲课很得法，全班学生都喜欢听他讲课，现在正值冲刺高考关键时刻，大家都学得特别认真！”

2018年8月，襄阳五中与精河县高级中学结成对子，挂牌创办了襄阳五中精河分校（以下简称分校），时任襄阳五中校办主任马治文带队到分校开展教育援疆工作。从荆楚大地到绿色草原，“八千里路云和月”。来到精河，正值推进国语教学改革。作为从教三十多年的高级教师，分校给他安排了两个班的地理课教学。初来乍到，一切新鲜，信心满满，不料第一课就碰到“钉子”——学情不明，课堂上学生纪律涣散，组织教学十分困难。于是，马治文主动向本地教师请教，随堂听课；同时，积极与班主任、学生交谈，听取意见。很快，他就调整教学方式，积极关注学生状态，鼓励学生回答问题，课后多与学生谈心交朋友，课堂效果大为改观，学生逐渐形成良好的学习习惯。2023年3月，因工作需要，马治文从高一调整到高三担任体特班（体音美）教学。这是一个来自不同班的学生组合而成的特殊群体，也是被学校寄予厚望的班级。过去，这个班学生把精力主要用在体育、美术专业课加强上，文化课被落下很多，基础薄弱，对学习缺乏兴趣。接手这个班后，马治文结合学生基础和能力状况，紧密联系生产生活实际，精讲、多练、透析，引导学生多读书、多思考、多积累，上课的时候更是激情满满，运用合作式、情景式教学，让学生们真正体会到学习的乐趣。高三（11）班学生罗尚丽说：“马老师的地理课讲得深入浅出，生动活泼，比如在讲沙漠化治理的时候，就会让我们思考，结合我们身边的精河，该怎么去治理和开发，有意思极了！”在班上有一位体育生特别调皮，不服管教，经常迟到而且理由“充足”，在课堂上不是坐不住，就是讲小话。马治文多次对他进行批评和提醒，但收效甚微。于是，马治文主动与这个学生的家长取得联系，达成共识，以朋友方式对这个学生进行推心置腹交谈，并向他承诺在地理学习上存在任何问题随时都可以直接来找老师！感受到马老师真挚的关心后，这个学生开始把心思用在学习上，最终在顺利通过体育专业考试的同时，文化课也进步很大。

“来了，就是要干事！”2018年8月进疆以来，除了教学，马治文还担任分校副校长，他用较长时间认识、适应和调研校情、学情以及社会环境，结合实情，就提升学校教育教学质量提出了许多合理化建议。2019年，他推动学校逐步引入襄阳五中管理理念，提出“向管理要效益、向科研要质量”的“三转”要求，即后勤围绕一线转、教师围绕学生转、全校围绕教学转，重点推进了作息制度、辅导制度、部门管理制度、干部校务值日巡查制度等系列改革，学校的教风、学风、校风出现了明显改善。“跟着马老师，我学到了很多！”精河县高级中学地理老师张红玉表示，自己是马老师“师徒结对”的徒弟，五年来她印象最深刻的是，马老师多次强调老师要走到学生中间去，“亲其师才能信其道，无论是课堂教学还是班主任工作均是如此”。张红玉说：“班主任工作很琐碎，但我按马老师教的去做，效果十分明显，学生们越来越喜欢我，也变得更加积极进步！”2020 年 9 月，为了更好地发挥援疆干部作用，马治文被精河县组织部任命为分校党总支书记，成了第一位在受援地担任“一把手”的援疆干部。新的任职意味着新的任务，马治文深感担子重、责任大，他积极争取政府政策和资金支持，组织制定、实施《教师超工作量和教学质量终结性评价奖励办法》，不断激发教师进取的内在动力。经过努力，学校从 2020 年到 2023 年，高考本科上线率由 32%逐年提升到 53.5%、65%、80%，一本上线率也有较大进步，实现了教学质量一年一个台阶、三年一大步的跨越发展，受到社会各界高度关注。

老马识途，不用扬鞭自奋蹄。为了确保学校管理不出纰漏，马治文几乎每天早出晚归，巡查校园。夏季头顶烈日，冬季脚踏寒雪，日复一日，年复一年。2022 年下半年，疫情防控困难重重，学校实行全寄宿封闭式管理，全校师生必须全部封控在学校，师生的吃喝拉撒和教学工作开展等全赶在一块，给学校服务保障和教学管理带来了巨大压力。马治文克服各方重重阻力和困难，带头吃住在校，严格执行疫情防控要求。面对突发情况，马治文带领干部认真研判、沉着应对，立即采取措施，积极组织干部职工为隔离师生送饭送水。抓完疫情防控事项，马治文还要着手一天的常规巡查工作：查操、查课、查岗、查早晚自习、查寝、查消防安全等，直到凌晨住校学生全部就寝后，他才拖着疲惫的身心回到宿舍。马治文忘我工作，率先垂范，赢得了老师们的肯定，他的精神感召了全体教职工，大家纷纷表示一定要将全部身心投入学校教育教学和学生管理中去。在努力做好各项工作的同时，马治文不忘援疆使命，不忘自己是联结两地的使者、纽带和桥梁。无论是走访少数民族困难家庭，还是持续开展“民族团结一家亲”和“三进两联一交友”活动（进班级、进宿舍、进食堂，联系学生、联系家长，与学生交朋友），台前幕后都有马治文忙碌的身影。2021 年以来，马治文先后被精河县党委政府授予“优秀援疆教师”“优秀共产党员”称号，被湖北援疆工作前方指挥部、州教育局先后表彰为“优秀援疆干部人才”“十佳教学能手”“优秀教育工作者”。

2021 年 6 月，三年援疆期满，马治文即将返回襄阳市。由于他办学治校和学校改革发展成绩斐然，精河县教育局领导反复挽留马治文再干一届。俗话说，家家都有一本难念的经。那时他已 57 岁，儿媳马上要生宝宝，儿孙绕膝、含饴弄孙一直是他向往的生活，但妻子一人在家操劳，已力不从心。“一人援疆，全家奉献。”马治文陷入两难。当年 7 月，精河县教育局和襄阳市第五中学精河分校负责同志专程到襄阳邀请马治文再次“出山”。面对远方的盛情和期待，三年援疆生活就像放电影一样，一幕幕不时地在他脑海中闪现，他仿佛看到正值上升趋势的精河分校发展的期盼和淳朴可爱的学生对知识的强烈渴求，最终，他决定再次援疆，说服妻子、孩子，得到了他们的理解和支持。再次踏上精河，走进他留恋的校园，看到可爱的孩子，马治文动情地说：“我一定不辜负组织的信任，和同志们一起再干三年，再创辉煌。”万里援疆育桃李，初心如磐再前行。2022 年，他申报的自治区“天池英才”引进计划获得批准，他决定以此为契机，努力为精河分校打造出一支带不走的教师队伍，推动教育人才“组团式”援疆在襄阳五中精河分校笃行致远，不断开枝散叶。

[**点评**] 心中有莘莘学子,眼前有诗和远方。花甲之年,两度援疆。传理念抓管理,治校办学一年一台阶。越天山跨荆楚,无私奉献三年又三年。老骥伏枥一腔雪,策马扬鞭向未来。

——2023年度荆楚好老师颁奖词

资料来源:极目新闻,https://baijiahao.baidu.com/s?id=1766579715645077374&wfr=spider&for=pc。

我们可以从颁奖词的四个方面去分析并体会马治文老师拥有的道德情操。

(1) 心中有莘莘学子,眼前有诗和远方。习近平总书记关于中国特有教育家精神将教师的道德情操概况为:言为士则、行为世范。“言为士则、行为世范”出自《世说新语》,意思是说言行足以成为士人的法则、举世的示范。在学生眼里,老师是“吐辞为经、举足为法”,一言一行都给学生以极大影响。“言为士则、行为世范”诠释了教育者以心育心、以德育德、以人格育人格的崇高教育理念。所以教育家要有大德,教育家精神的本质在于“立德”,体现马克思主义人本思想和传统文化道德观。“师也者,教之以事而喻诸德者也。”教育家以立德树人为根本。这与社会主义核心价值观“德”的本质是共通的,既体现教育家个人之德,也彰显国家、社会之大德。

(2) 花甲之年,两度援疆。老骥伏枥一腔雪,策马扬鞭向未来。花甲,指60岁。“花甲”一词出自中国古代历法,以六十年为一循环,一循环称为一甲子,又因干支名号繁多且相互交错,故称花甲。马治文老师这种情操,让我们不由自主想到了曹操的《龟虽寿》“神龟虽寿,犹有竟时。腾蛇乘雾,终为土灰。老骥伏枥,志在千里。烈士暮年,壮心不已。盈缩之期,不但在天。养怡之福,可得永年。幸甚至哉,歌以咏志。”年老的千里马虽然伏在马槽旁,雄心壮志仍是驰骋千里。壮志凌云的人即便到了晚年,奋发思进的心也不止息。

(3) 传理念抓管理,治校办学一年一台阶。传承先进的办学理念,注重教育教学的过程管理,是提高教育教学质量的重要举措。马治文老师将自己多年来形成的办学理念毫不保留地奉献出来,他说:“来了,就是要干事!”除了教学,马治文还担任分校副校长,他用较长时间认识、适应和调研校情、学情以及社会环境,结合实情,就提升学校教育教学质量提出了许多合理化建议。2019年,他推动学校逐步引入襄阳五中管理理念,提出“向管理要效益、向科研要质量”的“三转”要求,即:后勤围绕一线转、教师围绕学生转、全校围绕教学转,重点推进了作息制度、辅导制度、部门管理制度、干部校务值日巡查制度等系列改革,学校的教风、学风、校风出现了明显改善。

(4) 越天山跨荆楚,无私奉献三年又三年。他本来到2021年就完成了三年的援疆任务,但由于教育具有连续性与长期性的特点,教育教学质量的提升需要一年又一年的积累,因此在本来应该离开的日子,他毅然选择留下,一干又是三年。2022年,他申报的自治区“天池英才”引进计划获得批准,他决定以此为契机,努力为精河分校打造出一支“带不走”的教师队伍,推动教育人才“组团式”援疆,在襄阳五中精河分校笃行致远,不断开枝散叶。

从荆楚好老师马治文的身上我们不难看出，教师的道德情操至少包括以下三个方面的内容：一是教师的道德意识，包括教师的价值取向、兴趣爱好、喜怒哀乐、是非判断等。这就要求一名好教师必须始终热爱党和人民的教育事业，热爱学生，模范遵守法律法规、社会公德和家庭美德。二是教师的道德意志，包括教师的理想信念、目标追求、职业操守等。这就要求一名好教师必须牢固树立共产主义、社会主义远大理想，根植教育情怀，扎根三尺讲台，为教育事业奋斗终生。三是教师的道德关系，包括教师与学生的关系、教师与教师的关系、教师与学校领导的关系、教师与学生家长的关系以及教师与社会的关系等。这就要求一名好教师必须摆正自己的位置，尊重教学主体，树立一切以学生为中心的教学理念，平等对待每一个学生，让每一个学生都有出彩的机会。正确处理好与其他教师的关系，大事讲原则、小事讲奉献，打造团结、奉献、和谐的团队精神。正确处理好与学校领导的关系，工作上服从领导安排、服从集体需要，把自己定义为一块砖，哪里需要哪里搬。正确处理好与学生家长的关系，廉洁从教，不接受学生家长的馈赠，加强与学生家长的沟通协调，共同促进学生健康快乐成长。

二、教师道德情操的行为规范

教师的行为规范实际上就是教师行业的从业要求或标准。2018 年 11 月 8 日教育部印发了《新时代中小学教师职业行为十项准则》（以下简称《十项准则》）。(1) 坚定政治方向。坚持以习近平新时代中国特色社会主义思想为指导，拥护中国共产党的领导，贯彻党的教育方针；不得在教育教学活动中及其他场合有损害党中央权威、违背党的路线方针政策的言行。(2) 自觉爱国守法。忠于祖国，忠于人民，恪守宪法原则，遵守法律法规，依法履行教师职责；不得损害国家利益、社会公共利益，或违背社会公序良俗。(3) 传播优秀文化。带头践行社会主义核心价值观，弘扬真善美，传递正能量；不得通过课堂、论坛、讲座、信息网络及其他渠道发表、转发错误观点，或编造散布虚假信息、不良信息。(4) 潜心教书育人。落实立德树人根本任务，遵循教育规律和学生成长规律，因材施教，教学相长；不得违反教学纪律，敷衍教学，或擅自从事影响教育教学本职工作的兼职行为。(5) 关心爱护学生。严慈相济，诲人不倦，真心关爱学生，严格要求学生，做学生的良师益友；不得歧视、侮辱学生，严禁虐待、伤害学生。(6) 加强安全防范。增强安全意识，加强安全教育，保护学生安全，防范事故风险；不得在教育教学活动中遇突发事件、面临危险时，不顾学生安危，擅离职守，自行逃离。(7) 坚持言行雅正。为人师表，以身作则，举止文明，作风正派，自重自爱；不得与学生发生任何不正当关系，严禁任何形式的猥亵、性骚扰行为。(8) 秉持公平诚信。坚持原则，处事公道，光明磊落，为人正直；不得在招生、考试、推优、保送及绩效考核、岗位聘用、职称评聘、评优评奖等工作中徇私舞弊、弄虚作假。(9) 坚守廉洁自律。严于律己，清廉从教；不得索要、收受学生及家长财物或参加由学生及家长付费的宴请、旅游、娱乐休闲等活动，不得向学生推销图书报刊、教辅材料、社会保险或利用家长资源谋取私利。(10) 规范从教行为。勤勉敬业，乐于奉献，自觉抵制不良风气；不得组织、参与有偿补课，或为校外培训机构和他人介绍生源、提供相关信息。

落实《十项准则》，必须把握好三个要点：一是提高政治站位，增强“四个意识”。要站在教师职业承担的重要使命和责任的位置上，从党和国家事业全局的角度理解准则的要求。处理好个人利益和国家、社会利益的关系，处理好个人理想和民族梦想的关系，集聚奋斗力量，做新时代的见证者、开创者、建设者。二是把握基本定位，增强底线意识。准则中的禁行性规定是底线，是从事教师职业的最低要求，是大中小幼职特各级各类学校教师必须遵守的，是不可触碰的红线。三是正确理解认识，取得思想一致。准则中的禁止性规定，不是体检结果，而是预防保健手册，是对广大教师的警示提醒，是严管厚爱。

三、教师道德情操的基本要求

落实《十项准则》是每一位教师的自觉行动，是教师涵养道德情操的内在要求，要从现在做起，从我做起，不断加强自身修养，不断深化对准则的认识，要对照准则的要求，内化于心，外化于行，主动自觉地践行道德情操。教师在落实准则时要明确以下四点要求：一是《十项准则》是教师职业行为的基本规范，是底线、红线、高压线。长期以来，广大教师牢记使命、不忘初心，爱岗敬业、教书育人，改革创新、服务社会，作出了重大贡献，党和国家高度肯定，学生、家长和社会普遍尊重。但是，也有个别教师放松自我要求，不能认真履职尽责，甚至出现严重违反《十项准则》行为，损害教师队伍整体形象。制定教师职业行为准则，明确新时代教师职业规范，针对主要问题、突出问题划定基本底线，是对广大教师的警示提醒和严管厚爱，是深化师德师风建设，造就政治素质过硬、业务能力精湛、育人水平高超的高素质教师队伍的关键之举。二是要把自己摆进去，不做局外人，结合自身的实际学习贯彻。对照《十项准则》，认真开展自查，查漏补缺，做到了的应该长期坚持下去，没有做到的应该立即整改。做明白人，不做糊涂人，否则就会师德失范，就会被追责问责。教师所在学校要结合本学校实际进行细化量化，制定具体化的教师职业行为负面清单及失范行为处理办法，提高针对性、可操作性。要做好宣传解读，坚持全覆盖、无死角，采取多种形式帮助广大教师全面理解和准确把握，做到人人应知应做、必知必做，真正把教书育人和自我修养结合起来，时刻自重、自省、自警、自励，自觉做以德立身、以德立学、以德施教、以德育德的楷模，维护教师职业形象，提振师道尊严。三是把准则要求落实到教师管理具体工作中。要把好教师入口关，在教师招聘、引进时组织开展准则的宣讲，确保每位新入职教师知准则、守底线。要将准则要求体现在教师聘用、聘任合同中，明确有关责任。要强化考核，在教师年度考核、职称评聘、推优评先、表彰奖励等工作中必须进行师德考核，实行师德失范“一票否决”。改进师德考核方式方法，避免形式化、随意化。完善师德考核指标体系，提高科学性、实效性。四是坚决查处师德违规行为，查处害群之马。

教育部明确要求各地各校要按照准则及相应的处理指导意见、处理办法要求，严格举报受理和违规查处。对于发生准则中禁止行为的，要态度坚决，一查到底，依法依规严肃惩处，绝不姑息。对于有虐待、猥亵、性骚扰等严重侵害学生行为的，一经查实，要撤销其所获荣誉、称号，追回相关奖金，依法依规撤销教师资格、解除教师职务、清除出教师队伍，同时录入全国教师管理信息系统，任何学校不得再聘任其从事教学、科研及管理等工作。涉嫌违法犯罪的要及时移送司法机关依法处理。要严格落实学校主体责任，建立师德建设责任追究机制。对师德违规行为监管不力、拒不处分、拖延处分或推诿隐瞒等失职失责问题，造成不良影响或严重后果的，要按照干部管理权限严肃追究责任。

2019 年教育部公开曝光 4 起违反教师职业行为十项准则典型案例，现摘其两起：

【案例 1】

安徽省铜陵市 3 位教师组织学生有偿补课问题。铜陵市教育局对 3 名顶风违纪从事有偿补课的教师公开通报。其中该市一中数学教师巩福德在其住宅楼地下室组织学生有偿补课；市十五中语文教师潘涛在其家中组织学生有偿补课；市十中英语教师王志兵借用学生家长提供的场地，组织学生有偿补课。市教育局对以上教师作出警告、清退违规所得财物、年度考核不合格、扣发年度奖励性绩效工资和一次性工作奖励等处理。

【案例 2】

黑龙江省哈尔滨市教师那中华违规收受学生家长礼品礼金问题。黑龙江省对中小学教师违规收受礼品礼金和有偿补课典型问题进行通报。其中哈尔滨市阿城区实验小学教师那中华违规收受某学生家长 6 次微信转账共计 2 200 元。那中华受到记过处分，扣发当年绩效工资和奖金，取消当年评先评优晋级资格，全额退返违纪所得；实验小学教学负责人被批评教育。

2023 年教育部公开曝光第十二批 7 起违反教师职业行为十项准则典型案例，现摘其两起：

【案例 1】

重庆市奉节县尖角小学教师马某某体罚学生问题。2022 年 4 月，马某某因学生未完成作业而将其带到办公室进行批评教育，因惩戒不当致该学生手臂、后背软组织受伤。马某某的行为违反了《十项准则》的第五项规定。根据《事业单位工作人员处分暂行规定》《中小学教师违反职业道德行为处理办法（2018 年修订）》等相关规定，给予马某某记过处分，一年内不得从事一线教学工作，不得参加专业技术职务任职资格评审。将其所在学校校长降为副校长，对分管副校长进行诫勉谈话。

【案例 2】

海南省万宁市大同中学教师陈某某性骚扰学生问题。2022 年 6 月，陈某某通过微信向本校已毕业女学生发送淫秽言语。陈某某的行为违反了《十项准则》的第七项规定。根据《事业单位工作人员处分暂行规定》《中小学教师违反职业道德行为处理办法(2018 年修订)》等相关规定，给予陈某某降低岗位等级处分，撤销其教师资格，列入教师资格限制库，调整至其他岗位。对其所在学校领导班子进行通报批评，责成作出检讨。

从上述曝光的典型案例来看，不仅严肃处理了违规违纪的教师和从教人员，而且对教育行政部门相关负责人、相关中小学校党政负责人和高校二级学院党政负责人的监管不力、推诿隐瞒等失职失责问题进行了严肃追责。从这些典型案例中不难发现，对师德违规违纪行为的监管实现了全覆盖。教师承担着立德树人的使命，肩负着为党育人、为国育才的职责，这一工作性质决定了教师应有超出一般行业的职业道德水准，正所谓“学高为师，身正为范”。师德失守，课上得再好，学术水平再高，也不是合格的教师。在全社会重振师道尊严，要把师德师风作为评价教师队伍素质的第一标准，在教师资格准入、招聘考核、职称评聘、推优评先、表彰奖励等一切环节，都要突出师德把关。

第二章 师德师风

教师是人类灵魂的工程师，是青少年学生成长的引路人。教师的思想政治素质和职业道德水平直接关系到中小学德育工作状况和亿万青少年的健康成长，关系到国家的前途命运和民族的未来。加强中小学教师职业道德建设，提高教师的师德素养，对于确保党的事业后继有人和社会主义事业兴旺发达，全面建设小康社会，构建社会主义和谐社会，实现中华民族伟大复兴，具有十分重要的意义。

2021 年 3 月 6 日，习近平总书记在看望参加全国政协会议的医药卫生界、教育界委员时指出，要把师德师风建设摆在首要位置，引导广大教师继承发扬老一辈教育工作者“捧着一颗心来，不带半根草去”的精神，以赤诚之心、奉献之心、仁爱之心投身教育事业。加强师德师风建设，是贯彻落实党和国家教育方针的重要内容，是推动党和国家教育发展的关键环节。

习近平总书记在中国人民大学考察时强调，培养社会主义建设者和接班人，迫切需要我们的教师既精通专业知识、做好“经师”，又涵养德行、成为“人师”，努力做精于“传道授业解惑”的“经师”和“人师”的统一者。广大教师和教育工作者要加强品德道德、修养修为建设，涵养大德、蕴含大爱，两袖清风、淡泊名利，规范职业行为、严守职业操守，明大德、守公德、严私德，遵守法规、敬重学问、崇尚科学，热爱祖国、热爱人民、热爱事业、热爱学生。为人师表，做到课内课外、网上网下一个样，成为学习的楷模和榜样，成为社会主义核心价值观的传播者、践行者、引领者，成为全社会最尊敬的人。广大教师应当有这样的自觉，忠诚于人民教育事业，模范遵守教师职业道德标准，使自己的德行与时俱进、臻于完善。

第一节 爱国守法

《中小学教师职业道德规范(2008 年修订)》中规定“爱国守法。热爱祖国，热爱人民，拥护中国共产党领导，拥护社会主义。全面贯彻国家教育方针，自觉遵守教育法律法规，依法履行教师职责权利。不得有违背党和国家方针政策的言行。”

爱国守法是教师职业的基本要求，也是每个教师的神圣职责和义务。

一、自觉做爱国的践行者

教师要坚持以习近平新时代中国特色社会主义思想为指导，拥护中国共产党的领导，拥护社会主义，忠于祖国，忠于人民。要时刻爱国守法，把个人志向和人生价值的实现自觉融入党和国家事业发展，把报效祖国作为最大的追求，把服务人民作为最大的责任。在思想上、政治上、行动上同以习近平同志为核心的党中央保持高度一致，与党和人民同心、同德、同向、同梦，树牢"四个意识"、坚定"四个自信"、做到"两个维护"，把好世界观、人生观、价值观这个"总开关"。

二、自觉做全面深入贯彻党的教育方针的践行者

教师要认真学习党的教育方针和政策，要坚持正确的政治方向，践行社会主义核心价值观，以身作则，引领帮助学生"扣好人生的第一粒扣子"。教师要充分认识教师职业的神圣使命，坚持教书和育人相统一、坚持言传和身教相统一、坚持潜心问道和关注社会相统一、坚持学术自由和学术规范相统一，以德立身、以德立学、以德施教。

三、自觉做守法的践行者

教师要恪守宪法原则，遵守法律法规，依法履行教师职责。要维护国家利益、人民利益、社会公共利益，遵守社会公德和社会公序良俗。要知法守法，用法律来规范自己的行为，依法从教，不做法律禁止的事情。

教师的职业特性决定了教师必须是道德高尚的人。早在2014年教师节前夕，习近平总书记在北京师范大学考察时强调：国家繁荣、民族振兴、教育发展，需要我们大力培养造就一支师德高尚、业务精湛、结构合理、充满活力的高素质专业化教师队伍，全国广大教师要做"有理想信念、有道德情操、有扎实学识、有仁爱之心"的好老师。

好老师首先应该是以德施教、以德立身的楷模。好老师应该取法乎上、见贤思齐，不断加强道德修养，提升人格品质，率先垂范，引导和帮助学生把握好人生方向，特别是引导和帮助他们树立正确的世界观、人生观、价值观。长期以来，广大教师深入学习贯彻习近平总书记关于教育的重要论述，始终忠诚于党和人民的教育事业，坚守为党育人、为国育才的初心使命，自觉规范思想行为和职业行为，教书育人，敬业奉献，做让人民满意的教师，赢得了全社会的尊重，教师队伍中不断涌现一批又一批可歌可泣的模范人物。

第二节　爱岗敬业

《中小学教师职业道德规范（2008年修订）》中规定"爱岗敬业。忠诚于人民教育事业，志存高远，勤恳敬业，甘为人梯，乐于奉献。对工作高度负责，认真备课上课，认真批改

作业，认真辅导学生。不得敷衍塞责。”

爱岗敬业，是教师职业的本质要求。“爱岗”是“敬业”的基石，“敬业”是“爱岗”的升华。教师要做到：

一、坚定理想信念，忠诚教育事业

教师要自觉肩负起国家使命和社会责任，牢固树立中国特色社会主义理想信念，自觉做中国特色社会主义共同理想和中华民族伟大复兴中国梦的积极传播者，帮助学生筑梦、追梦、圆梦。教师应始终牢记自己的神圣职责，志存高远，把个人的成长进步同社会主义伟大事业、同祖国的繁荣富强紧密联系在一起，并在深刻的社会变革和丰富的教育实践中履行自己的光荣职责。

二、加强道德情操，工作高度负责

没有责任就办不好教育，没有感情就做不好教育工作。教师要带头弘扬社会主义道德和中华传统美德，做以德施教、以德立身的楷模，帮助学生把握好人生方向。要身体力行把社会主义核心价值观的要求融入日常的教育、教学、管理及与学生的交往中，以自己的高尚师德和点滴行为潜移默化影响和激励每一个学生。

三、加强业务学习，提升个人素养

教师要具备扎实的专业知识和渊博的文化涵养。要勤于学习，与时俱进，要充分利用业余时间，学习先进的教育理念和其他优秀教师的经验，丰富自己的教育思想，提高自身的业务能力；要勤于思考，勇于创新，要在教育教学实践中，结合自身实际的教育教学情况及时进行反思，总结经验教训，找到不足和改进的方法，促进自身发展；要勤于发问，遇到问题要虚心向其他经验丰富的教师请教，善于反思、总结和规划，积极探索独特的教学方法，实现自身专业素养的全面提升。

陶行知先生曾说，在教师手里操着幼年人的命运，便是操着民族和人类的命运。只有当教师把教育作为一项事业、作为自己的人生追求时，才可能默默奉献，这是教育工作的核心价值所在。广大教师要树立崇高职业理想和坚定职业信念，静下心来教书、潜下心来育人，做爱岗敬业的模范。把追求理想、塑造心灵、传承文明当作人生的最大乐趣，甘为人梯、乐于奉献，在平凡中成就伟大。

只要还有学生，我就要守在这里

下午2点半，寂静的大山深处，一阵上课铃声响起，谭承斌快步走进教室。

“上课，起立！”

“老师好!”3排学生站了起来,个头差距挺大,因为他们分属3个不同年级。

“请坐!”谭承斌依次翻开讲台上的3本教材,“六年级的同学,今天学圆的周长;五年级的同学,今天学用字母表示数;三年级的同学,今天学乘法。六年级上课的时候,另外两个年级先预习课程。”谭承斌把教学时间掰成三瓣。

这里是湖北省襄阳市谷城县南河镇白水峪中心小学,谭承斌是学校党支部书记、校长,也是本校唯一的数学、科学老师。学校很小,只有1个操场、3栋楼房、5位教师、11个学生。

在这所四面环山的山村小学,谭承斌已经坚守了38年。早些时候,部分住在库区山上的学生出行困难,他就划小木船把学生一一接来学校。“有些学生住得远,来回一趟要5个多小时。我周日中午从学校出发,回到学校天都黑了。”谭承斌说。前些年易地搬迁,11名在籍学生都搬家到学校附近,上下学再不用这么费事了。在有关部门支持下,校园、教室等基础设施也都面貌一新。

条件好了,谭承斌却没让自己轻松下来。下了课批改作业,忙完已是下午四点半。顾不上休息,他又匆匆走到教学楼对面的厨房,穿上围裙洗好手,给孩子们做饭。厨房冰箱里,肉、鸡蛋、西红柿等食材满满当当。“这些都是托回库区的工人从山外买的,每周送进来两次。娃子们正是长身体的时候,营养要保证。”谭承斌说着,顺手把切好的菜端出,打着燃气灶,热锅、放油。不一会儿,一道道菜肴就摆上桌了。

晚饭后,天已全黑,谭承斌回到教室,看着学生们写作业,随后领着他们回宿舍休息。

在年轻教师眼中,学校就像一个家,谭承斌是家长,大大小小的事情他都操心。这些年,国家对乡村教育支持力度很大,学校有了更多年轻教师,谭承斌也努力为他们提供更好的条件。几名以前谭承斌教过的毕业生得知情况后,和他商量,成立了一个基金会,对来这里的年轻教师,每人每月补助生活费400元。

“来之前,谭校长给我们添置了好些新用品。”宿舍里,2023年上半年刚入职的年轻老师任安琪指着崭新的床、被子、衣柜笑着说。

夜深了,确认学生都已入睡,谭承斌才回到学校附近的家中。妻子俞洪勤说:“他很多时候住在学校,我知道,他把学生当成自己的娃娃。”

这些“娃娃”也没有辜负谭承斌。他带过的学生中,先后有超过180人考上大学,有的成为飞行员,有的做了科研人员,还有的像他一样,成为人民教师。

还有4年,谭承斌就要退休了。这些年来,谭承斌有很多机会走出大山去城镇学校任教,但他毅然选择留在山里。“多少党员,不都是坚守在平凡岗位,作出了不平凡的事?从29岁入党的那天起,我就决定要像他们一样坚守岗位。”他说,“走出大山的学生们,已经替我看遍世界了。只要还有学生,我就要守在这里。”

[**点评**]　谭承斌曾先后荣获“全国优秀老师”“湖北省优秀共产党员”“湖北省农村优秀老师”“襄阳楷模”等荣誉称号。一支粉笔、一块黑板、一本课本、一张嘴,在白水峪小学的讲台上,他一站就是38年。坚持一阵子易,坚守一辈子难。对谭承斌来说,改变山里娃

的命运，托起乡亲们的希望，是他一生的坚守。

资料来源：吴君.他坚守山村小学38年：走出大山的学生们替我看遍世界[N].人民日报，2023-12-05.

第三节　关爱学生

《中小学教师职业道德规范（2008年修订）》中规定“关爱学生。关心爱护全体学生，不讽刺、挖苦、歧视学生，不体罚或变相体罚学生。”

关爱学生，是师德的灵魂。习近平总书记指出，教育是一门“仁而爱人”的事业，爱是教育的灵魂，没有爱就没有教育。

一、厚植仁爱之心

仁爱是中华民族的传统美德，也是自古以来师道传承的重要精神内核。教师身负教书育人的神圣职责，更需要修炼人民教师的“心学”，以一颗充沛活泼的仁爱之心，赢得社会的广泛尊重。“爱”的能力和“被爱”的体验是学生成长路上不可缺少的元素，教师要常怀宽厚仁爱之心，涵育润泽学生的心灵，培养出符合时代发展需要的一代新人。

二、关爱全体学生

施以爱心，期以耐心，持之以恒。教师应爱生如子，用一颗严父慈母的心去关心呵护学生，用真爱、真情去感化每一个学生。教师要全面了解学生的思想表现、家庭环境、社会交际等情况，有的放矢地进行教育。要善于走进学生的心灵，除了关心学生的学习，还要用心关注学生的情感变化，去感受学生们真正的渴望和需求，以心灵感受心灵，以师心暖生心。

三、尊重独立人格

教师在对学生潜移默化的爱与教育中，要尊重每一个学生的独立人格，尊重每一个个体，尊重、理解他们的意见和想法，设身处地为学生着想，站在学生的位置来观察、分析和认识问题，推心置腹地教诲。要善于倾听学生的心声，了解学生的所需所求，用爱培育爱、激发爱、传播爱，做学生的好朋友和贴心人。要相信学生的进步，及时发现他们的优点，激发他们向上的热情，在宽与严中，成为学生身边的知心人、贴心人、暖心人，让所有学生都享受成功的喜悦，成长为有用之才。

教师只有具备仁爱之心，才能尊重、理解、包容每一个学生，注重学生的全面发展。教师必须关心爱护全体学生，平等对待每一个学生，尊重学生人格，尊重学生个性，保护学生安全，关心学生身心健康，维护学生权益，避免讽刺、歧视或体罚学生。对学生严慈相济，做学生的良师益友。教师要注重言传身教,用自己高尚的情操、良好的修养、稳定的情绪、开朗的性格、友善的面孔、和蔼的态度、信任的目光、热情的话语去影响学生向善向好。

典型案例

“95后”女教师山村“走教” 两会“委员通道”被实名点赞

学生喜欢好老师,家长期盼好老师,党和国家需要好老师。2024年“两会”期间,3位好老师在“委员通道”上被全国政协委员实名点赞,其中就有襄阳市保康县歇马镇小学的胡婷婷老师。

2019年9月,21岁的胡婷婷通过湖北省农村义务教育教师考试,成为湖北省保康县歇马镇小学的一名英语教师。

歇马镇所有小学从三年级开始开设英语课,这使英语老师成为“稀缺资源”。为了让山里娃学到英语,刚走上讲台的胡婷婷便主动接手了歇马镇羊五教学点的英语巡回教学任务。

羊五教学点距离歇马集镇18千米,海拔近1千米。教学点有3名平均年龄57岁的老教师和3个班19个学生。胡婷婷承担了教学点三年级和六年级学生的英语教学任务。

周一到周四上午,胡婷婷在歇马镇小学完成教学任务后,便搭乘班车赶往羊五教学点“走教”。多年来,胡婷婷克服路途遥远、交通不便等困难,风雨无阻地穿行于两所乡村学校之间,总是准时带着孩子们的期盼出现在教室。

“多年来,这种风雨兼程的支教生活,对一名年轻的教师而言,确实很艰辛。但胡婷婷非常敬业。正是有更多像胡婷婷这样的基层教师的坚守,才让我们的乡村教育更有温度。”歇马镇小学校长周斌说。

刚到教学点任教时,胡婷婷就遭遇了挑战。此前,教学点的孩子们从未接触过英语,基础知识为零,本应正常进行的五年级英语教学完全无法开展。

为了把学习进度赶上来,胡婷婷决定先从打基础开始,每周课时有限,她便组织孩子们上晚自习,一个词一个词地教,一句一句地纠正,抓住一切机会帮孩子们补习。经过半年多的努力,孩子们的英语知识一点点补了起来,英语教学也终于步入正轨。

年轻的胡婷婷不仅是孩子们的老师,而且是他们的朋友。每周怀揣期望而来,带着不舍离去,胡婷婷与教学点的孩子们建立了深厚的感情,彼此都珍惜着短暂的相聚时刻。胡婷婷希望自己的这份坚持能让更多的山里娃学到知识、走出大山。

来羊五送教多年,胡婷婷遇到了很多艰辛,但收获更多的是孩子们带给她的感动。胡婷婷说:“在他们的眼睛里我看到了对知识的渴求,我希望我能用这份坚持和坚守带领更多的孩子早日走出大山。”

[**点评**] 一个人遇到好老师是人生的幸运,我校学生胡婷婷,毕业后毅然选择到乡村任教,成为保康县歇马镇小学一名英语老师。四年间在两个教学点之间“走教”,每次往返36

千米。她说，自己今天的奔走，为的是孩子们明天的奔跑。孩子们喜欢她，家长们更尊重她。

——全国政协委员郑军

资料来源：保康县人民政府网站，http://www.baokang.gov.cn/xwzx/bmgz/202101/t20210114_2372506.shtml。

第四节　教 书 育 人

《中小学教师职业道德规范(2008 年修订)》中规定“教书育人。遵循教育规律，实施素质教育。循循善诱，诲人不倦，因材施教。培养学生良好品行，激发学生创新精神，促进学生全面发展。不以分数作为评价学生的唯一标准。”

教书育人，是教师的天职。扎实的知识功底、过硬的教学能力、勤勉的教学态度、科学的教学方法是教师的基本素质。

一、强化师德，做好老师

教师应自觉成为一名“有理想信念、有道德情操、有扎实学识、有仁爱之心”的“四有好老师”。在教学活动中积极探索教育规律，总结凝练学生发展规律，深挖不同学生的优势与潜能，针对其特长制定培养方案，鼓励学生发挥自身才能，引导学生树立报效祖国的高远志向。

二、强化学习，提升能力

教育是一门求知的学问，是一种启智的科学，更是一项传道的艺术，是教师育人能力和教育智慧的集中体现。“给学生一碗水，教师心中必须有吐纳更新、永不枯竭的源头活水。”教师必须具备深厚的理论功底和渊博的知识，潜心研究、精通专业，做到业务能力精湛、育人水平高超，始终走在时代的最前沿。

三、遵循规律，科学育人

教师要遵循教书育人规律，既注重专业知识技能的传授，也注重价值观念的培育，把知识传授与价值塑造有机结合起来。教师要遵循学生成长规律，根据不同学生在认知能力、思维特点、情绪表达等方面的差异性，分层分段分类设计教育目标、构建课程体系，以学生喜闻乐见的方式进行思想引领和价值塑造。教师要树立科学成才的观念，坚持以德为先、能力为重、全面发展的学生发展理念，帮助学生塑造健全的人格、健康的心理，从德、智、体、美、劳等学生全面发展的方向去进行教育效果评价。坚决杜绝用分数给学生贴标签的做法。

教师必须不断提高自己的教学技巧和水平，不断探索建立科学有效的教学方式方法，创新课堂教学、丰富课外实践，有教无类、因材施教、“五育”并举，不断为党和人民的伟大事业培养一代代全面发展的栋梁之材。

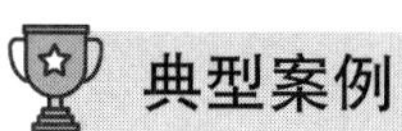

“90后”女教师在乡村讲台谱写如诗芳华

2023年5月2日，央视《新闻直播间》栏目播出6分钟的“五四”特别节目《志在四方 湖北襄阳“90后”女教师：在乡村讲台谱写如诗芳华》，讲述教育部乡村优秀青年教师培养奖励计划获得者襄阳市樊城区朱坡中心小学李雪萍的典型事迹。

9年为孩子们过了超过100个生日

李雪萍是湖北省2014届新机制教师。当老师的第一年，她听说小轩从4岁后就没人给他过生日。在他生日那天，李雪萍买了两顶玫红色帽子，师生俩一人一顶戴着帽子走进教室，当时孩子们欢呼起来，那年冬天小轩每天都戴着这顶帽子。9年来她给孩子们过了超过100个生日。

从城市来到农村任教

“90后”女孩李雪萍出生于山东。上三年级时，她偶然看到了电视剧《红蜻蜓》。这部电视剧以教师杜嵋为主线，讲述了她帮助孩子成长，教育孩子成才，净化孩子心灵的感人至深、发人深省的故事，她使孩子从旷课厌学变得聪明好学，从打架撒谎变得诚实守信，健康地走在成长的路上。“杜嵋美丽、执着、善良，这个人民教师的光辉形象深深地烙在了我的心里。”李雪萍当时就梦想自己也能成为一名善良、温柔的人民教师。她小时候做游戏，最喜欢的就是当老师，常常与小伙伴们拿着粉笔佯装在黑板上写字。

2014年，李雪萍从曲阜师范大学毕业后，参加了湖北省教育厅农村新机制教师招录考试。“农村留守孩子多，缺少父母的陪伴，更需要老师给予关爱。”李雪萍说。她从繁华的城市来到幽静的乡村，如愿成为樊城区朱坡中心小学的一名语文教师。“我想象中的农村学校比较偏僻、条件很差，但朱坡中心小学教学楼很漂亮，还有塑胶跑道，竹林、绿树成荫。”李雪萍一下子就喜欢上了这里。

朱坡中心小学是一所寄宿制小学，李雪萍班上有一半孩子寄宿。她白天备课、上课、管理班级，晚上还要查寝，吃饭也和孩子们在一起。

“虽然在别人看来，每天都那么平淡无奇，但我觉得这里的生活让我每天都充满了快乐和感动，不断成长。”李雪萍说。

教学生讲普通话、练书法

刚来到朱坡中心小学，李雪萍被安排带五(2)班的语文兼班主任。“老师好!”“新老师好漂亮！”……第一次走进教室时，李雪萍被孩子们的热情所感动，但是听到孩子们用“襄普”自我介绍时，她不禁担忧起来。“孩子们说普通话时，平翘舌不分。”从这一刻起，李雪萍暗暗下定决心：要让班里的每个孩子都讲好普通话！

之后，在语文课上，李雪萍从纠正拼音开始，教孩子们讲普通话。她在课堂上一遍一遍地带领学生大声朗读，渐渐地，从拼音到词语，再到一句话，一段文字，孩子们有了很大的进步，而且喜欢用普通话交流了，有的甚至说得字正腔圆。“六一”节晚会上，五(2)班的学生还担任了主持人。

为了让更多的孩子说好普通话，李雪萍将练习普通话与经典诵读活动相结合，她与其他两位老师成立了经典诵读社团。他们每学期组织孩子们开展一次经典诵读比赛，让“读经典书，说普通话”成为该校的“文明旋风”。在2016年樊城区经典诵读比赛中，李雪萍所在的朱坡中心小学代表队获得一等奖；在2019年樊城区经典诵读比赛中，李雪萍带的六(1)班代表学校参赛，获得一等奖。如今，校园里随处可以听到孩子们说普通话，孩子们也越来越自信、越来越阳光！

朱坡中心小学并没有专职书法教师，大学毕业于书法专业的李雪萍觉得自己有责任通过努力让孩子们写一手漂亮的书法。于是，在校领导的支持下，学校配备了笔、墨、纸、砚，成立了“永字八法社团”。点、横、竖、撇、捺……李雪萍从一个个笔画教起，让朱坡中心小学这所农村学校充满了墨香。

用爱呵护学生成长

李雪萍认真钻研语文教学，一直在小学高年级任教。六年级是小学阶段的收获时期，李雪萍尽心尽力上好每一节课，教好每一个学生。

在教学中，李雪萍时刻做到“三心”：一是精心备课。李雪萍常常告诫自己：给学生一杯水，自己就要有一桶水，而且这桶水是“活水”。只有这样，自己的教学才能从容不迫、得心应手。二是专心传授。一走上讲台，她就调整好自己的情绪，摒除杂念，全心专注教学，把自己精心备好的课传授给学生，提高课堂效率。三是倾心交流。“教贵在知疑，学贵在问道。”她说，在与学生交流的过程中，一方面可以了解学生的学习效果，另一方面可以知道自己的教学情况，以便迅速从中发现不足，进一步提高教学效率。2018年冬季，在全区六年级语文抽测中，李雪萍所带班级取得了樊城区农村学校第一名的好成绩。

李雪萍除了钻研教学，还用心爱着自己的学生们。优优(化名)生活在单亲家庭，妈妈为了养活一家人到武汉打工，有时半年才回家一次。优优平时和爷爷一起生活。时间久了，优优性格很内向，平时不爱讲话，更不会主动与人聊天。发现这个情况后，李雪萍主动找优优说话，让她参加了班级合唱团，并担任书法小组长。优优找回了自信，也愿意与人交流了。“以前我每次回家，优优从来不会主动和我说话，我问她，她也不回答，我一直很担心。这周我回家见到优优，她竟然主动和我聊天了，她聊老师、聊同学，还聊自己参加的活动。”优优妈妈开心极了，给李雪萍打电话表达谢意。

李雪萍不放弃任何一个孩子。班上有个男孩成绩很差，考试时从不写作文，语文通常只能考一二十分。在接手这个班后，李雪萍偶然了解到这个男孩的情况：在他 8 个月时，妈妈离家出走。每次他想妈妈时，奶奶就告诉他：“你表现好了，妈妈就会回来。”“我听说后，心里很难过。”李雪萍哽咽地说。之后，李雪萍在学习、生活方面给予了这个孩子更多的关注，只要他有一点进步，李雪萍就及时鼓励，渐渐地，他敢举手发言了，六年级期末考试时，他的语文“破天荒”考了 70 分以上。

书法专业出身的李雪萍，喜欢在教学中把书法和汉字融为一体，通过课堂的文字板书，让学生体会到中国汉字的文化魅力。李雪萍介绍：“耳濡目染的过程，时间久了，孩子们的书写就会越来越认真，在一笔一画间书写人生百态、中国传统。”

2017 年，李雪萍被评为襄阳市“学生最喜爱的老师”；2019 年，她入选湖北省教育厅“播种希望与未来”义务教育教师招录巡回报告团，在湖北省巡回演讲。

［**点评**］　从山东到湖北，从城市到农村，9 年时光里，“90 后”乡村女教师李雪萍用爱和智慧，给孩子们的梦想插上飞翔的翅膀，帮助孩子们成为最好的自己，在农村的三尺讲台谱写出如诗般的芳华岁月。她和孩子们的成长故事登上了央视《新闻直播间》等多家媒体栏目。2024 年 1 月 18 日，2023 年“马云乡村教师奖”颁奖典礼如期在线上举行，李雪萍获此殊荣，并作为颁奖典礼外场主持人参与节目互动，她是襄阳市唯一获此殊荣的教师。

第五节　为人师表

《中小学教师职业道德规范（2008 年修订）》中规定“为人师表。坚守高尚情操，知荣明耻，严于律己，以身作则。衣着得体，语言规范，举止文明。关心集体，团结协作，尊重同事，尊重家长。作风正派，廉洁奉公。自觉抵制有偿家教，不利用职务之便谋取私利。”

为人师表，是教师职业的内在要求。著名教育家叶圣陶曾说过：“教育工作者的全部工作就是为人师表。”为人师表要求教师必须恪守高尚的道德风尚。

一、内铸师魂，做一个高尚的人

教师在内在品质上，要严谨自律，坚守高尚情操，知荣明耻，严于律己，以身作则。这是教师的高水平境界。作为一名肩负着教书育人神圣使命的教师，作为社会的一分子，我们有责任、有义务率先高举“知荣明耻”的大旗，从自己做起，从小事做起，加强自身修养，处处为人师表，使自己成为一名具备高尚情操的人，为弘扬社会新风，促进社会道德发展尽一份力。

二、外塑师表，做一个文明的人

教师在外在形象、仪表行为上，要规范自己的言行举止，衣着得体，语言规范，举止文明。要以自己的“言”为学生之师、“行”为学生之范，言传身教、动之以情、晓之以理、导之以行，做名副其实的人类灵魂工程师。要时时刻刻以自己的人格影响人，以自己的品行感化人，以自己的言行引导人，处处是学生的模范，事事是学生的榜样。

三、宽以待人，做一个明智的人

教师在为人处事上，要关心集体，尊重同事，尊重家长。作为一位教师，要牢固树立大局意识，自觉维护集体的利益，关心集体的发展，树立校荣我荣、校耻我耻的观念，把自己融入集体，和集体共同发展。要正确处理与同事的关系，大家互相学习，团结协作，共同进步。要尊重家长，家校合力促进学生健康成长。

四、主动作为，做一个有担当的人

教师要承担社会责任，做到作风正派，廉洁奉公。教师应践行社会主义核心价值观落实、立德树人根本任务，自觉拒绝有偿补课，关心爱护每一个学生，为学习和生活有困难的学生及时给予指导和帮助，积极参与课前课后或假期义务值守等志愿服务。

教师要坚守高尚情操，培养高度的事业心、责任心，不断提升自我修养，自觉用师德规范自己的言行举止，自觉增强责任感和使命感，以身作则，率先垂范，以自己的人格魅力和学识魅力教育影响学生，为学生的发展和社会的进步贡献力量。

典型案例

站上讲台，就是生命在歌唱

人民教师应当是什么模样？很多人会不约而同地想起一个名字——于漪。

躬耕基础教育七十余载，上海市杨浦高级中学名誉校长、语文特级教师于漪，成为许多教师职业成长中的关键人物。她的从教历程，已和新中国教师职业发展融为一体。

于漪主张教育思想和教学实践同步创新。七十多年间，她开设了近 2 000 节公开课、培养了三代数十位特级教师、“带教”全国各地一百多名青年教师、写下六百多万字的论文、专著。从培育学生到培养老师，从改变课堂教学到凝练教育理论，她躬耕教坛、与时俱进，用实际行动彰显了“师者为师亦为范”的境界。

2019 年 9 月，于漪获得“人民教育家”国家荣誉称号。

如今，95 岁的于漪依然以奋斗的姿态站在教育改革和教师培养最前沿，默默践行“让生命与使命同行”的铮铮誓言。

于漪上课，讲求“以文育人，触动心弦”。

1951年，于漪从复旦大学教育系毕业，最初教历史，后转而教语文。干一行爱一行，她从语音、语法、修辞、逻辑学起，硬是靠自学啃完了大学中文系课程。为了打磨属于自己的教学风格，于漪给自己立下规矩，“不抄教学参考书，不吃别人嚼过的馍”。为了备好一堂课，她常常要花10个小时、20个小时，甚至更长时间。为了达到“出口成章，下笔成文”，她一边训练思维，以“心明”带“言明”，一边撰写详细的教案，下力气修改琢磨，再背下来转换成口语。“站上讲台，就是生命在歌唱”的理念，让她把每一堂课都上成了精品课。直至今天，仍有许多学生念念不忘：“听于老师上课，是艺术的享受！”

“教育是给孩子的心灵滴灌知性与德性”“教师要胸中有书、目中有人，要见书又见人”“每个学生都是发光体，每个学生都能做学习的主人”……这是于漪给出的答案，更是她的从教信条。

于漪带班，重“教文”，更重“教人”。

她带过许多“乱班乱年级”，但她眼里从来没有“差学生坏学生”。“不要随便讲学生不好。我教了一辈子，真的觉得没有不好的学生。”2000年，上海东方电视台拍摄专题片，年过七旬的她几乎不加停顿地报出自己教过的一百多个学生的名字。“记住学生名字是教师的本能。每教一个新的班级，我总先看熟学生登记卡，记住照片上的特征。上第一节课，叫出全班学生的名字，学生就很佩服。”于漪的脑子里有一个“学生谱”，每个学生的情况都了然于胸。

曾有一个男生屡屡逃学、偷窃、打群架，受到学校处分。家长的“棍棒教育”打得孩子离家出走。于漪急坏了，四处找寻忙了整整一天，才把孩子领回来。她把孩子接到家里长住，为他做饭，与他谈心，辅导他功课……春风化雨，叛逆的少年终于打开心扉，开始努力学习。多年后，听说于漪重病住院，这个已经工作的学生赶来探望，一见面便一把攥住老师的手，满脸热泪，哽咽难言……

于漪的“目中有学生”，不是只盯住几个学习尖子，而是面向全体学生，特别关照有个性的学生，纠偏引路，让他们的个性得到良性发展。于漪说：“我的学生不一定是最优秀的，但他们都是家庭的宝贝、国家的宝贝，我当教师，不求他们多显赫，但一定要成为社会的好公民，服务国家，服务人民。”

于漪眼中的教育从来不只是结果，更是生命展开的过程。采访中，这位儿时曾遭逢国家危亡之难、将中学校训“一切为民族”深刻心中的老人动情地说：“做好新中国教师的本分，心中必须要有中国的灯火。要指引学生在纷繁复杂的环境下树民族精神之根，筑爱国主义之魂，用中国人博大的情怀，用真正的本领为中国作出贡献，为人类作出贡献。”

1986年，著名语言学家张志公阅读于漪的手稿《学海探珠》后拍案赞叹：“于漪教书简直教得着魔了！”直至今日，她还沉浸在“着魔”的状态中。

退休后，于漪逐字逐句审阅了从小学到高中12个年级的上海语文教材和教参，为学生的“精神营养”严格把关。她曾因腰椎骨折卧床3个多月，刚能坐起来就忍痛在病床上指导中青年教师的课题和论文，刚可以下病床就急急走进课堂听课、评课……她时刻关注中国教育的变化与发展，她呼吁“要教在今天，想在明天”。时至今日，鲐背之年的她登上讲台，依然全程脱稿，思路清晰，声音洪亮，极富感染力。

于漪很喜欢闻一多的诗文：“红烛啊！流罢！你怎能不流呢？请将你的脂膏，不息地流向人间，培出慰藉的花儿，结成快乐的果子！”这，恰似她的人生写照——“一辈子做教师，一辈子学做教师”，这是作为师者的自我修为；“理想就在岗位上，信仰就在行动中”，这是作为一名共产党员的人生刻度。

［**点评**］ 她已是90岁的耄耋老人，有着七十余年的教学生涯。她依然活跃在语文教学改革的第一线，坚守“在讲台上用生命唱歌”。她深爱着学生，痴迷着语文教学。“我做了一辈子教师，但一辈子还在学做教师！”她用这样的话语不断地鞭策着自己，也勉励着更多的青年教师。于漪，师者的楷模。

资料来源：光明日报，https://app.gmdaily.cn/as/opened/n/0df4a1b23eed4e31ba5049cdd2bbf332。

第六节　终 身 学 习

《中小学教师职业道德规范(2008年修订)》中规定“终身学习。崇尚科学精神，树立终身学习理念，拓宽知识视野，更新知识结构。潜心钻研业务，勇于探索创新，不断提高专业素养和教育教学水平。”

师，应同时具备双重身份：既是教师，又是学生。做一位终身学习型教师，做一位终身学习的教育者，是时代发展的要求，也是教师职业特点所决定的。终身学习，才能终身成长；终身学习，才能满足新时代学生的需求。

一、树立终身学习理念，明确发展方向

终身学习观念是一位优秀教师的必备素养。教师唯有坚持终身学习，才能日益精进，成为受学生爱戴，受社会尊敬的优秀教师。教师的终身学习是一个不断更新自身知识体系，适应教育观念、教育方式、教育目标变革的过程。为此，教师除了要紧跟教学发展变化外，还要注重自我价值的体现，明确自身发展定位，并在日常教学中紧跟发展目标，以学习促发展，促使自己适应新时代的要求。

二、保持终身学习热情，拓宽知识视野

教师要终身学习，就要不忘初心，保持热情。在教育生活中始终保持一片教育热情，保持与时俱进，才能使自己在教育的道路上坚持不断地学习，养成终身学习的良好习惯，使自己紧跟时代，拥有更渊博的知识，向更宽广的视域发展。自觉做到勤学、善学、乐学、博学，主动加快知识更新、优化知识结构、拓宽眼界。按照习近平总书记提出的要求，教师

既要政治过硬，也要本领高强，对标时代发展需求，放大思维境界抓学习，解放思想、开阔视野，全面增强各个方面的本领。

三、拓宽终身学习路径，提升专业素养

教师要终身学习，就要运用多种学习方式提升自己。作为教师，就要尝试运用多种学习方式来提升自己。一是要积极参加各类教研培训，阅读专业书籍，与志同道合的教师沟通交流，不断拓宽自己的教育视野，提升自身综合素养；二是要虚心地向身边有经验的同伴请教，也可以申请加入一些名师工作室，和工作室里的教师“抱团取暖”，多从他们的工作中“取经”，见贤思齐；三是可以利用网络平台观看在线课程，观看名家的课例视频和讲座视频，通过不同的方式从不同的角度提高自己的教育教学水平，带着深层次的思考在终身学习的路上看见更远的世界。

四、践行终身学习品质，促进终身发展

品质决定着一个人的人生走向，是人的立身之本，是通向成功的第一阶梯。因此教师应当具备优秀的品质。教师的身份注定了教师需要时刻保持对学习的兴趣，不断探索学习新的学科知识与教育技能。教师唯有不断学习，践行终身学习品质，紧跟社会发展趋势，锚定学生成长需求，扩容自身专业技能知识，更新教育教学核心素养，提高自身教学水平与教学质量，才能做好“大先生”，建造牢固的学习之舟，稳载学生驶向知识彼岸。教师要品味职业的幸福，实现人生的升华，就不能仅仅满足于做一名“教书匠”，而要善于学习，勇于超越，实现由“教书匠”到“教育家”的跨越，为自己的终身发展奠基。

新课改要求教师改善自己的知识结构，具备课程开发的能力，增强对课程的整合能力，提高信息技术与学科教学有机结合的能力，因此教师要在专业里深耕，在跨界中学习。教师既要结合自己的专业和教学科目，选择主攻方向，又不能局限于此，应该兼容并蓄，广泛涉猎，不断开阔视野。在业务素养上不断查找、瞄准自己的薄弱环节，特别在包括教育理论与专业知识、专业技能与综合素质等方面存在的薄弱之处下功夫。

人民教育家陶行知先生曾说，要想学生好学，必须先生好学。教师要牢固树立终身学习的理念，具备扎实的知识功底、过硬的教学能力、勤勉的教学态度、科学的教学方法；要准确把握学生成长规律，不断更新专业理念，提高教育教学质量；要善于运用新技术来提高教学设计、教学实施、教学评价的专业能力，努力使自己成为业务精湛、学生喜爱的高素质教师，始终为学生提供最有效的指导和最好的教育。

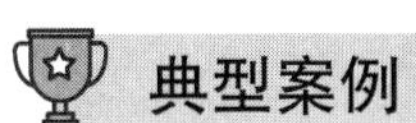

典型案例

秦雄：扎根乡村教育的“学者型教师”

第五届全国“桂馨·乡村教师计划（南师奖）”名单里，这位名叫秦雄的乡村教师的事

迹令人动容。

把根牢牢地扎在乡村的土地上

熊集镇中学是一所乡镇住宿制初中，位于距街区三千米的村庄，老一辈人都叫它“新农村中学”，交通工具不发达时老师们上街买菜都是个难题。1992年，秦雄从电大毕业分配到这所学校，担任语文老师和班主任。才开始工作那几年，不断有同事找关系托人调走或转行，与秦雄同一年分来的十来位老师只剩下了他一人。

由于教学基本功扎实，工作勤恳，很快成为学校的教学骨干、成长为襄阳名师和语文学科带头人的秦雄收到了不少其他学校抛来的橄榄枝。在去与留的问题上，秦雄也纠结和犹豫过。病重父亲每周的中药，他要到枣阳北街药店检出熬好，送回距学校1.5千米的老家；农忙时，他要帮父母把9亩2分地的庄稼收起来；侄女上小学、上初中，他带在身边；妻子上班，他要骑摩托车接送，还要带自己的孩子……一边是对家里的牵挂，一边是对农村孩子的爱，最终，他还是留了下来，把自己的根扎在了乡村学校这个舞台。

30年来，他每天最早到教室，与学生一起晨读、做操；中午守着学生午餐、午休；晚上看着学生晚餐、就寝。之后他开始进行学习提升与反思写作，常忙到深夜。他坚持与学生谈心交心，走访熊集镇中学的全部农村孩子，全镇每一个村落、家访过的每一个家庭，他都如数家珍。

心里装着的永远是学生

有的农村学生家庭条件不好，常因身心问题影响学习，秦雄看在眼里，急在心里。班上一个“刺头”学生卢刚因洗碗抢水与人起争执，用一根旧凳腿把人家胳膊打折，但家境贫寒无力支付全部医疗费，秦雄拿出自己的结婚资金为卢刚垫付医疗费，还常常给卢刚讲道理，帮他改掉冲动的毛病。学生张翠严重贫血，姐弟四人只靠父亲打零工和村里低保生活，秦雄有好吃的就叫她过来和自己孩子一起吃，还定期从自己微薄的工资中拿出部分贴补张翠姐弟的生活费。

也有学生因学习困难，对学业失去信心，秦雄想尽办法，决不放弃一人。一个叫张元的学生因为厌学而躲在家里不肯到校，秦雄前后七次翻山越岭，到离学校最远的张元家中劝返。有一次下雨，他还连人带自行车顺着山坡滑进山坳。多年下来，秦雄先后资助了五十多个学生，帮助上百个孩子重树信心完成学业。在实践中，秦雄归纳总结出针对问题生、学困生、辍学生、考生和新生五类学生的“五个一”教育法——课桌文化一片纸、学困生一书信、留守生家长一信息、考生“锦囊妙计”一纸条、新生栽种一棵“理想树”，在枣阳市多所学校推广。秦雄把对这五类学生的教育转化实践总结成文，先后有四十多篇发表在各类期刊上。

毕生唯愿做好一件事

秦雄说："一生唯愿做好一件事，那就是'全面提升学生人文素养'。"聚焦这一目标，30年来，秦雄紧抓课堂写作教学、文学教育、个性写作课题以及文学社创建。他家中堆满了书，几十本厚厚的八开纸笔记簿上，不同颜色的字体密密麻麻。他征订过五十多种期刊，购买或在电脑上研读多位名师著作，把所学理论与班级实际联系起来，形成自己独特的教育教学理念和方法。他曾患腰椎外漏，术后医生要求他至少卧床休息三个月，但他仅一周就要求出院，白天捆着夹板上课，晚上躺在床上备课、批改作业、写教学反思。

30年来，他致力于"初中语文新授课情境类比教学"探索研究，让普通的课堂多出一个"情境"，让学生走上讲台，在课堂上迸溅出欢笑、泪水和思想的火花。2021年12月，作为襄派教育家培养对象，秦雄就该课题线上答辩。鉴定专家——北师大两位教授评价：这一研究对新授课和情境教学有重要的补白作用，我们没想到一名农村教师的研究有如此的深度与素养。最后，这一课题顺利通过答辩并被评为优秀课题。

秦雄从不吝惜与青年教师分享经验。他撰写《让典型的星火燎亮教师专业发展之原》一文，在全市教育工作会议上交流。在新教师培训会上，他的"教师论文写作如何选点""语文教师如何走进文体"等专题报告吸引了许多教师的关注。50位教师在他的帮助下成长为襄阳名师、枣阳名师。他是一名普通的教育工作者，又用自己的坚守诠释着教师这个职业的不凡。

［**点评**］ 他是湖北枣阳市熊集镇中学的一名语文教师，扎根乡村一线30年，把生命最美好的岁月都奉献给这片土地。他克服生活、工作上的诸多困难，把三尺讲台当舞台，把学生当成自己的孩子，既是农忙时一身泥土的"农民"，也是真正融入学生学习生活的"学者型教师"。他，认准学生"人文素养"提升目标，坚守初心，兢兢业业，主持全国省市二十多项课题，在各级报刊发表教育教学论文八百多篇，指导培养名师骨干五十多人，获"全国优秀班主任""襄阳市五一劳动奖章""襄阳市十佳师德标兵""学生最满意教师"等五十多项荣誉。

资料来源：程墨，陈建波，杨光明.秦雄：扎根乡村教育的"学者型教师".中国教育报[N].2022-09-23.

第三章

仁爱之心

“仁爱之心”是习近平总书记所倡导的“四有好老师”理念的核心要素之一，它在教育领域中展现了人道主义、社会仁爱、对生命的尊重等多种维度的价值内涵。教师的工作是建立在“儿童学”的基础上的，无论是在幼儿教育还是在高等教育阶段，教师始终怀揣着对学生未来发展的热切期望。然而，教育工作最具挑战性的部分在于应对不同成长过程中形形色色的孩子，如普通孩子、具有特殊需求的孩子等。每一个孩子都是独一无二的，而他们对于“仁爱”的需求则是共通的。无论是普通孩子在学习过程中遭遇困境，需要老师的悉心指导，还是来自困难家庭、离异家庭、留守儿童等需要得到关爱和支持，又或者是具有特殊需求的孩子寻求包容与善良，都呼唤着教师用仁爱之心去浇灌这些幼小的心灵。教育工作是一种融合了脑力、体力和情感的全方位投入，更是一种要跨越时空界限的付出。因此，教师需要将那种乐于教学、关爱学生、无私奉献的仁爱之心视为自己在教育事业道路上的“指路灯”，以照亮前行的道路。

第一节　仁爱之心的内涵与价值

仁爱之心是指对他人的关爱、尊重和包容。在中国传统文化中，“仁爱”被视为一种至高的道德情操。对于教师而言，仁爱之心不仅是一种情感表达，而且是一种教育理念和教育方法。

仁爱之心在教育领域具有多重维度的价值，不仅对学生的成长和发展产生深远影响，而且对教师自身的职业发展和整个教育系统的进步具有重要意义。

一、仁爱之心促进学生全面发展

党的二十大精神要求广大教育工作者必须全面落实立德树人根本任务，培养出更多德、智、体、美、劳全面发展的社会主义建设者和接班人。教师的仁爱之心对于学生全面发展具有核心价值：

（一）创建积极的学习环境

学习环境是影响学习者学习的外部环境，是促进学习者主动构建知识意义和促进能力生成的外部条件，主要包括：(1) 物理学习环境；(2) 资源学习环境；(3) 技术学习环境；(4) 情感学习环境。充满关爱和支持的学习环境可以降低学生的焦虑，提高他们的自信心和学习动力，从而促进他们获得更好的学习成果。

（二）培养学生的社会技能

社会技能包括与他人交往的行为，如接受权威、谈话技巧、合作行为；与自我有关的行为，如情感表达、道德行为、对自我的积极态度；与任务有关的行为，如参与行为、任务的完成、遵循指导等。通过示范和教导，教师的仁爱之心能帮助学生学会尊重、合作和同理心等重要的社会技能，这些技能对于学生未来的社会生活至关重要。

（三）塑造学生的品格和价值观

价值观是指人们在一定的思维基础上，对于事物的认知、理解和评价，并在此过程中形成的对于好坏、对错的判断和选择。它是我们评估世间万物、辨别是非的一种思考方式或取向，进而揭示各种事物对我们而言所具有的特定价值或意义。价值观具备稳定性、持久性、历史性和选择性，同时带有主观色彩。它不仅对我们的动机起到引导作用，而且能反映我们的认知和需求状态。

（四）减少学生的行为问题

课堂问题行为是教师经常遇到而又非常敏感的问题，处理不好，就会损害师生关系和破坏课堂气氛，影响教学效率。如果教师在懂得预防、监督的同时，当学生不当行为将现或乍现，班级秩序略趋浮动时，能及时巧妙地处理，就会将事端消灭在萌芽状态，这是课堂管理的一个重要组成部分。课堂问题行为的产生主要有学生自身、教师和外界环境因素三个方面的原因，可以采取人际沟通策略和强化策略加以处理。在充满关爱的教学环境中，学生的行为问题会减少，因为学生感到被理解和尊重，从而更愿意遵守规则和积极参与学习。

（五）支持个性化教学

个性化教学就是尊重学生个性的教学，必须根据每个学生的个性、兴趣、特长、需要施教，即学生需要什么，教师便授予什么，学生完全处于一种自主性学习的状态。仁爱之心使教师能够关注每个学生的个别需求和特点，为他们提供适合的指导和支持，满足多样化的学习需求。

（六）促进家校合作

家校合作是教育者与家长共同承担儿童成长的责任，包括当好家长、相互交流、志愿服务、在家学习、参与决策和与社区合作六种实践类型，是现代学校制度的组成部分。近年来社会对于教育的重视程度越来越高，家校合作的理念也深入人心。教师的仁爱之心可以延伸到与家长的互动中，建立基于信任和合作的家校关系，共同促进学生的成长。

教师作为人类灵魂的工程师，其职业本质要求他们具备高尚的道德情操和深厚的人文关怀。在众多美德中，仁爱之心占据着核心地位。它不只是一种情感表达，更是一种行动指南，引导教师以爱心、耐心和细心对待每一个学生，以及他们的成长过程。

二、仁爱之心促进教师职业发展

仁爱之心有助于教师自身的职业发展。一个有仁爱之心的教师，会不断地反思自己的教育教学实践，努力提高自己的专业素养和教育教学能力。这样的教师，才能在教育教学的道路上越走越远，为社会培养更多的优秀人才。仁爱之心对教师自身职业发展的意义体现在以下几个方面：

（一）塑造教育理念

仁爱之心是教育的重要组成部分，它引导教师尊重、理解和关怀学生。这种心态促使教师相信每一个学生都有能力成为有用之才，从而发展出尊重学生、因材施教等教育理念和方法。

（二）提升教学质量

拥有仁爱之心的教师能够更有效地与学生沟通，理解学生的需求，包括学习、成长、休息和交友的需要，进而提供更高质量的教育。

（三）促进个人发展

仁爱之心不仅是一种教育理念，而且是一种职业使命感和责任感。它激励教师不断自我提升，以更好的姿态扮演立教之本、兴教之源的角色。

（四）构建和谐师生关系

仁爱之心有助于拉近师生关系，使学生感受到教师的关爱，从而更愿意接受教育，并在学习过程中获得更多的快乐和成就感。

综上所述，仁爱之心对教师职业发展的意义在于，它不仅促进了学生的全面发展，而且提升了教师的教学质量和教育理念，同时让教师自身获得职业上的满足感和成就感。

三、仁爱之心定位教育发展

随着现代经济的不断发展、市场经济的不断完善，商品化充斥着社会的方方面面，在教育领域也存在着教育的工具化、功利化。那么“仁爱”价值在这些方面能发挥什么作用呢？教育的“仁爱”反对教育的工具化、功利化。

（一）商品经济下教育的工具化、功利化

在传统教育体系中，教育往往承担着政治角色，表面上旨在培养人才，实则被视为维护统治阶层利益的工具，其功利性显露无遗。此外，教育也通常展现出成年人对于年轻人的期望。家长和老师都希望学生按照他们的设想路径成长。家长希望通过孩子来承载他们自身的未来，实现未竟的梦想，达成他们的抱负，于是孩子变成了他们实现梦想的工具。老师则希望通过学生来彰显自身的“价值”，他们过于关注课本知识，过于关注考试成绩，把学生视为知识的被动接受者，视为追求名利的工具，从而使学生成为他们实现自我价值的工具。在这个过程中，教育变得面目全非，沦为驯服学生的工具，进而导致教师自觉或不自觉地展现出一系列违背人性的教育行为。造成这种现象的因素多种多样，但是有一点不能被忽视，即教育的异化导致了教师的“异化”，使得学生成为教师实现自我价值和追逐名利的工具。因此，在教育过程中，我们需要“仁爱”。

此外，在当前的商品经济大潮中，教育的功利性日渐凸显。功利性教育是一种过于追求短期效果和利益的教育方式。在这种环境下，家长希望借助孩子的成功来实现自己的期望，老师也希望借助学生的成就来证明自己的价值。这样一来，孩子不仅成为家长和老师实现目标的工具，而且教育本身变得充满功利色彩。现在，学生的学习越来越注重实用性，甚至带有明显的功利性。他们只关心与自己有关的事情，对其他事情毫不关心。人际关系变得紧张，人情变得冷淡，有些人甚至会为了自己的私利而不择手段地伤害别人。这些现象与老师的功利性教育有着密切的关系。在这个过程中，对于学生而言，他们的学习只是为了应付考试，导致他们变成了考试的机器，高分低能的现象屡见不鲜。而这种功利性教育的最大问题在于它让人失去了超越自我的能力，让人们沉迷于短视的利益，从而忽视了更高的品质和价值观。这种功利性的风气给学术界带来了两大负面影响：一是学问成为政治和经济的附庸，失去了其原有的独立性和尊严；二是人们只看重能获取实际利益的知识和技术，那些研究这些学问的人也因此成为知识和学问的奴隶，最终导致了人类尊严的沦丧。有人认为，在整个社会陷入功利主义和虚荣的时候，教育本应是坚守精神理想和健康人格的重要支柱。然而遗憾的是，我们的教育却成为这种不良趋势的引领者。因此，我们更应在教育中强调“仁爱”的重要性。

（二）“仁爱”教育在抵制教育工具化、功利化方面的作用

当今商品化经济日益完善，商品化充斥在社会的方方面面，在教育中，这种商品化表现为教育的工具化和功利化。商品经济导致人与人之间人情淡漠，人与人之间是赤裸裸的金钱关系，功利性非常强，而孔子“仁爱”思想的一个显著特点，是十分重视人的情感问题，是用“人”的方式去理解、对待、关怀人，特别是关怀人在精神生活方面的发展。因此，“仁爱”教育在抵制教育工具化、功利化方面有以下两方面作用。其一，“仁爱”教育有利于

人的成长。孔子说，“仁者，人也”。“仁爱”是建立在肯定人的基础上，如果教育者自身充满了“仁爱”，那么他就会尊重、关心、爱护受教育者。他不会把自己的学生当作工具化的机器，他会尊重学生作为个体的价值，尊重学生的生活，以“爱”的方式教育、陶冶、引导、启迪学生，使教育促进成长。在这过程中，受教育者会感受到爱，进而增强自信，树立正确的世界观、人生观、价值观。这样就能使学生成为社会需要的人，使学生的生命更有意义，使生命的价值更高，从而促进学生健康成长。其二，“仁爱”教育有利于和谐师生关系的建立。功利化教育漠视人的情感。与己无关的事不闻不问，与己相关的事斤斤计较，人际关系紧张、人情淡漠，而师生关系是教育中最主要、最复杂的人际关系。功利化教育导致了师生关系紧张，然而“仁爱”教育有利于调节师生关系，促进师生关系的和谐。和谐师生关系的建立主要在教师，教师如对学生怀有诚挚、平等的热爱，就会引起学生对教师的崇敬、信任和亲近，达到教师与学生心灵的交融，从而建立和谐师生关系，使教育不再那么功利化。

“仁爱”思想是充满了人道主义的道德伦理，它要求人与人交往时，相互尊重、关心。在学校教育中，它主要表现为教育的人道性和教育爱。当今，商品化充斥着教育的各个方面，学校教育中更需要“仁爱”。“仁爱”使教师变得更完美，更具亲和力，更具吸引力。在这样的氛围中，无形中对学生学习、学生个性的发展及形成完美人格等方面发挥着巨大的作用。同时，它能使教师真正地用心去呵护学生的成长，从而有效地抵制教育的工具化、功利化。让我们用“爱”去温暖学生，让学生成为具有“爱”的天使。

第二节　仁爱之心助力学生全面发展

“仁爱之心，是师德之源泉”，唯有仁爱为先，才能孕育美好心灵；“没有爱，就没有教育”，爱学生，就要爱得彻底，爱得纯粹，才能成就学生更好的人生。

教育中的“仁爱”能够激起学生吸取知识的积极性，有利于促进教与学的同步发展。教育中的“仁爱”为学生提供了待人接物的现实榜样，有利于促进学生个性和谐发展，形成完美人格。教育中的“仁爱”还能培养学生健康的社会情感，有利于培养学生的幸福感和心理健康。

一、激发积极性，促进教与学同步发展

教师对学生的关心、期待是激发学生学习的“催化剂”，“罗森塔尔效应”就充分说明了这一点。在20世纪60年代，美国的心理学家罗森塔尔和他的团队进行了一项独特的实验。他们前往一所小学，对一年级到六年级的学生进行了一个名为“预测未来发展”的测试。结束后，他们向教师们提供了一份随机选出的学生名单，并告知教师们，根据测试结果，这些被选中的学生有最好的发展潜力。然而，他们并没有透露这只是一个实验，而是要求教师们保密。十一个月后，心理学家们再次来到这所学校进行测试，他们发现那

些被列入名单的学生在各方面都取得了显著的进步，不仅在智力方面表现出了超过其他孩子的高水平，而且性格也变得更加开朗和充满活力。在这十一个月里，这些学生的学习环境、对他们的教学方法以及管理方式并没有发生任何特殊的变化。那么，是什么导致了他们如此巨大的转变呢？答案在于，教师们对那些被认为有潜力的学生抱有了积极的期望。他们在与这些学生交往时，总是展现出温暖和微笑，为他们的进步感到欣慰，并给予他们鼓励。在这种情况下，学生在老师的肯定和激励中，增强了信心和进取心。这项实验表明，教师对学生的态度和期望能够激发学生的学习潜能，从而推动教与学的共同发展。

另外，教师的课堂情绪对学生的感知、记忆、思维产生重大的影响。在课堂上，教师若能用真诚的微笑、友善的目光、亲切的赞语营造和谐热烈的教学气氛，那么就能唤起学生积极的情绪共鸣。充满“仁爱”的教学，总是注重发扬教学民主、解放学生极大的创造欲望与热情。教学实践表明，学生对一位教师的整体态度，会连带地影响到跟这位教师有关的事物。学生对某位教师的爱往往会使他喜欢这位教师所教授的课程，并努力学习之。他们会把对这位教师的爱转移到知识学习上。

总之，教育中的“仁爱”是学生愿意学、乐于学的“催化剂”，能够唤起学生理智上的兴奋感和内部学习动机，达到师生心理交流同步化，从而产生良好的教学效果。

二、提供现实榜样，促进个性和谐发展

当一个学生得到老师热情的关注和照顾，并从中获得积极的情感经历时，他将逐渐学习如何以友善和合作的态度处理自己与他人以及集体之间的关系。这样，他就能获得爱的能力并形成完整的人格。这正是我们培养年轻人建立正确道德观念和生活观念的基础。在学校教育中，“仁爱”的本质是老师对学生积极的付出，这是一种无私奉献的精神。它体现为老师对学生的关心、尊重、负责任和理解，这些都是我们教育学生塑造健全人格的基本要素。教育实践证明，这种爱心是教师高尚品德的表现，也是学生最直观的美感体验，让学生能够亲身体验到老师的善良心灵，接受真实、善良和美丽的熏陶，从而激发他们模仿的冲动。总之，在教育过程中展现的“仁爱”是激发学生个性无法替代的重要教育动力。

三、健全社会情感，提升幸福感

一般来说，人们对他人、对集体、对社会的情感是否健康，往往与他们日常生活中所感受到的人情冷暖有关。在学校学习期间，学生除了家长以外，接触最多的要算老师了。所以，学生对人与人之间关系的感受，很大程度上受师生关系的影响。教师热爱学生，不仅能激起学生对教师的爱戴、尊重，而且能通过迁移作用，发展学生对学生、对他人亲切友好的感情。一位教育学家曾说，野蛮产生野蛮，仁爱产生仁爱，这就是真理。所以说，学生如果感受到的是爱的熏陶，那么他就会认为周围的一切人、一切事、一切物都充满着爱意，他

也会用爱的行动去影响他人、感化他人，从而养成健康的社会情感。

综上所述，教育中的“仁爱”对学生内驱力、学生个性和心理健康都有积极的作用，因此，在教育中，我们应该秉承“仁爱育人”，使仁爱之心充满学校的各个角落。这样才能培养出符合现代社会需要的德、智、体、美、劳全面发展的人才。

第三节　仁爱之心在教育教学中的体现

在教育教学中，仁爱之心是教师职业道德的核心，体现在对学生的关爱、对教育事业的执着追求以及对社会的责任感。

以下案例分析，展示了仁爱之心在教育实践中的具体体现和成效。

案例一：以学生为中心的个性化教学

［背景与问题陈述］　在传统的教育模式中，教师往往采用统一的教学方法和进度，忽视了学生个体之间的差异。这种“一刀切”的教学方式很容易导致部分学生跟不上进度或者感到学习枯燥无味。针对这一问题，教师需要展现出对学生个性化需求的关注，以及为之提供适宜的学习路径的仁爱之心。

［案例描述］　王老师是一位经验丰富的小学语文教师。新学期伊始，她通过一系列的诊断测试和观察，发现班上有一名学困生小林。小林的阅读理解能力较弱，而且在课堂上经常心不在焉。为了帮助小林，王老师决定采取个性化的教学方案。她为小林定制了一套特别的阅读材料，并安排每周两次的一对一辅导时间。在这些辅导课上，王老师耐心地教授小林阅读策略，鼓励他分享自己的想法，并在他取得进步时给予积极的反馈。经过一个学期的努力，小林不仅在阅读理解上取得了显著进步，而且课堂参与度和自信心有了大幅提升。

［案例分析］　王老师的个性化教学方案体现了她对学生的深切关怀和教育仁爱之心。通过了解每个学生的特点和需求，王老师为他们提供了量身定制的学习资源和支持，这不仅有助于学生克服学习难题，而且激发了他们对学习的兴趣。此外，王老师的一对一辅导给予了小林必要的专注和鼓励，这在很大程度上增强了他的自我效能感和学习动力。通过这种方式，王老师成功地将仁爱之心融入日常教学，建立了具备支持性和包容性的学习环境。

案例二：促进合作学习的同伴支持系统

［背景与问题陈述］　在竞争激烈的教育环境中，学生之间往往缺乏足够的交流和合作。这种情况不仅影响了学生的社会技能发展，而且可能导致学习焦虑和孤

立感的增加。为此,教师需要创造机会让学生能够相互支持和协作,共同成长。

[案例描述] 李老师是一位初中数学教师,他注意到班上的学生在学习过程中各自为战,彼此之间很少交流。为了改变这一状况,李老师设计了一系列的小组合作项目,并鼓励学生在完成这些项目时相互帮助和讨论。他还特别创建了一个"数学伙伴"计划,让成绩较好的学生与成绩较差的学生配对,共同复习课程内容并互相解答疑惑。在这种学习模式下,学生们不仅提高了自己的学习成绩,而且建立了深厚的友谊,班级的整体氛围变得更加积极和谐。

[案例分析] 李老师的"数学伙伴"计划是教育仁爱之心的具体实践。通过鼓励学生之间的互助和合作,李老师帮助学生认识到学习不仅是个人的事,而且是一个社会性的过程。这种合作学习的模式提升了学生的学术成就,更重要的是培养了他们的团队合作精神和共情能力。在这样的环境中,学生学会了倾听、尊重他人的观点,并为同伴的成功感到高兴。通过这些活动,李老师成功地将仁爱之心融入课程,促进了学生的全面发展。

案例三:情感关怀与学业指导并重

[背景与问题陈述] 学生的学习不仅是认知发展的问题,而且涉及情感和心理层面。教师如果只关注学生的学业成绩而忽视他们的情感需求,就可能导致学生出现压力过大、情绪低落等问题。因此,教师需要在乎学生的心理健康,也要关心他们的情感生活。

[案例描述] 张老师是一位高中英语教师,她发现班上的一个学生小红近期情绪低落,上课无法集中注意力,成绩也开始下滑。张老师主动找小红谈话,了解到小红家庭遭遇困难,她的情绪受到了影响。张老师不仅为小红提供了学业上的辅导,而且耐心聆听了她的烦恼,并给予了必要的心理支持。同时,张老师与其他科任教师沟通,共同为小红提供更为宽松的学习环境和期限。在张老师的帮助下,小红逐渐恢复了正常的学习状态,并在英语科目上取得了明显的进步。

[案例分析] 张老师的做法充分体现了教育仁爱之心的重要性。她关注学生的学业,更关心学生的情感健康和心理状态。通过提供情感支持和心理辅导,张老师帮助学生缓解了压力,增强了她们面对挑战的能力。这种关怀不仅改善了学生的学习表现,而且有助于塑造他们的品格和价值观。张老师的这种全面关怀的教育方式,为建立积极的学习环境提供了有力的支撑。

以上案例展示了教师如何在不同情境下体现仁爱之心,以及这种心态对于建立积极学习环境的重要性。无论是通过个性化教学来满足学生的个别需求,还是通过合作学习来培养学生的社会技能，抑或是通过情感支持来帮助学生应对心理挑战，教师的仁爱之心都是推动学生全面发展的关键因素。这些案例告诉我们，教育的本质不只是传授知识，更是培育人才，仁爱之心则是这一过程中不可或缺的核心价值。

第四节 仁爱之心在教育实践中的案例分析

一个有仁爱之心的教师，会建立以学生为中心的教学模式，关心他们的学习和生活，关注他们的心理问题和品行教育，家校共育，关注他们的家庭，帮助他们解决问题，激发他们的潜能。这样的教师会受到学生的尊敬和喜爱，也会对学生的成长产生积极的影响。

教师的仁爱之心在教育实践中是非常重要的。它不仅体现在对学生的关心和爱护上，而且体现在对学生的教育和引导上。我们可以分析以下 6 个案例：

案例 1：以学生为中心的教学模式

在某中学的化学课堂上，王老师注意到传统的教学模式使得学生被动接受知识，缺乏主动探索和实践的机会。为了改变这一状况，王老师决定实施以学生为中心的教学模式。她将课堂设计成一个个基于问题的学习项目，让学生在解决实际化学问题的过程中学习新知识。王老师还引入了同伴评价和小组讨论，鼓励学生相互支持和合作。

在实施新教学模式的过程中，王老师展现了深厚的仁爱之心。她关心学生的学术进步，更关注他们的情感和心理需求。当发现有学生因为成绩压力而焦虑时，王老师会耐心地倾听他们的烦恼，并提供个性化的指导和鼓励。她还经常组织课外活动，如科学俱乐部和学术竞赛，让学生们能够在轻松愉快的环境中学习科学，并激发他们对化学的兴趣。

通过王老师的努力，学生们的学习态度发生了显著变化。他们开始主动参与课堂讨论，乐于探索新知识，对化学科目产生了浓厚的兴趣。班级的学习氛围变得活跃而积极，学生们的成绩也有了明显的提升。

案例 2：情感关怀与学业指导并重

陈老师是一位初中语文教师，他深知学生的情感需求对学习的影响至关重要。在他的班级里，每个学生都能感受到来自老师的关爱和尊重。陈老师经常与学生进行一对一的交流，了解他们在学习和生活中遇到的困难。对于那些学习上有障碍的学生，陈老师总是能够耐心地辅导他们，直到他们理解和掌握知识点为止。

除了学业上的关怀，陈老师还注重培养学生的道德情操和社会责任感。他经常组织班级会议，讨论诸如诚信、尊重和同情等主题，引导学生在日常生活中践行这些价值观。在他的引导下，学生不仅在学习上取得了进步，而且在品格上得到了塑造。

陈老师的这种充满仁爱的教育方式，为学生营造了温馨、和谐的学习环境。学生在这样的环境中感到安全和被接纳，他们愿意分享自己的想法和感受，也更愿意相互帮助和支持。这不仅促进了他们个人的成长，而且为班级营造了一种积极向上的学习氛围。

案例 3：关注学生的心理健康

适应性考试过后，随着襄阳市襄城区教科中心模拟指标到校数据的公布，小文变得焦虑了。虽然她的学习成绩一向不错，但进入六月，小文的学习成绩忽上忽下，而且经常犯低级错误。小文很茫然，班上任课老师们也很揪心，想搞清楚小文出了什么状况。为了搞清楚原因，杨老师踏上了家访之旅。到了小文家，杨老师与小文妈妈谈起了孩子的在校表现，也了解了孩子的一些成长经历：小文老家是谷城县山区的，很想上四中五中读书，小文妈妈为了女儿的念想，才从老家辗转到市区，在学校对面的小区租了一间顶楼的小居室，专职陪读。小文平常学习很要强，生怕落在别人的后面。最近一段时间考试成绩不太好，小文为这事儿整天揪心，每夜失眠，导致小文的精力跟不上，上课和考试时大脑昏昏沉沉的……

知晓情况后，杨老师赶紧帮小文妈妈支招：小文可以利用上早自习前、课间操、下晚自习后这三个时间段慢跑出出汗来缓解紧张的情绪，让睡眠质量慢慢好起来。聊得正得劲，忽然，小文端出一碗自制的冰镇绿豆汤递给杨老师，那一刻，杨老师很想接过来解解暑，但又怕违背学校的规定。此时，小文看出了杨老师的犹豫，对妈妈说："我们家是顶楼，杨老师又刚进屋，肯定很热，一碗绿豆汤刚好可以解解暑。再说，杨老师这个时间点儿过来，连午休……"小文的一句话让杨老师不再犹豫，喝了一碗凉爽而又"暖心"的绿豆汤。

学生的情绪和心理状态对其学习和整体发展至关重要。教师通过观察和沟通，及时发现并响应学生的心理问题，是其仁爱之心的体现。

教师的仁爱之心使他们能够成为学生心理健康的守护者，帮助学生应对压力和挑战。

案例 4：关注学生的品行教育

在阳光小学五年级的一个班级里，学生们的学习成绩普遍不错，但班主任李老师注意到，一些学生在品行方面出现了问题，例如欺负同学、不尊重老师、课堂纪律差等。为了改善这种状况，李老师决定采取一系列措施来培养学生的良好品行。

第一，了解学生情况：李老师与学生进行沟通，了解他们的想法和困惑。通过谈话，李老师发现有些学生在学习压力下变得焦躁不安，有些学生则是因为家庭原因而情绪不稳定。第二，建立信任关系：李老师在日常教学中，不仅关注学生的学习成绩，而且关心他们的生活和心理状况。通过与学生建立信任关系，让他们感受到老师的关爱和支持。第三，开展班会课：李老师定期组织班会课，邀请学生分享自己的成长经历和感悟。这些班会课的主题包括"如何做一个有道德的人""尊重他人的重要性"等，旨在引导学生树立正确的价值观。第四，以身作则：李老师在日常学习和生活中严以律己，以身作则，为学生树立一个良好的榜样。她尊重每一个学生，无论成绩好坏、表现好坏，都公平对待每一个人，让学生感受到公正和尊重。第五，家校合作：李老师积极与家长沟通，让家长了解学生在校的表现和问题，通过家校合作，共同帮助学生改正不良行为，培养良好品行。

经过一段时间的努力，学生们的品行有了明显的改善。他们更加尊重老师和同学，课堂纪律也有所提高。此外，学生们在面对困难时更加勇敢，能够积极寻求解决办法。家长们也对李老师的教育方法表示肯定和支持。

关注学生品行的仁爱之心教育是有效的。通过了解学生、建立信任关系、开展班会课、以身作则以及家校合作等措施，可以帮助学生树立正确的价值观和良好的品行。这种教育方式不仅有助于学生的个人成长，而且能促进班级和谐氛围的形成。教师的仁爱之心使他们能够在品行教育中发挥关键作用，帮助学生建立正确的价值观和行为规范。

案例5：家校合作，共育未来之星

赵老师是一位小学教师，她深知家庭对孩子成长的重要影响。因此，她积极推动家校合作，建立了一个平台，让家长能够及时了解孩子在学校的表现和需要改进的地方。通过定期的家长会和家访，赵老师与家长建立了良好的沟通渠道，共同探讨和解决孩子在学习和成长过程中遇到的问题。

在赵老师的推动下，家长们更加积极地参与到孩子的教育中来。他们不仅在家里为孩子提供学习支持，而且积极参与学校的各种活动，如读书会、文化节等。这种家校合作的模式，不仅加强了家长对孩子教育的参与度，而且让孩子感受到了来自家庭和学校的关爱和支持。

赵老师的这种充满仁爱之心的教育理念，不仅影响了学生和家长，而且激励了同事们。在她的影响下，学校逐渐形成了一种以关爱为核心的教育文化。学生们在这样的环境中成长，不仅在学业上取得了优异的成绩，而且在品格上展现了良好的风貌。

案例6：关心学生的家庭生活

小宇，八年级升九年级期末考试的成绩虽然是年级十几名，但是因为身陷父母离异“围城”不能自拔，渐渐迷上了手机和游戏，作业经常拖拉，甚至不做，成绩每况愈下。母亲因为工作而每天早出晚归，根本没有精力进行监管，心急如焚却又束手无策。班主任杨老师多次家访，设喻说理，让小宇放下心中的纠结与自卑，笑对生活。小宇后来变化很大，重新回到了正确的发展轨道。杨老师不仅关注他的学习，而且关注他的家庭生活，最终赢得了家长和孩子的理解、信任与配合。

这位教师用仁爱之心关心学生的家庭生活，使他们在困难中得到关爱和支持。

学生的家庭环境和生活条件对其学习和成长有着深远的影响。教师通过关心学生的家庭状况，展现对学生整体全面的关注。

教师的仁爱之心使他们能够理解学生的背景，提供必要的支持和资源，帮助学生应对生活中的困难和挑战。

总之，教师要用仁爱之心关爱每一个学生，关注他们的学习、成长、心理健康、个性差异、课堂参与、品行教育、家庭生活等方面，使他们在教育过程中得到全面的关爱和帮助。

第五节　教师仁爱之心在面对挑战时的巨大作用

在教育的广阔天地中，教师是知识的传递者，更是学生心灵的引路人。在面对挑战时，教师的仁爱之心显得尤为重要。它不仅能够在困难时刻给予学生情感上的支持，帮助他们恢复和适应，而且在处理学生问题行为时，能发挥不可估量的力量。

本节将详细探讨教师仁爱之心在面对挑战时的作用，并通过具体例子来展示教师如何辅导学生应对个人挑战。

一、困难时刻的情感支持

当学生在生活中遇到挫折和困难时，他们往往感到迷茫和无助。这时，教师的仁爱之心就如同温暖的阳光，照亮他们前行的道路。教师的关爱和理解能够让学生感受到被重视和被关心，从而减轻他们的心理压力，增强他们的自信心。

例如，当一个学生在学业上遇到瓶颈时，教师不仅可以通过耐心辅导帮助他解决问题，而且可以通过鼓励和支持让他重新找回自信。教师的一句“你可以的”，一个鼓励的眼神，都能让学生感受到自己的力量和价值。

教师在日常生活中对学生的关心和照顾也是非常重要的。例如，注意学生的情绪变化，及时发现他们的困扰并给予帮助；关心学生的生活环境，提供必要的支持和帮助。这些看似微不足道的小事，却能在学生心中留下深刻的印象，成为他们成长道路上的宝贵财富。

二、处理学生问题行为时的仁爱心态

教师对学生问题行为的处理方式往往会对学生的成长产生深远的影响。怀有仁爱心态的教师，在处理学生问题行为时，会更加注重学生的内心需求和感受，以理解和包容的态度来引导学生。

例如，当一个学生出现违纪行为时，教师不应该立即给予严厉的惩罚，而应该深入了解学生行为背后的原因：可能是学生遇到了困难或挫折，需要得到教师的关心和帮助；也可能是学生缺乏正确的价值观和行为准则，需要得到教师的引导和教育。无论是哪种情况，教师都应该以仁爱之心来对待学生，通过耐心沟通和引导来帮助学生认识自己的错误并改正过来。

在处理学生问题行为时，教师的仁爱之心还体现在对学生的尊重和信任上。教师应该相信每个学生都有改变和成长的潜力，而不是轻易地放弃他们。同时，教师应该尊重学生的个性和差异，采用个性化的教育方式来帮助学生解决问题。

三、辅导学生应对个人挑战

学生在成长过程中不可避免地会遇到各种挑战和困难。这时，教师的仁爱之心和辅导能力就显得尤为重要。教师可以通过以下方式来辅导学生应对个人挑战：

首先，建立信任关系。教师应该与学生建立起深厚的信任关系，让学生感受到教师的关心和支持。这样，学生在面对挑战时才会愿意向教师寻求帮助和支持。其次，提供个性化辅导。每个学生的挑战和困难都是不同的，因此教师需要针对学生的具体情况提供个性化的辅导方案。例如，对于学习困难的学生，教师可以制订针对性的学习计划并提供额外的辅导；对于受情感困扰的学生，教师可以倾听他们的心声并提供心理支持和引导。最后，培养学生的自我成长能力。教师不仅要帮助学生解决问题，而且要注重培养学生的自我成长能力。通过引导学生反思自己的行为和思考方式，帮助他们建立正确的价值观和人生观，从而让他们在未来的生活中更好地应对挑战和困难。

综上所述，教师仁爱之心在面对挑战时的作用是不可估量的，它不仅能够给予学生情感上的支持，帮助他们恢复和适应，而且能在处理学生问题行为时发挥巨大的力量。同时，通过个性化的辅导方式培养学生的自我成长能力也是教师的重要任务之一。因此，我们应该珍视并培养教师的仁爱之心，让它在教育的道路上绽放出更加璀璨的光芒。

第六节　教师仁爱之心与社会影响

教育作为社会发展的重要基石，其质量直接决定了未来社会的走向。在这个过程中，教师的角色尤为关键，他们是知识的传播者，更是品德的塑造者。在教育领域，教师的仁爱之心是塑造学生品德和行为的重要力量。它不仅影响个体学生的发展和成就，而且广泛地影响着社会结构和未来的发展轨迹。

以下内容详细分析了培养出的学生会如何对社会产生正面影响，具有仁爱心态的学生如何在社会中传递正能量，以及教育投资对社会发展和公民素养的长期效应。

首先，从个体层面看，受到教师仁爱之心熏陶的学生往往拥有更强的社会责任感和更高的道德标准。这些学生在成长过程中学会了尊重、同情和关爱他人，形成了积极的人生观和价值观。他们更倾向于作出有利于社会和他人的选择，无论是在日常互动中展现礼貌和尊重，还是在关键时刻展现勇气和正义感。他们可能成为推动社会正义的力量，为弱势群体发声，或是在日常生活中通过小小的善举传播善意，如帮助有需要的邻居或对服务人员表示真诚的感谢；他们可能成为环保运动的积极参与者，或者在见证不公正行为时勇敢站出来维护正义。这种由内而外的变化，使得社会整体的道德水平得到提升。

其次，具有仁爱之心的学生在社交和职业生活中会对社会产生积极的影响。他们在人际交往中的同理心和协调能力有助于建立稳固和谐的关系网络，减少冲突和误解。在职场上，他们能够创造包容的工作环境，促进团队合作，提高组织效率。此外，这些学生通常会成为有远见的领导者，他们的决策考虑到各方利益和长远影响，推动企业社会责任的实践，从而为社会的可持续发展作出贡献。

再者，教育投资对于社会发展和公民素养的提升具有深远的长期效应。教育投资的长期效应不容忽视。优质的教育能够为社会培养出具备创新思维、批判精神和问题解决能力的公民。这些能力不仅对经济发展至关重要，而且对维护民主制度和促进社会进步有着不可替代的作用：优质的教育能够培养出更多具有仁爱之心的学生，这些学生将在未来社会中发挥积极的作用，推动社会的和谐与进步；教育投资能够提升公民的整体素养，包括知识水平、道德观念、社会责任感等方面。这些素养的提升能够使公民更加理性、成熟地参与社会生活，为社会的稳定发展提供有力保障；教育投资还能够促进社会的创新和发展，通过培养具有创新精神和实践能力的人才，教育为社会的科技进步、经济繁荣和文化传承提供了源源不断的动力。这些人才在未来的工作和生活中，会不断推动社会的进步和发展，为社会的繁荣和稳定作出重要贡献。

最后，我们必须认识到，教师的仁爱之心需要通过持续的努力和实践才能真正转化为学生的内在品质。这意味着教育政策制定者和学校管理者应当重视教师的情感教育和专业发展。这包括提供心理和情感技能的培训，确保教师能够有效地支持学生的全面发展；

改进评估体系，使之更加注重学生的品德教育和全面发展；鼓励社区参与，为学生提供更多服务学习和实践仁爱的机会。

综上所述，教师的仁爱之心对学生的个人成长及其对社会的正面影响是深远且多维的。无论是在提升公民素养、增强社会凝聚力，还是在推动经济和文化发展方面，这种心态所孕育的学生一代又一代地为社会带来稳定而持久的正向变化。因此，为了构建一个更加和谐、健康和进步的社会，我们应当珍视并培育教师的仁爱之心，将其作为教育的核心价值之一。

在现代教育环境中，教师面临着种种压力和挑战，如课堂规模增大、教育资源分配不均等问题。然而，仁爱之心依然是教育的永恒主题，需要全社会共同努力来维护和发扬。未来，随着教育理念的不断创新和发展，教师的仁爱之心将更加凸显其在培养学生成为有责任感、有同情心、有创造力的未来公民中的作用。

教师的仁爱之心不仅关乎教育质量的提升，而且是社会文明进步的重要标志。通过对教师仁爱之心的培养和实践，可以有效促进学生的全面发展，构建和谐的师生关系，进而为建设一个更加美好的社会奠定基础。因此，无论是在教师的日常工作中，还是在教育政策的制定和实施中，都应当将培养和弘扬教师的仁爱之心作为一项核心任务，以此来不断推进教育事业的发展。

第四章

课堂教学

第一节　新课标的变化

现行的义务教育课程标准是在2011年制定的，至今已经过去十多年了，而课程方案早在2001年就已制定，已经二十多年没有更新过了，许多内容已不适应日新月异的新时代教育需求。2022年4月，教育部修订并印发了2022年版义务教育课程的方案和标准，于2022年9月开始执行。

对比2011年的义务教育课程标准，2022年课程标准从时代育人要求、教学改革方向和课程内容整合方面，给国家教育高质量发展规划了新蓝图。一线教师要想适应新时代发展需要，对2022年新课标提出的教育新观念、教学新要求，就有必要一一品读其中的变化，字斟句酌其中的内涵，反思日常教学，做到知行合一。

2022年义务教育课程方案和标准，从课程教育的角度深刻解读了“为谁培养人、培养什么人、怎样培养人”这些根本问题。它描绘出中国未来十年乃至更长时间国家对人才的发展规划，这为一线教师教育教学带来了不小的挑战。从新课标的变化中，我们初见端倪：

一、学科育人

2022年课程标准，继续强调落实立德树人，素养立意，学科实践，构建全员、全方位、全过程的教育大格局。

（一）文化育人

学科文化育人，就是凝练学科的专业文化，从文化的视角引领师生共同创造基于学科特质、师生需求和学校实情的学科文化，从而实现育人的目的。学生通过学科文化学习，能涵养家国情怀和人类命运共同体意识，锤炼品格，提升文明素养和社会责任感。

（二）理念育人

《义务教育课程方案和课程标准（2022年版）》修订，彰显课程内容观，更注重课程内容的重组和构建，指向学生学习方式的转变和解决问题的过程，打破了应试教育和死记硬背的魔咒。课程学习不是为了对知识简单重复记忆、对习题不断反复重现，而是从学生的认识视角出发，实验、探究、合作、交流，构建学科活动和课程知识相融合的学科理念，即对学科本质属性的概括性认识，从而逐步发展核心素养。

（三）特点育人

每门课程虽分科设置，但都是全方位育人的要素和成分。站在人才培养的高度，全面育人、终身发展是每门课程不可推卸的职责，学科课程的工具性和实践性是辅助学生解决生活问题的基本技能，五育并举、全面发展则需要所有课程共同发力。

二、核心素养

2022年新课标，从三维目标走向核心素养。素养是做事的关键能力，是愿意把事情做好的必备品格，还是坚持把事情做对的价值观念。核心素养是后天学习了课程知识与技能之后应用于生活的能力。这里的核心素养有通过课程学习逐步养成的“学生核心素养”，还有借助教研与培训促成的“教师专业素养”。教学相长，师生素养立意并举的课程理念，是新课标在课程育人方面的价值体现。

基于新课标的指引，学校教育将会坚持以解决问题为出发点，坚持学习开始于知识正在发生或正在应用的真实境况，这就需要师生同时具备正确的价值观、必备品格和关键能力。这也预示着，学生愿意和能够运用知识与能力去解决问题、造福社会的同时，教师能以素养立意为导向，根据新的教学结构不断调整教学要素，以学生为本，深挖学科课程中的核心素养素材，感染、带动并促进学生素养提升，开创育人新路径。

三、学业质量标准

新一轮的课程改革中，核心素养落实的效果需要学业质量统一衡量。学业质量标准规定了学生核心素养在学段、学科中的具体呈现，学生在学完知识后的学业成就是综合表现。

学业质量标准作为一把“量尺”，是对学生学业水平的综合考评，也是教师评价教学效果的理论参考，让教师有了达成学生核心素养“用什么教”“教得怎么样”的依据。2022年新课标倡导多维评价和多主体评价，将教考一体化。尤其是在考试命题工作中，依据学业质量标准要求，以往高分低能的现象会被有效遏制，情境式命题、学习任务群将成为考评的主流。

四、跨学科主题学习

2022年新课程方案指出，设立跨学科主题学习活动，加强学科间相互关联，带动课程综合化实施，强化实践性要求[①]，注重培养学生在真实情境中综合运用知识来解决问题的能力。它是在遵循学科课程的基础性与逻辑性的基础上，体现义务教育课程系统性、综合化和实践化的一种课程设计。

跨学科主题学习，基于学科内容，用实践探究的学习方式渗透学科知识跨界，借力其他学科素养育人功能，使学生形成普遍联系的意识与构想，让学生有综合运用知识去解决复杂问题的意愿，还能助其形成正确的价值观、责任感，最终实现学习方式的变革。跨学科主题学习，既可以加强师生对学科本质的深刻理解，也可以拓展师生学科知识的纵横视野。

第二节 课改的理念

随着新一轮课程改革的推进，传统灌输式教学方式已不足以调动学生的思维和参与，要真正实现素养育人，变革教与学的方式仍然面临着新的挑战，可能有备课途径和上课形式的新探索，也可能有过程的不可控，还可能有结果的难把握等。“新”就意味着缺少借鉴的成果和模仿的经验，在教学中迈出有效的第一步还需要不断探索与实践。

2022年课程方案和标准，在教育部相关文件中被概括为素养导向、综合育人、实践育人三大核心观点。从课改理念来说，新课标倡导以学生为中心，结合课程内容的情境性和实践性，推进教学育人方式的变革。

一、核心素养

核心素养，是在真实生活情境中解决复杂问题的综合能力。新课标中，落实核心目标素养是课程、学业质量标准的终极目标。在教学实践中，随着核心素养的“加入”，三维目标的内涵与功能得以不断丰富。

核心素养在学科教学中的具体体现，需要教师坚持从正在发生的知识或正在应用的真实情境中引导学生学习，再依据教材和学情，确定“用什么教”和“怎么教”的问题。教师在梳理教学大单元、驱动任务群时，要融合知识与技能、过程与方法、情感态度价值观在知识的学习过程中，从学段、学科和育人方向上逐层定位，将教学转向开放性、挑战性和实践性的学习过程。

二、系统构建

2022年义务教育课程方案明确提出，核心素养主线贯穿始终，课程内容的内在联系，课程内容结构化，跨学科学习、项目式学习、驱动任务群等内容组织方式，更利于学生的学

---

① 郭华.跨学科主题学习：提升育人质量的一条新路径[J].人民教育，2023，(02)：25－27.

习逻辑。

根据这些要求，在组织教学内容时，我们要引入大观念、大任务或大主题的问题学习、项目学习、主题学习、任务学习等综合教学形式，重组课程内容，优化呈现方式，以主题、活动、项目等任务的实施来实现对基本道理、科学方法等大观念的理解，使相关内容能建立有机联系，用驱动性问题带动学生学习，让学生从整体上把握知识，积累解决问题的经验，实现专而深，凸显以一持万。

课程内容结构化，打通了知识从学习到应用的障碍，使学生在解决问题的过程中进行课程间、课程与生活间、课程与社会间的联系和拓展，让学生多方位广角度地了解学科知识，并体悟综合运用知识来解决复杂问题的价值。

三、以学定教

新课程方案明确指出，强化课程的综合育人和实践育人，推动育人方式变革，以学生为本，关注学生个性发展，共性并育，增强课程适宜性。以学定教，就是需要教师根据“学”的目标来确定“教”的目标，根据“学”的内容来设计“教”的内容，根据“学”的方式来丰富“教”的方式，根据“学”的进度来维持“教”的进度。

学生是课堂的主体，要打破教学一言堂，让学生们动起来。在日常教学活动中，教师要遵循学生身心特点创设适切的教学情境，积极探索主题式、活动式、项目式等多种教学方法，引导学生主动参与体验，让学生在真情境中解决真问题，从单纯的刷题向研题转变，从而培养学生的创新精神和解决问题的能力。

四、教学评一体化

2020 年 10 月颁布的《深化新时代教育评价改革总体方案》中强调，新课标坚持“教学评一体化”原则，教学重心从重结果变为重过程，最好的教学在于培养学生良好的行为习惯、思维习惯，激发学生思考、探究和创新，最终落实立德树人根本任务。

“教学评一体化”中，“教”是教师基于学科育人、素养育人，指导学生学习的过程；“学”是学生获取学科知识、关键能力、提升核心素养的综合学习过程；“评”贯穿于课堂教与学各个环节，呈现学生以何学会、何以学会的效果。作业作为“教学评一体化”的重要载体，我们要通过作业优化设计、完成作业要求、作业批改反馈，落实“教学评一体化”原则。

第三节　如何上好一节课

央视节目《舌尖上的中国》很火，各种美味菜肴看得让人才下舌尖，却上心头，为什么大厨面对不同的食材、不同的厨具一样能满足不同食客的味蕾需求，烹饪出一道道好菜？一个好老师堪比一个大厨，上一堂好课如用心烹饪一道美食。

课堂是立人教育的主阵地。随着课改的不断变革，站稳三尺讲台不只局限于能上课，而发展成上好课。如何上好一堂课、如何上一堂好课是广大教师必须探究的问题。提高课堂教学水平，是每一位教师的追求。好课究竟是如何上出来的？

国家义务教育课程方案修订组组长崔允漷教授指出："教育目的就是想得到的美丽，课程标准是看得到的风景，教学目标就是走得到的景点。"①在学习内容不同的时候，课堂教学应该具备不同的特征，事实需记忆，概念需归纳，方法需探究，价值需体验，以往的一个一个例题简单罗列、一个一个习题重复堆砌的浅层次学习方式已过时，我们要从知识的内涵和学情的实际出发，将知识内容进行统筹，让学生在学习的过程中感知知识的内在联系。上好一节课，这就需要我们从以下几个方面落实：

一、研究教材

教材只是一个平台，怎么使用教材？这需要教师结合学生实际研究教材。理解教材，创造性使用教材已经成为教育共识。那么如何创造性使用教材？

（一）"裸读"课本

信息化时代，能用来备课的资料很多，不看任何参考资料，反复"裸读"文本才是理解教材的基础。

在研读教材的时候，也可以借助对不同版本同一知识内容的教材文本的研读，在"裸读"的过程中感知大概念、大单元、大观念。

（二）深研教参

教参可以帮助教师从知识点转向对知识单元的准确把握，深度理解一节课内容的前后联系、单元站位和整体站位，要从学理上厘清"为什么教"和"教什么"这两个问题，琢磨教学内容的价值和方式。

读懂教参，就把握了课堂教学的方向。一节好课怎样才算重点突出、难点突破？教师只有理解教学内容的本质属性，才能理解知识的生长点。

（三）琢磨情境

情境是知识的生长点，是技能的渗透点，也是素养的发生点。从教材、学生或知识出发，琢磨、筛选学生熟知、内容简明、揭示本质的情境素材，可以借助语言、音乐、图画、影片、表演等多种媒介引发学生思考或认知冲突，激发学生的学习动机，使学生在特定的环

---

① 宁焱.初中道德与法治教师"五度"教研策略研究——以辽宁省沈阳市皇姑区初中道德与法治教师教研经验为例[J].中小学教学研究，2023，24(04)：86－90.

境中产生强烈的求知欲。

二、研究学情

新课程标准把课程目标的表述转向学生核心素养的发展，让教育目中有人，心中有人。教学的目标绝不仅仅是知识技能，而且要培养人。面对相同的教材、不同的学生，理解教材是我们专业内化的需求，读懂学生才是教育外化的结果，学生的认知冲突就是课堂教学的开端。

（一）研究学生的思维

学生自主的发现正是他们对内容的理解，对活动的体验，对结果的探寻，教师如果理解了学生的已有认知经验，把它与预设的教学内容整合，整体推进教学进程，教学就会更有实效，也能客观真实地评价学生，引导学生发现参与课堂的价值。

（二）研究学生的需求

学科学习，理解是为了运用，运用又可以促进更深层次的理解。从理解到运用，要以学生的需求为根本出发点，关注学生的学习背景、学习动机和学习意愿，了解每个学生的优劣，把优势区域作为教育的起点，逐步分化弱势区域，从而达成教学效果。

三、分层设问

一节课的顶层设计在于问题构思，一堂好课总是始于课内，终于课外，基于基础知识、关键考点和核心素养。有价值的问题才能触动学生思考，由浅到深、由表及里、由简到繁的问题体系能激发学生兴趣，推进学生探究。

对较容易的内容，要从不同角度以及在和其他知识的联系中设问；对高难度的内容，要化难为易，分解设问。

四、有效活动

依据教学内容，融入学生已有的学习经验，设计指向重点、疑点和难点的学习活动，如观察、思考、实验、探究、交流，让学生自主解决问题、发现错误、纠正错误、积累经验，鼓励他们在师生互动、生生互动的活动中“学→习→悟”，让他们立于课堂的中央、走在教师的前面，让学生积极主动收获知识。

五、素养立意

课程的设计不仅是知识的传授，而且有核心素养的渗透，包括道德情操、思维方法、学习能力、情感态度、价值观等。

核心素养需要教师进阶式培养，做好整体规划和分步实施，诸如：结构化的课程内容重组、跨学科主题学习、学科实践活动和学业质量评价等有其各自的性质和育人价值，要逐步引导学生从知识本位转向对核心问题的理解，由碎片化学习转向学科体系的构建，从而确保素养育人、实践育人的根本任务顺利完成。

这样的课堂，多数学生会有收获，只是每个人收获的程度不同。只要是能让学生喜欢的课堂，就是最巧妙的设计。

第四节　如 何 评 课

过去，我们评价一节课，主要考量教师的教学行为，如何开头、如何衔接、如何掀起高潮、如何收尾，这些方面表现出色，就是一堂好课。这样的课堂教学评价如同一场电影，只关注导演炫技，而忽视演员演技，效果只能叫好不叫座。什么样的课是一节好课？好课的评价标准是什么？

2022 年新课标在“课堂教学评价建议”中，明确提出了以学业质量标准为核心，用“教学评一体化”的理念全面衡量课堂教学实施，这才能体现新课标的精髓与灵魂。

教、学、评一致性指的是教学行为、学习行为以及评价活动以相同的目标为指向的一种教学理念，它是课程改革的具体表现和有效载体。在教、学、评一致性中，“教”是指导学生开展自主学习、实现既定目标的活动，“学”是以目标为导向的主体活动，而“评”则是了解目标达成情况、明确真实学情的一种交互活动。基于教、学、评一致性的教育理念，评价课堂教学相关活动更多关注课堂上教师如何指导学生学。

一、“教”得精准

基于教、学、评一致性的课堂教学，“教”是基础，是影响最终教学效果的重要因素。在新课标背景下，“教”得精准成为课堂教学实施的重要课题。“教”得精准是教师在了解教学要点、明确教学内容、把握真实学情的基础上，采取针对性的教学对策和创新性的教学方法，满足学生多样化和个性化的需求。

（一）目标精准

整节课，教师能深度解读新课标、教材、文本、学生的真实学情，并综合各项要素，设计科学合理的教学目标，提取新课标中的重点信息，并对这些重点信息进行梳理分析，理顺课程的教学要点，为课堂教学活动提供标准、指明方向，以达到“教”得精准。

（二）逻辑清晰

课堂教学，问题设计是教学逻辑的起点，以驱动问题群的设计推动教与学活动的深入，学科内容的内在逻辑性和教学活动组织两条逻辑主线贯穿始终，分别对应的外显形式是课堂教学内容和课堂教学活动，内在形式是学科知识体系构建。

（三）流程自然

教学流程设计符合教学内容实际、学生实际；有一定的独创性，给学生以新鲜的感受；教学思路的层次、脉络清晰。课堂结构严谨，环环相扣，过渡自然，时间分配合理，密度适中，效率高。教学环节的时间分配与衔接恰当。

二、"学"得高效

学生的学习效果是检测课堂教学效果的根本标准，在落实"生本"理念的引导下，一堂好课必然要看学生在课堂上的表现。

（一）主动参与

学生的学习除接受和倾听知识以外，实践操作也是学习的一种重要方式。教师在课堂上，能给学生充足的时间与空间，经历观察体验、实验探究、猜测推理、计算验证的过程。主动参与，使学生在理解和掌握基本知识与技能的基础上，体会学科思想，掌握学科观念，积累活动经验。

（二）合作探究

课堂教学基于知识的最近发展和学生已有的学习经验，面向全体教学要顾及学生个体的差异性，设计驱动任务群，指引学生从不同的角度入手，动手操作、探究实践、合作交流学习内容，积累活动经验和感悟，厘清知识本质，继而构建知识的系统全貌。

三、"评"得全面

评价是凸显课堂教学中教师的教和学生的学的价值的过程，在教学中发挥着指挥棒的作用。借助评价，教师可以洞察教学程度和学情、把控课堂，还可以激励、调动师生教与学的积极性。

（一）自评反馈

学生根据自己的知识水平，能选择完成适合自己的训练，可以是对课堂中研究性问题的解决，也可以是小组的展示交流，还可以是课后的分层训练。每一个学生在课堂学习的过程中收获不一样的学习成果，更有利于发展学生运用新知识解决问题的能力。

（二）互评矫正

生生互评、小组互评、教师评价反馈的结果，让学生学会自我矫正，及时查漏补缺，不断积累教学活动经验，以促进学习形成良性循环。

课堂适时的评价实施，能在合适的时机让师生彼此作出诊断及实施补救措施，为下一节课的目标设定提供依据。

第五节　如 何 说 课

说课，最早是由河南省新乡市红旗区教研室于 1987 年提出来的。近几年，说课被广泛应用于教师教研、业务比赛、教师招聘、名师评选等方面，是教师应该掌握的一项基本技能。实践证明，说课活动有效地调动了教师投身教学改革、学习教育理论、钻研课堂教学的积极性，是提高教师素质，培养造就研究型、学者型教师的最好途径之一。①

说课就是教师在规定的时间内，口头陈述指定教学内容的教学设想及其理论依据，讲述自己的教学设计的活动。

一、说课要求

（一）时间限制

说课时间一般为 20 分钟，教师业务比赛一般为 15～20 分钟。

（二）环节要求

说课一般分为 7 个环节：说学习内容，教材的内容和地位，本节课知识点的前后联系；说学生认知水平，分析学生的知识水平和认知特点，本节课的学习难点等；说学习目标，拟定教学目标和重点、难点的依据；说教学方法分析，本节课教学所采用的教学方法及依据；说学习方法，本节课指导学生自主学习所采用的方法；说教学过程，具体说各个教学环节，环节设置的意图，可能出现的情况，教师的处理方法；说板书设计。

（三）说课分类

说课分为课前说课和课后说课。课前说课对重点突出和难点突破的教学实施预设说明要具体。课后说课可以结合课堂实录，具体分析实施的得与失，重点谈设计意图。

二、说课重点

说课的功夫本在“说”之外。在 20 分钟内展示 45 分钟课堂教学过程，一般很难完美呈现。这就需要说课教师有侧重地展示，有理有据，让听者能静观其变，愿闻其详。

---

① 陈国华.互动交流自主探索多元评价——浅析一节好的数学课的标准[J].中学数学，2022，(10)：74－75＋81.

（一）教育理念

教师如何根据自己班级学生的特点，构建科学系统的课程体系。在课堂上，让学生有选择地展示，指向学生素养的提升。

（二）教学组织

教师借助教学内容，设计教学方案，把控教学节奏，选用教学方法等，把课前预设和课堂生成有机融合，力求“教学评”一致。

（三）教学策略

教师是否能够关注到教育的各个要素、各个环节、各种现象和各参与方，让听者能见微知著。

（四）教学效果

教师结合具体环节阐述是不是构建了科学、完善的引领对象体系、方法体系和目标体系。

（五）基本功

教师的口头表达、书面表达、情绪表达、肢体表达是否专业、高效和精准。

三、说课策略

（一）主次分明

说课切忌面面俱到，要有所取舍，精华部分浓墨重彩，简单处一言以蔽之。

（二）理论支撑

说课不同于上课，是在课前或课后对课堂教学实施的理性阐述，需要相关的教学理论支撑。

（三）注重头尾

说课是以说的形式展示教学课堂实施，要遵循听者心理，在开头处以理论支撑教学预设，在结尾处以理论梳理实施亮点，前后呼应，让理论在课堂教学环节落地生根。

（四）多元演绎

语言用于表达教学观念；信息技术用于直观呈现，调动听者的视觉与听觉；肢体语言辅助呈现，感性直观。多元演绎更能提高说课效果。

（五）说出精彩

每位教师的教学风格不同，在分析自我优劣的同时，在说课时要学会扬长避短，选择个人的特长具体展示。

说课，是教师分析教材、理解教材、优化课堂实施的理性学习活动，借助说课，能从理论上指导教师真正做到教与学相结合，对教师教学能力和教研能力的提高有着突出的作用。

第六节　无 生 授 课

据报道，2023 年 10 月，鄂州市鄂城区举办了以提升全区数学教师教学水平为目的的小学数学“无生课堂”竞赛活动。活动参赛选手来自全区各学校，大家用独具匠心的设计、亲切自然的教态，以及富有感染力的语言，为前来观摩学习的众多一线教师展现了一堂堂精彩纷呈的“无生课”。

近年来，无生授课逐渐成为很多教师熟悉的比赛或研讨形式。无论是迈入教师职业门槛的资格面试，还是进入学校工作后的专业提升竞赛，甚至是晋级评职时的水平能力测试，无生授课都可能是摆在教师面前的“拦路虎”。一些教师因为对这种教学形式无法适应而没能冲出重围，实现预定的目标。

一、什么是无生授课

无生授课，是没有学生在场的情况下教师按照正常的授课进程开展模拟教学的一种展示活动。由于没有学生在现场，一些学生实际开展的学习活动需要由教师用适当的方式向“听课”的评委或专家进行适当的呈现，通常 40 分钟的一节课只用 15～20 分钟便能完整演示出来，因此在时间有限、教师选手较多的比赛中很受欢迎。

二、无生授课与其他教学活动的异同

（一）无生授课与有生授课

无生授课与有生授课的最大不同是有无学生在现场。有学生在场可视为在真正的教室里上课，可以实现师生互动，可以组织学生开展各种实实在在的学习活动。而无生授课过程中，教师只能面对台下的评委、观众等授课，要想象空气中存在着虚拟的整个班级的学生，要设法用适当的语言、手势等展示或推动虚拟学生的学习进程。在有生课堂上，学生的表现是真实的，而在无生课堂上，学生的表现需要教师进行充分的预设，这只是教师对学情的一种猜测。

无论有无学生在现场，两者同样可称为授课或上课。故而，从环节上看，两者都得是完整的课；从形式上看，两者都需要教师适时进行板书；从表现上看，两者都需要教师与学生互动。

（二）无生授课与说课

从内容上看，无生授课只展示教学过程，而说课则需要按既定程序分析教学设计的依据、理由，并介绍主要教学过程的做法。说教学过程虽然是说课的重要环节，但因为是“说课”，所以主要是向观众说出自己的教学想法，与无生授课假想着面对学生的“讲课”风格是完全不同的。

当然，无生授课与说课还是有共同点的。两者都没有学生在场，都是面向评委或观众进行展示，都能体现教师的教学素养、教学思想及教学方法。

三、无生授课应注意什么

无生授课最大的挑战是要做到“无生似有生”。一些教师在无生课堂上只顾自己往下讲，缺少应有的师生互动，那就真的让课堂变成“无生”了，成了教师一个人表演的独角戏，或者变成大家都极力反对的完全以教师为中心的“一言堂”。怎样才能防止以上问题的发生呢？

在无生课堂上，教师既是导演，也是演员，既要以教师身份抛出问题，也要用适当方式呈现引导学生解决问题的过程。教师可以在心理上把评委当作“学生”，而台下这些“学生”对教学将呈现的问题是未知的。在这样的心理预期下，教师可以用眼神扫视台下的“学生”，甚至可以从讲台上走到“学生”身边指导他们研讨、交流，或者面对面地与之互动。当然，不要期望这些“学生”回答教师的任何问题。关于互动，可以模拟真实的课堂情境，比如请某某同学回答问题，可以用手势指向某个方向，对着那儿的虚拟学生说话，学生发言后，教师要及时作相应的点评。

无生授课的环节应完整。从说“上课”始，到说“下课”终。比如，数学课的新课引入、新知探究、练习与总结等，不可或缺。授课过程中，教师应根据教学进程合理完整地呈现每个环节的板书，如课题应在新课引入时及时书写到黑板上。在教学重点环节，教师应做到说与写并重，既注重师生间的互动，又注意把关键信息呈现在黑板上，像平常上课一样。教学环节之间的过渡要流畅，不可长时间停顿，如“这个问题请同学们思考一下，给大家三分钟时间。”说完后停顿 3～5 秒即可进入下一个环节（“请××同学回答”或“请××同学板演”）。

其他细节方面也要多加注意，如可以面向评委说“请同学们看大屏幕”以示要使用课件。再者，教师的语言要有激情，语调要适当提高，以防止仅有一个语调而让现场气氛过于沉闷。

第七节　作 业 设 计

2021 年 7 月 24 日，中共中央办公厅、国务院办公厅印发《关于进一步减轻义务教育阶段学生作业负担和校外培训负担的意见》（以下简称“双减”）。在作业方面，该意见提出，要“全面压减作业总量和时长，减轻学生过重作业负担”。意见对中小学生作业总量从完成时间上进行限定，并要求提高作业设计质量，要系统设计基础性作业，鼓励布置分层、弹性和个性化作业，坚决克服机械、无效作业，杜绝重复性、惩罚性作业。

作业是教学活动中的重要一环，是巩固课堂教学效果的重要举措。完成作业一直被视为学生的天职，认真完成各项作业是好学生的标配。一些教师通过大量布置本学科作业来强化巩固学习效果，短时间内取得了片面的成效，从而变本加厉，进一步增加作业数量。不同学科的教师沿着这条损害学生身心的错误道路交叉发力，最终让作业成了压在学生身上的一座大山。“双减”是优化作业设计的重要指导性文件，体现了党和政府高度关注学生学业负担过重问题。

一、机械式作业不利于学生发展

为了强化对知识的巩固落实，部分教师经常大量布置重复抄写式的书面文字作业。久而久之，学生会习惯于做那些简单的、机械重复的抄写作业，对于稍有一些思维挑战或需要动手去搜集一些资料进行解答的题目，大部分学生会放弃不答。比如，语文假期作业里有一道题是填写与季节相关的诗句，并给出了示例：“春天，春风又绿江南岸，明月何时照我还。”下面列出了空格，要求学生将表格填写完整。结果，一半以上学生将此题空着不答。在语文学科，对于要求掌握的字词句段，不少教师用重复的方式强迫学生去落实基本的教学目标，以求考试不失分。而那些在日常巩固检测中偶然有错误的学生，老师金口一开，便是“罚”字当先，错一个罚写 N 遍。当学生的时间被抄写、罚写所占满，他们哪有机会去搜集资料？哪有机会去实践探索？教师只盯着眼前的利益，损害的是学生的发展机会。

教师要学会在调动学生学习积极性的前提下减轻学生的负担。就语文学科的字词积累而言，可以根据学生的掌握情况有针对性地布置作业。笔者在一线教学多年，本班学生在语文课后字词的学习上就形成了“自学⟶组查⟶师测”的模式。“自学”，即学生自读课文时，结合课后提示，在文中标注出由生字组成的词语，或借助工具书理解词义，此外，再调动生活积累或查工具书组一个新词，对那些难写的字、难读的音，学生在文后自行标明；“组查”，即每日学习小组以报听写等方式检查组员的学习效果；“师测”，即每周五学生放周末假回家前，老师组织一次本周所学字词的小检测。对那些能写会用的同学，周末便不再布置抄写类的作业。同时，设置梯级作业布置模式，学生出现少量（10%以内）的错误也不用做抄写作业。对于那些出错较多的学生，笔者向来是让他们抄写几遍即可。否则，教育就把学生培养成了一个个“小抄写员”，这与时代呼唤的创新型人才培养的教育是大相径庭的。

二、建立“基础性作业＋个性化作业”的分层作业体系

“双减”意见明确要求，要“系统设计符合年龄特点和学习规律、体现素质教育导向的基础性作业。鼓励布置分层、弹性和个性化作业”。这说明，“基础性作业”是教师必须布置，学生必须完成的“规定动作”，“个性化作业”属于“自选动作”，供“教有余力”者去设计、“学有余力”者去选择，充分体现“因材施教”原则。

例如，福建省福州市的郑颖老师在“圆”的教学中，结合教材内容设计“自助式”作业，分为三个层次：第一层次为基础必选型作业，以强化对基础知识的理解和运用为目标，帮助学生掌握教材中的基础理论知识，如标出圆的圆心和直径，并用字母表示；第二层次为挑战提升的必选型作业，以锻炼基础解题能力为主，设计典型习题和挑战性习题，如鼠年金质纪念币的半径为 2 厘米，请计算该纪念币的周长和面积；第三层次为拓展可选择型作业，引导学生结合自身兴趣自主选择，促进学生逻辑思维与应用能力的发展，如花坛自动旋转喷水器的喷水区周长为 54.62 米，请绘制喷水区的半径。

三、强化作业的生活性、实践性、趣味性

（一）用趣味性作业调动学生学习热情

作业是学习的一种业态，它不应该一直以刻板的形象出现。教师可以借鉴游戏的、活动的方式，设计学生乐于参与的趣味性作业，实现乐学学会的目的。比如，小学生在学习“认识钟表”这一内容后，老师可以布置演练动态时钟的作业，让一个小组学生合作完成任务，其他小组学生观摩并评价他们的表现。进行演练的学生分为时钟与观众两个小组，时钟小组的 3 个学生要在规定时间内分别扮演多个时间状态下的时针、分针、秒针，观众小组的学生要快速判断出他们展示的正确时间。在快速表演及判断中，学生的时间观念进一步强化，取得不错的学习效果。

（二）用实践性作业提升学生动手能力

2022 年新发布的义务教育课程方案提出要“变革育人方式，突出实践”，要突出学科思想方法和探究方式的学习，加强知行合一、学思结合，倡导“做中学”“用中学”“创中学”。在学习的过程中，动手实践和主动探索是非常重要的方式，学生完成实践性作业，动的是“手”，发展的是“脑”。比如，在学习“厘米的认识”一课后，教师可以给学生布置测量物体的探究性课后实践作业。学生课下寻找生活中的物体：自己喜欢的课外书、文具、跳绳，家里的书桌、电脑、地砖、柜子等。先估计物体的长度，再亲自动手测量物体的长度。这样

的实践探究作业能有效地激发学生的探究热情和探究意识，学生在动手操作，动脑思考，积极参与探究活动中，实践测量，培养估测意识，巩固厘米的测量方法，加深对长度单位“厘米”的认识、感知。

（三）用生活性作业凸显学习意义

学以致用，方能让学生体验到学习的价值，能让学生用学到的知识、能力解决生活中的问题，这便形成了素养。拿语文来说，可以鼓励学生在寒假期间撰写春联。通过写春联、贴春联、晒春联（在班级微信群等平台晒图片）等生活作业，让学生体会到春节张贴春联的传统习俗不断传承的意义，展示自己的书写水平，还可以在张贴春联过程中对上下联的位置关系有直观的认识。

第八节　项目式学习

2023 年 7 月，教育部公布 2022 年基础教育国家级教学成果奖获奖项目。其中，有 15 项成果因“项目”而获奖。例如，北京市朝阳区呼家楼中心小学的《走向真实世界的项目群育人体系的构建与实施》；福建省厦门实验小学的《整体建构 多元融合：项目式课程教学的实践探索》等成果获一等奖；山西省实验小学的《育人价值导向的项目式学习实践探索》等成果获二等奖。

就具体的学习案例来看，不少鲜活的项目式学习案例改变了学习进程与状态，取得了良好的效果。山西省实验小学开展的“优化楼道读书角”项目式学习课程组织学生优化楼道读书角，在 3 个月内，81 个学生通过教师引导、实地调研、交流研讨、动手操作、实践反思等一系列学习过程，切实解决了楼道共享图书无人管理、破损丢失等问题，让阅读在校园里自然发生。

2019 年，中共中央、国务院发布的《关于深化教育教学改革全面提高义务教育质量的意见》指出，要“优化教学方式……探索基于学科的课程综合化教学，开展研究型、项目化、合作式学习”。2022 年版义务教育课程标准关于课程实施提出了深化教学改革的要求，其中明确要“推进综合学习……积极开展主题化、项目式学习等综合性教学活动，促进学生举一反三、融会贯通，加强知识间的内在关联，促进知识结构化”。由此可见，项目式学习是一种综合性的教学活动，是教学改革的重要方向。

一、什么是项目式学习

项目式学习（Project-Based Learning，PBL），是一种教学方法，它强调学生通过实际操作、探究和合作来解决问题或完成具有现实意义的任务。北师大学者杨明全将项目式学习定义为：项目式学习是一种建构性的教与学方式，教师将学生的学习任务项目化，指导学生基于真实情境提出问题，并利用相关知识与信息资料开展研究、设计和实践操作，最终解决问题并展示和分析项目成果。

项目式学习对学生的成长和发展具有积极影响。这种学习方式旨在将学习内容与现实世界紧密联系起来，提高学生的参与度和兴趣，同时培养他们的创新思维和解决问题的能力。首先，它有助于激发学生的学习兴趣和动力，使他们更加主动地参与到学习过程中。其次，项目式学习能够培养学生的创新思维和解决问题的能力，帮助他们在面对现实问题时更加从容和自信。最后，项目式学习有助于提高学生的团队合作和沟通能力，为他们未来的职业生涯奠定坚实基础。

项目式学习的主要特点如下：

真实性：项目通常来源于真实世界的问题或挑战，这使得学习更具现实意义和吸引力。

学生主导：在项目式学习中，学生通常扮演主导角色，自主选择研究主题、制订计划、实施项目并展示成果。

跨学科整合：项目式学习鼓励学生在不同学科之间建立联系，通过整合不同领域的知识来解决问题。

合作学习：学生通常需要在小组内合作，通过分工、讨论和共享资源来共同完成项目。

反思与评价：在项目结束后，学生需要对自己的学习过程、方法和成果进行反思和评价，以便持续改进和提高。

二、实施项目式学习的主要步骤

教师组织实施项目式学习需要一定的计划和准备。以下是一些建议的步骤：

确定项目主题和目标：根据学生的兴趣和课程目标，选择一个具有挑战性和现实意义的项目主题。

制订项目计划：明确项目的目标、任务、时间表和资源需求，确保每个学生都清楚自己的职责和期望成果。

组织学习小组：根据项目需求和学生特点，将学生分成若干小组，并分配相应的角色和任务。

提供指导和支持：在项目实施过程中，教师需要为学生提供必要的指导和支持，帮助他们解决问题和克服困难。

监控项目进度：定期检查项目进度，确保学生按计划推进项目，并及时调整计划以应对可能出现的问题。

展示和分享成果：在项目结束后，组织学生进行成果展示和分享，以便他们相互学习和交流经验。

第九节　跨学科融合

2014 年，重庆市谢家湾小学实行了一项名为“小梅花”的课程改革，从以教材为中心走向了以学生为中心，构建了学科课程、社团课程、环境课程三位一体的学校课程体系，把原来十几门课程整合成了五门。语文、数学、英语课都不见了，被合成“阅读与生活”“数学与实践”“科学与技术”“艺术与审美”“运动与健康”五大类，推动课程形态、课程内容、课程与人的全面整合。

《义务教育课程方案和课程标准（2022 年版）》提出，要坚持素养导向，体现育人为本。编制课程标准要“基于核心素养培养要求，明确课程内容选什么、选多少，注重与学生经验、社会生活的关联，加强课程内容的内在联系，突出课程内容结构化，探索主题、项目、任务等内容组织方式。原则上，各门课程用不少于 10%的课时设计跨学科主题学习”。由此可见，跨学科整合是为了强化不同课程内容之间的内在联系，是培养核心素养的需要。

一、什么是跨学科融合

跨学科融合是指不同学科之间的交叉与整合，旨在通过融合不同学科的知识、理论和方法，解决复杂问题，推动科学、技术和社会的发展。这种融合不仅有利于拓宽研究视野，而且可以促进创新思维和跨学科人才的培养。

在当今社会，跨学科融合已成为许多领域发展的重要趋势。例如，在医学领域，生物学、物理学、计算机科学等多个学科的融合，推动了医学影像技术、基因编辑和个性化医疗等领域的快速发展。在环境科学中，地理学、生态学、经济学和社会学等学科的融合，有助于更全面地理解环境问题的本质，提出有效的解决方案。而教育作为培养适应未来社会发展需要人才的关键领域，必须打通各个学科之间的壁垒，让学生具备贯通学科知识的能力，成长为复合型人才。

跨学科融合可以打破学科壁垒，使不同领域的知识和方法相互渗透，从而拓宽研究视野，为解决问题提供更多思路；跨学科融合有助于培养创新思维，使学习者或研究者能够从不同角度审视问题，发现新的规律和方法；跨学科融合可以培养具备多学科知识和能力的人才，满足复杂问题的需求，为社会提供更多具有创新精神和实践能力的人才。

二、跨学科课程的主要特征

跨学科融合型课程有以下明显特征：

综合性： 因为学生们面临的问题就是综合化的，不能用单一学科去解决，所以要加强课程内容与学生经验、社会生活的联系，强化学科内容知识整合，统筹设计综合课程和跨学科主题学习。

实践性： 加强课程与生产劳动、社会实践的结合，充分发挥实践的独特育人功能。突出学科思想和探究方式的学习，加强知行合一、学思结合，倡导“做中学”“用中学”“创中学”。学生在进行实践活动的过程中学会思考：自己要解决什么样的问题，解决了这个问题会获得什么帮助。这体现了学生对他人和社会的关爱。

开放性： 不以单一的结果来评价学生。比如，给学生布置了一个项目，并不是只有作品做得特别好才能得高分，过程做得特别好也可以得高分，甚至，即使实验结果是失败的，只要学生在探究的过程中能积极努力地解决问题，他在“情感态度”这一项上也能得到比较高的分数。

三、各个学科均应与其他学科融合

关于跨学科融合，各个学科的课程标准均有相应的要求。应设立跨学科主题学习活动，加强学科间相互关联，带动课程综合化实施，强化实践性要求。

语文学科课程内容主要以学习任务群组织与呈现。其中，跨学科学习是六大学习任务群之一。开展此类学习，要让学生在综合运用多学科知识发现问题、分析问题、解决问题的过程中，提高语言文字运用能力。例如，小学一、二年级学生可以在生活中养护一种绿植或小动物，综合运用语文、科学、数学等多学科知识，学习日常观察和记录。

在数学方面，综合与实践是该学科的重要课程内容。学生要在实际情境和真实问题中，运用数学和其他学科的知识与方法，以经历发现问题、提出问题、分析问题、解决问题的过程，提高解决实际问题的能力，形成和发展核心素养。在小学阶段，主要采用跨学科主题式学习方式。比如，“欢乐购物街”的主题活动，学生在实际情境中认识人民币，进行简单的单位换算，形成勤俭节约的意识。数学、道德与法治等学科也可以进行融合学习。

第五章

教育科研

第一节　教研活动开展

国家新修订的《义务教育课程方案和课程标准(2022版)》中，对教研工作提出了具体要求，要"强化教研、科研的专业支撑"，对学校教研活动开展做了专门强调，通过教研"帮助教师准确把握课程改革方向，钻研课程标准、教材，改进教学……提高教研活动的针对性，深入学校、课堂、教师和学生中，了解和把握各方对教研的多样化需求，丰富教研活动的途径和方式"。可见，教研活动是学校教育教学工作的一个重要方面，是推进学校教学改革、助力教师专业成长、提升教育教学质量的一个重要抓手，每位老师都要了解并掌握教研活动，积极参与各级教研活动。

一、教研活动的定义

教研活动是以促进学生全面发展和教师专业进步为目的，以学校课程实施过程和教育教学过程中教师所面对的各种具体的教育教学问题为研究对象，以教师为研究主体，以专业研究人员为合作伙伴的以校为本的实践性研究活动。

教研活动的主要目的是切实提高教师的专业素质，增强教师的课程实践能力，因此，基本点必须放在课堂教学和课程改革实施中、教师所遇到的实际问题上，着眼点必须放在理论与实际的结合上，切入点必须放在教师教学方式和学生学习方式的转变上，生长点必须放在促进学生发展和教师自我提升上，在全面实施的基础上深度推进基础教育课程改革。

二、教研活动的主要形式

教研活动的形式有很多，以下是一些常见的形式：

(一) 集体备课

同科或相关学科的教师为实现教学目标和完成教学任务，通过讨论、集体研究等形式制订教学计划和方案的过程就是集体备课。它是教师集体进行教法探讨以实现交互式教学的一种备课形式，也是校本研究的重要形式。

集体备课的具体运作方式是以备课组为单位，组织教师开展集体研读课程标准和教材、分析学情、制订学科教学计划、分解备课任务、审定备课提纲、反馈教学实践信息等系列活动。集体备课能够充分发挥教师集体的智慧和力量，通过集思广益，解决疑难，交流教学经验，提高讲课质量，也是培养师资、提高教师业务水平的一种方法。

（二）课堂观摩

课堂观摩是教师间相互学习、交流、研讨的教学活动，通常是由学校或教育部门组织。课堂观摩活动通常包括听课、评课、研讨等环节。在听课环节，教师们会到指定的教室观摩其他教师的课堂教学，了解他们的教学方法、教学策略、师生互动等方面的情况。在评课环节，观摩教师会根据自己的观察和感受，对授课教师的教学进行客观评价，提出自己的意见和建议。在研讨环节，教师们会就观摩的课堂教学进行深入研讨，探讨教学中的问题和解决方法，分享自己的教学经验和心得。

通过课堂观摩活动，教师们可以相互学习、取长补短，不断提高自己的教学水平和能力。这种活动也有助于促进学校教学管理的规范化、科学化和民主化，推动学校教学质量的提升。

（三）案例分析

案例分析是围绕一定的教育目的，把教育教学实践过程中真实的情景加以典型化处理，形成可供学习者思考分析和决断的案例（往往是一个故事、一个事例或一个事件），通过学习者独立分析或共同讨论来提高学习者分析和解决教育问题能力的一种方法。

教学案例是对教学过程中的实际情境的描述，描述的是教学过程中“意料之外，情理之中的事”。它具有以下特征：案例是根据真实的教学情境、事件、问题而撰写的，不是虚构的。案例是含有问题的事件，事件只是案例的基本素材，并不是所有的教学事件都可以成为案例。能够成为案例的事件，必须包含问题或疑难情境，也可能包含解决问题的方法。案例是典型的事件，是有典型意义的，能给读者带来一定的启示和体会。它是真实教学事件的情景再现，而不是对事件的简单描述或复制。

教学案例分析与其他教育文体有所不同，比如与论文的区别在于，论文是以说理为目的，以议论为主，而案例则是以记录为目的，以叙述为主，兼有议论和说明，围绕同一事件，但可从不同的理论层面来解释。案例与教案的区别在于，教案是事先预设好的教学思路，而案例是对已经发生的教学事实的追述与思考，重在反思。

（四）专题讲座

专题讲座通常由学校或教育机构组织，邀请相关领域的专家或教师进行讲解和分享。这种讲座通常围绕某个特定的主题或问题展开，涉及教育教学理论、实践经验、教学方法、教育技术应用等方面。

通过听取专家或教师的讲解和分享,教师可以学习到新的教学方法和技巧,了解当前教育教学的趋势和热点问题,也可以与其他教师进行交流和研讨,共同探讨教育教学中的问题和解决方案。

教研专题讲座的内容可以涵盖多个方面,如课程设计、教学方法、学生评价、教育技术应用等。在讲座中,专家或教师可以结合自己的实践经验,分享自己的教学心得和体会,提供具体的案例和解决方案,帮助教师更好地理解和应用新的教育教学理念和方法。

(五)教学比赛

教学比赛是旨在提高教师教学水平和能力的比赛活动。它通常包括优质课比赛、公开课、教学能手评比、教学基本功比赛等。这些比赛的内容涵盖了教学设计、教学展示、教学反思等多个方面,旨在促进教师之间的交流和学习,提高教师的教学水平和能力。

教学比赛通常分为校级、省级、国家级等多个层次,参赛对象为广大教师。通过参加教师教学竞赛,教师可以展示自己的教学风采,交流教学经验,发现自身存在的不足,进而改进教学方法,提高教学效果。同时,教师教学竞赛也是学校选拔优秀教师、培养教学骨干的重要途径之一。

教学比赛的评审标准通常包括教学内容、教学方法、教学效果等多个方面,评委一般由教育专家、资深教师等组成。参赛教师需要在教学设计、教学展示、教学反思等方面做好充分的准备,以展现最佳的教学水平和能力。

教研活动案例一

主题:“课堂教学大比武”赛课活动

实施过程:为了全面提高教学质量,迎接区教研中心组织的“说三书”教学大比武活动,促进教师课堂教学能力全面提升,襄州七中小学部开展了“课堂教学大比武”赛课活动。

本次活动共分为三个阶段:第一阶段,语文、数学以年级为单位,综合科(体音美、信、生命、心理、国防、法治等)、英语、道法、科学以学部为单位,同年级同课异构,从课堂教学、教学设计、说课、评课、教学反思几个方面进行初赛;第二阶段,各年级各科产生的第一名参与校级大比武;第三阶段,学校评审小组根据校级大比武产生的各科优秀教师的综合成绩择优推荐参加区级“说三书”教学大比武活动。

比武三尺讲台,亮剑教育初心。参赛教师十分珍惜这次磨砺自我、提高自我、展示自我的机会,赛前精心准备、反复打磨,在教学设计、教学手段及教学环节等方面潜心探索高效课堂。“五标”教,方法活,“六学”助,激情扬,“七星”评,素养炼。在课堂教学大比武活动中,绘声绘色的语文课堂,精彩严谨的数学课堂,生动有趣的英语课堂,亲切自然的道德与法治课堂,极具探究精神的科学课堂,优雅自如的教风教态、张弛有度的课堂组织、环环相扣的教学环节,赢得了教师们的一致好评。参与教师的精彩呈现,不仅是个人课堂魅力的展示，而且是学校教师扎实的教学技能的展示。

效果： 此次课堂教学大比武活动，有力配合了教学常规月团队赛课活动的开展，为教师提供了很好的课堂教学交流平台，促进了教师专业水平的提高，调动了全体教师参与课堂教学的积极性，有力推动了学校教学教研活动的扎实落实，为切实提高课堂教学效益和教学质量奠定了良好的基础。

（六）课题研究

课题研究是针对教育教学实践中的具体问题或难题，通过科学的研究方法和技术手段，进行深入探讨和研究，以寻求解决方案或新的教育教学理论和方法的过程。教研课题研究的基本流程包括选题、文献综述、研究设计、数据收集与分析、撰写研究报告等步骤。

（七）网络教研

网络教研是伴随现代信息技术发展而生的一种新型教研模式。它依托现代信息技术手段，利用网络平台开展各种教研活动，包括教学资源的共享、教学经验的交流、理论探讨、教学管理等方面的内容。具体来说，网络教研包括在线研讨、网络备课、在线评课、教学资源共享等多种形式。

网络教研不仅可以打破时空限制，让教师们在任何时间、任何地点都能进行教研活动，而且能汇聚更多的教研资源和力量，实现更广泛的交流与合作。网络教研还可以促进教师之间的知识共享和经验交流，推动教师的专业成长和教育教学的改进。

当然，教研活动的形式并不局限于以上几种，各地各校在教研实践中开发出了多种多样的教研活动案例，只要是能够促进教师发展、提升教师专业素养的教研活动，就都是好的教研形式。以下是一个主题讨论式的教研案例。

教研活动案例二

主题： “朗读教学实施经验交流”主题讨论活动

实施过程： 在某学校主题为“朗读教学实施经验交流”的教研活动上，主持人首先提出了一个教学困惑：自新课标实施以来，很多老师在指导有效性阅读上做了各种尝试，但总是找不到最佳的方法，这个问题一直萦绕在大家的心头。接下来，大家围绕阅读中的一点——朗读进行了讨论。

郭老师首先发言，他认为朗读最基本的要求是把课文读对、读顺、读好，在此基础上再做到流利、有感情。形式：范读、领读、个人读、齐读、分角色读。

武老师从“教师的角色定位”角度谈了自己的观点。她回想起了师傅的教导：“老师就像演员，要激发起学生的热情，自己首先要有情感的投入，这样才会带动学生的积极性。”

王老师从“学生的情况分析”出发，谈到一个班级难免有个别学生回答问题时声音轻，但如果整个班级的同学都是这样的话，那就说明老师要及时调控教学。他认为学生大声朗读不是一蹴而就的,需要经过长时间的培养。

徐老师从心理学角度出发,提倡表扬、鼓励学生,使学生乐于说、乐于学。

程老师从读的时间上谈到,一节课不能承载太多的任务,造成学生跟着老师赶,缺少静心读书、独立思考的活动时间。要保证充足的读的时间,要反复实践。

归纳共识:主持人引导教师对他人的发言进行评价补充或反驳修改,最终形成共识。主持人总结读有四个方面的意义:识记生字、释词析句、深化理解、训练思维。语文教学的根本任务就是促进学生语言与情感的发展,以读为本就是阅读教学的基本特征。有效的朗读需要教师用心引导,从教师行为、学生意识、学生心理、任务安排上做好设计,从而让学生记背好词佳句、精美诗文,丰富语言积累,感悟写作技巧,促进学生的语言能力得到发展。

教师们围绕教学中遇到的具体问题,在主持人的引导下,以教研论坛或者教研沙龙的形式,开展头脑风暴式研究,从中找到解决问题的方法。这种主题讨论式教研活动唤醒了教师的教研主体意识,教师群体之间互相合作、切磋交流的对话氛围最令人感动,在共存与和谐的教研氛围中强化团队合作意识,使不同个体的知识与能力在探讨、冲撞、分享等行为中得到提升。这种形式的教研活动要注意以下几点:

一是抓住细节。教研活动中的讨论,不是漫无边际、天马行空的,而是抓住课堂教学中的现象,尤其是一些重要的细节,从而聚焦重点,引发教师的深度思考。

二是智慧共享。教师们都积极主动参与,发表真知灼见,会场内人人洋溢着激情,碰撞出灵动的思维火花,教师的群体智慧被激活了,教师的生命活力在涌动着。

三是民主平等。在活动中,教师们分享经验、互相学习、彼此支持。说者意气风发,不但敢说而且会说;听者心潮澎湃,赞赏之情溢于言表,呈现民主平等、信任融洽的教研氛围,加强了教师间的沟通、交流与对话。

三、教研活动的主要过程

组织一次完整的教研活动,需要在事前做好细致的准备工作,除了基本的人员、场地、设施外,重点要设计好以下几个关键过程:

一是要明确教研活动的目标,比如提高教学质量、促进教师专业成长、解决教学中的实际问题等。

二是根据目标制订详细的教研计划,包括活动的时间、地点、主题、参与人员等。

三是选择与教学密切相关的主题,如教学方法、课程设计、评价与反馈等。

四是选好组织形式,可以采用研讨会、讲座、观摩课、案例分析等多种形式进行教研活动。

五是组织教师进行教学实践,并对实践过程进行反思和总结。

六是鼓励教师之间分享教学经验、教学资源和教学成果,共同提高。

七是确定是否邀请专家进行指导和培训,以提升教师的教学水平。

八是对教研活动的效果进行评价，收集教师的意见和建议，不断改进活动质量。

九是将教研活动的成果进行推广，应用于实际教学中，促进学校整体教学质量的提升。

当然，每个学校的情况都不一样，具体的教研活动开展方式还需要根据学校的实际情况进行调整和优化。

四、教研活动中应注意的问题

（一）如何将教研活动中学到的知识应用到实际教学中

1. 计划实践

首先要根据教研活动的内容，制订具体的教学实施计划，明确如何将所学知识应用到课堂教学中。其次要在教学中尝试新的教学方法、策略或技巧，将教研活动中的理论知识转化为实际操作。

2. 总结交流

教学实践后，及时进行反思和总结，分析应用效果，找出问题和不足之处，进行改进。与同事分享自己的实践经验，共同探讨如何更好地应用教研成果，互相学习和借鉴。

3. 寻求指导

在应用过程中遇到困难或问题，可以向专家、教研员或有经验的教师请教，以获取指导和建议。

4. 持续学习

主动参加后续的教研活动，进一步深化对所学知识的理解和应用。保持学习的热情和好奇心，不断更新知识和教学方法，将教研活动作为提升自我的平台。

（二）如何有效调动参与教师的主动性和积极性，避免“走过场”式的活动

在教研活动中有效调动参与教师的主动性和积极性，可以采取以下方法：

1. 明确教研活动的目的和重要性

确保每位参与教师都清楚教研活动的重要性和目的，理解通过积极参与能够获得的益处，如提升教学技能、解决教学中的实际问题等。

2. 选择贴近实际的主题

教研活动的主题应贴近教师的实际教学工作，能够引起他们的共鸣和兴趣。通过选取教师关心的热点、难点问题，能够激发他们参与讨论的热情。

3. 营造良好的讨论氛围

营造宽松、民主、和谐的讨论氛围，鼓励教师畅所欲言，发表自己的见解。避免批评和指责，而是注重建设性的反馈和建议。

4. 合理分组与角色分配

在教研活动中，可以根据教师的兴趣和专长进行分组，每组分配不同的研讨任务。同时，可以设定不同的角色，如主持人、记录员、汇报人等，让每位教师都有参与的机会和职责。

5. 引入激励机制

通过设立奖励机制，如优秀教研成果奖、最佳发言人奖等，激发教师的参与热情。同时，可以将教研活动的成果与教师的绩效考核、职称评定等挂钩，提高他们对教研活动的重视程度。

6. 提供必要的支持和帮助

为教师提供必要的教研资源和信息，如教学资料、教学案例、专家讲座等。同时，可以邀请专家或资深教师参与教研活动，提供指导和建议，帮助教师解决教学中的困惑和问题。

7. 及时反馈和总结

在教研活动结束后，及时将讨论成果和建议反馈给参与教师，并鼓励他们将所学应用于实际教学中。同时，对教研活动进行总结和反思，以便不断改进和优化未来的教研活动。

通过以上方式，可以有效调动参与教师的主动性和积极性，使教研活动真正成为提升教师教学水平和推动教育教学改革的重要途径。

以下是一个具体的案例，展示了如何在教研活动中调动教师的主动性和积极性，让教师深度参与活动。

教研活动案例三

主题：基于课堂观察的教研活动

实施背景：一所中学的教师们参与了一次以“提高课堂互动效果”为主题的教研活动。此前，教师们普遍反映学生在课堂上的参与度不高，互动效果不佳。

实施过程：

1. 明确目标：教研活动的目标设定为“通过观察和讨论，找出影响课堂互动效果的因素，并提出改进措施”。

2. 课堂观察：将教师们分为若干小组，每组负责观察不同年级和科目的课堂。观察内容包括师生互动、学生参与度、课堂氛围等。

3. 分组讨论：观察结束后，各小组回到教研室进行分组讨论。每位成员分享观察到的现象和感想，并提出自己的见解和建议。

4. 角色分配：每组选出一名记录员负责记录讨论要点，一名汇报人负责将小组讨论成果向全体教师汇报。

5. 专家指导：邀请一位教学专家参与讨论，对教师们的观察结果和建议进行点评和指导。

6. 成果展示：各小组将讨论成果整理成PPT或报告形式，向全体教师展示。其他教师可以提问和补充建议。

7. 激励机制：设立“最佳观察小组”和“最佳建议奖”，对表现优秀的小组和个人给予表彰和奖励。

8. 总结反馈：教研活动结束后，将讨论成果和建议反馈给各参与教师，并鼓励他们将所学应用于实际教学中。同时，对整个教研活动进行总结和反思，以便不断改进和优化未来的教研活动。

实施效果：通过此次教研活动，教师们不仅积极参与了课堂观察和讨论，而且提出了许多有针对性的改进措施。他们在后续的教学中尝试应用这些措施，发现学生的课堂互动效果得到了显著提升。

这个案例展示了如何通过具体的教研活动和激励机制来调动教师的主动性和积极性，使教研活动更具针对性和实效性。同时，通过课堂观察和分组讨论的方式，避免了走过场式的讨论，让每位教师都能参与实际教学问题的解决。

随着大数据时代的到来，教研的基础不只是个别教师的经验，也不局限于某一班、某一校的学生案例，而是应跳出局限，从更大的视角重新审视教研活动开展的方向、意义和价值，让教研活动可评、可测，从而进一步走向专业化，这是每一位教师努力奋斗的方向。

第二节　集体备课

教师集体备课是以备课组为单位，组织教师开展集体研读课标和教材、分析学情、制订学科教学计划、分解备课任务、审定教学设计、反馈教学实践信息等系列活动。

一、集体备课的意义

集体备好课是上好课的前提。集体备课就是教师们根据课程标准的要求和教材特点，结合学生的实际情况，选择最科学的教法和程序，为优质高效的课堂教学做好充分准备。集体备课有助于充分发挥教师团队的集体智慧，促进“以老带新，以新促老”，集思广益，博采众长，真正实现教学资源共享，促进教师从单元整体上驾驭教材。

集体备课案例一

主题：“三人行，必有我师”

实施过程：记得刚站上讲坛时，对着那些咿咿呀呀的学生，我有些无奈。课后，一个个学生仍睁着茫然的眼睛瞪着我，把我憧憬的课堂梦想击得粉碎。为了能把课上得更好，我自费订购了一些教育教学书籍，很多个夜晚，一个人秉烛苦读，在理论上不断丰富自己，渴望自己能快点成长。但理论与实践脱钩，上课依然缺少灵魂，引不起学生兴趣，调动不了学生激情，费时费力但效果不佳。我又从理论走向实战，积极听课，参加评课、集体备课等教研活动，通过自己几年坚持不懈的努力和一些老教师的指点，积极和校内外老师交流，我终于逐步走出困境，能轻松驾驭课堂。

实施效果：与骨干教师交流，使我的教育教学理论得到了质的飞跃，专业知识得到了快速提升,也让我更清楚地认识到:在教师的专业成长道路上,同伴互助和专业引领是非常重要的。“三人行,必有我师”。在一个教师群体当中,能够有不同的思想、观念、教学模式、教学方法的交流与冲突,是非常宝贵的。所以,我要提醒广大教师朋友,一定不要错过教师集体的同伴互助。只有充分发挥自我反思、同伴互助、专业引领的作用,并注重相互间的整合,才能有效促进我们的专业成长。

二、集体备课的原则

(一)“四定”原则

定时间、定地点、定内容、定中心发言人。以备课组为单位,每周按既定时间、地点、内容进行集体备课,每节课确定一名中心发言人。

(二)“五统一”原则

各备课组教学及备课要做到“统一进度、统一目标、统一重难点、统一内容、统一选题”。

(三)“六备”原则

紧紧围绕“目标、过程、教法、学法、活动、选题”六项进行初备、协备、议课。

三、集体备课的准备

(一)整体规划,定时定点

学期初,由教科室牵头,以学科组为单位,征求意见后,统一安排集体备课的时间和地点,每次集体备课的时间不少于90分钟。

(二)组内计划,任务分解

开学前,由学科组牵头,以备课组为单位,根据学科特点计划、教学进度,对课时或章节备课、作业设计、单元试题进行分工,组内每位教师轮流主备。

四、集体备课的流程

集体备课案例二

主题:“细聆听,豁然开朗”

实施过程: 2016年秋,有着二十年数学学科教龄的我从农村转至刚建成的襄州区第七中学。周二下午第二节课刚上课,我就被“强制”要求去参加集体备课,我不耐烦地调了课,拿上备课稿和课本,漫不经心地走到备课室,当时受到了严厉的批评,我心里还挺不服气地想:不就是做做样子,为什么这么认真,非得调课参加?

检查各位教师试做修改情况后，廖组长说道："今天，按计划我们对下周三节新授课进行集体备课，每节课先由主备教师说课，然后由其他教师谈谈自己的意见，最后我们要评选优秀主备和协备，请各位教师积极、认真发言，勇于出'奇招'。"接着，马老师将自己主备的"有理数加法"进行简要说课，基本就是常规程序：特例→猜想→归纳→例题→练习，也没什么新颖之处，后面跟着有几位教师对目标和部分选题谈了自己的修改意见。最后时刻，张校长"拍案而起"道："你们这是应付，整个过程中我没听到你们哪位的独到之处，你们就是这样上课的?"显然他很不满意，接着道："按一般流程上常规的数学课，引不起学生的兴趣，抓不住学生的'心'，自然达不到最佳效果。我想这样来上：先自习五分钟，然后出 4 道计算题，每组一个学生演板，做对的加分，结合问题引导学生小组合作探讨出有理数的加法法则，再让学生完成例题，小组对抗，最后留十分钟只用 5 道题进行检测，当堂对抗组批阅，统计各组分数，获胜加分，最后评出优胜小组进行奖励。"还没真正接触小组合作管理的我，半信半疑，但也觉得挺与众不同的。

后来我"偷偷"去听了这节课，整节课没有开小差的学生，所有学生紧紧围绕老师的问题自学、讨论、质疑、演板、对抗……学生活动丰富，注意力集中，积极参与学习，生动活跃的氛围很令人动容，测试也全部达标。

从此，我"迷上"了小组管理，小组对抗、合作、竞争等学习方式成了我的制胜法宝。

集体备课主要流程按照"个人初备→组员协备→集中研讨→形成定稿→个性修改→课后反思→评比反馈"开展。

（一）个人初备，编制初稿

集体备课前两周，既定内容的主备教师依据课标要求，认真研读教学内容，按学科备课稿和教学模式，精心编制教学初稿，完成后打印并分发给组内每位教师。

（二）组员协备，试做批注

集体备课前一周，教师拿到初稿后，对设计目标、板块、选题、教法、学法等细心研究、用心揣摩、认真试做，根据自己的理解，对不足之处提出合理化的建议，并进行修改、更换批注。

（三）集中研讨，达成共识

上课前一周，学科组牵头，以备课组为单位，在同一时间、同一地点分组进行集体议课，在备课组长的组织、主持下，按序对每节课进行研讨。首先由主备人作中心发言，从学标制定、教学构思、板块设计、教法学法、达标选题等方面对本节课进行说课，重点谈自己的得意之处。然后由其他教师根据自己的协备建议进行补充发言，组长和主备教师做好记录。最后进行集体商议，针对有异议的修改意见发表自己的看法，讨论选定最优方案。

(四) 完善整理,形成定稿

在研讨完成后的24小时内,主备教师在集中议课的基础上,根据修改建议,进一步完善、整理,形成规范的教学设计,即教学定稿,备课组长审核签字后印发给组内每位教师。

(五) 扬长避短,个性修改

上课前一天,在定稿的基础上,各教师根据个人的教学风格、本班学生的学情,对教学稿进行最后审定和修改批注,尤其是对教学活动设计、板块导学流程过渡等进行补充,作为重点批注修改,形成具有班级特色和个人风格的实用、高效的课堂教学稿。

(六) 课后反思,优化设计

课后24小时内,各教师对自己的课堂教学实施情况进行反思,对教学稿或试题批注合理化建议,在下次集体研讨活动时提出自己的建议,经集体商议后对教学稿进行最终修改,由组长汇总修改后留存。

(七) 评比反馈,促优争先

集中研讨当周,由教科室牵头,蹲组领导组织,以学科组为单位,对各备课组本轮集体备课活动进行评比考核。根据集体备课要求和流程,从初稿、议课、定稿三个方面进行量化评比。首先,评初备。看计划,有时间、内容和检测安排,合理具体;看初稿,格式正确,流程合理,重点突出,选题精炼适量;看完成,要求本周内各组上交复习计划和初稿,打印并发放初备稿。然后,评议课。看协备,有合理修改建议,有评分和优秀评比;看过程,无迟到早退,流程合理,符合要求,组员发言积极,议课氛围浓厚,建议实用性强;看结果,优秀主协备评定合理、及时。最后,评定稿。实用,可操作,记录详尽、真实,按时整理上交材料并发放定稿。以上评比结果当周公示,作为个人集体备课绩效考核和备课组考核的重要依据。

集体备课案例三

主题:“勤学习,厚积薄发”

实施过程: 我于18岁师范毕业后被分配到家乡的小学任教。一开学我接到的工作是教六年级一班的语文,兼班主任,我有些受宠若惊。天哪,我一走上讲台,就教毕业班,看着只比我小五六岁的学生,我忐忑不安,我能教好他们吗?在我担心的时候,教导主任范老师对我说:“不要怕,师范毕业的基本功肯定过硬,你每周认真参加集体备课,多到六(2)班秦老师的课堂去听课,听完看完后加上你的设想再上课,肯定能教好。”

“厚积而薄发”。听得多了,看得多了,课堂上我也经常创新:上文言文《矛与盾》时,我让学生们拿着做的道具编成故事表演,其他学生作为听众评议卖矛与盾的人错在哪儿,要对他说什么。学生们思维很活跃,不但理解了课文,而且拓展进行了口语练习。

学习《梦圆飞天》课文后，我设计“实话实说”栏目，让大家采访邀请的嘉宾是“杨利伟，他的家人、同事，看电视的观众”。有一个学生就问“杨利伟的同事”“教练”：“你们默默地为航天事业工作了许多年，可这时杨利伟出名了，有了很高的荣誉，你们心里怎么想？心理平衡吗？”那位“同事”略作思考说：“杨利伟代表的是我们祖国航天事业的成功，我为我们的祖国而自豪。能为祖国做贡献也是我们的光荣。”身为主持人的我深情地说：“我们祖国的各行各业都有许多默默奉献、甘为人梯的人，让我们再次把掌声送给他们。”当时，有个学生站起来说：“老师，您就是这样的人。”那一刻，我好感动。

我还拓展设计了“小记者采访”课，让学生小组合作去采访周围的人和事，用一节课时间汇报。我记得学生们汇报了好多内容，如“学校周围的环境污染”“采访不写作业某某同学的家长”，还有学生采访了我这个老师，汇报时的题目是“当老师真的很轻松吗？”，有人还采访了听课的副校长。副校长的两个女儿都很优秀，从初中考上高中名校，先后都上了北京的大学。学生采访的内容是“校长，您是怎样教育孩子的？”那节课上，有采访的对话，“记者”的转播，还有“记者”对“观众”总结的话。当时，那个经常不写作业的男孩听到“记者”讲述他父母挣钱如何辛苦时，哭了。那节课，对我们教室里的每个人都有很深刻的教育意义。

在集体备课中，有不同的思想、观念、教学模式、教学方法的交流与冲突，这种思维的碰撞经常能充分发挥自我反思、同伴互助、专业引领的作用和相互间的整合，经常能带给教师“柳暗花明又一村”的感觉，长此以往，就能有效促进教师的专业成长。

第三节　教学反思

“善于与同行、学生合作，在集体备课、案例研讨等对话交流中学会自我反思，实现教学相长”“依据评价结果反思日常教学，优化教学内容，调整教学策略，完善教学过程”是《普通高中语文课程标准（2017 年版 2020 年修订）》对教师的要求。而《义务教育语文课程标准（2022 年版）》要求广大教师“主动将新理念、新方法、新技术应用到语文教学中，通过个人反思、同伴互助、专家引领等多种途径提高自己的专业水平”“注意收集、借鉴优秀课例，在观摩和反思中增强自己的实践智慧，提高教学能力”。由此我们也应清楚地认识到只有不断反思总结，教师的教学思想和业务水平才能跟上新课标、新教材。

一、教学反思的意义

所谓教学反思，是指教师对教育教学实践的再认识、再思考，并以此来总结经验教训，进一步提高教育教学水平。教学反思一直是教师提高个人业务水平的一种有效手段，教育上有成就的大家一直非常重视之。现在很多教师会从自己的教育实践中反观自己的得失，通过教育案例、教育故事或教育心得等来提高教学反思的质量。

教学反思可以促使教师形成科学的教学理念，掌握先进的教学方法；能够逐渐提升教师的教学水平，促进其向研究型教育学者转变；更能及时发现教学问题，提高课程教学效果。教学反思是教师专业发展和自我成长的核心因素，是一个优秀教师在成长过程中不可缺少的重要环节。

二、教学反思的过程

教学反思的过程包括三个阶段：课前反思、课中反思以及课后反思。

（一）课前反思，补充完善

课前反思主要是在备课阶段，对原有教学设计进行反思，对自己的教学理念、教学过程、问题设置等再次查漏补缺、吸收和内化的过程。这一阶段更加注重教师对学情的关注，将“以生为本”的理念贯穿教学行为的始终。中学课堂的课前反思可以围绕“教学目标是否符合学情，教学重难点是否明确，教学环节中读思议环节是否合理，讲练是否有效”这四个问题展开，教师更需要在课前预设学生在课堂教学过程中会遇到的问题，并针对这些问题设想解决方案，补充行之有效的教学策略，从而使教学设计得到进一步完善。

教学反思案例一

主题：备完《爱莲说》一课的课前反思

过程：我在课前设计《爱莲说》这一课时将教学重点确定为“托物言志”。导入时设计了以“莲”为关键词的“飞花令”游戏，让学生以游戏的形式分享与“莲”有关的诗句，当时自认为是个有趣巧妙的设计，在激发学生学习兴趣、从古诗词中感受莲的美、丰富学生文学积累的同时自然引入新课。但考虑到学生课前并没有太多的准备，并且再有趣的导入都必须为本课的核心服务，从这个思路出发，如果将导入环节改为从学生熟知的于谦的《石灰吟》、曹植的《七步诗》入手，让学生巩固旧识的同时对“托物言志”有初步的理解和体会，为本文的学习做好铺垫，会更加巧妙合理。

（二）课中反思，灵活应变

课中反思是在组织教学的过程中，觉察到没有达到预期的教学效果，即刻进行反思。每一个学生都有其不同的知识理解能力、生活经验和思维方式，他们在课堂中面对不同问题的思考角度也会有所不同。教学的艺术就在于课堂本身的变幻莫测，教师要抱着“常教常新”的态度，当意识到学生的解答或者产生疑问的方向与预期不同时，就应及时调整教学。教师需要立即反思课堂走偏的原因，采取预设外的策略组织教学，将课堂及时拉回可控范围。“随学而教”的反思，促使教师关注学生的学习过程，关注教学方法与教学效果的动态匹配，有助于提高教师调控和应变的能力。

教学反思案例二

主题：讲授《垂直的判定》一课的课中反思

过程：在讲《垂直的判定》时，我预设学生能直接回答“有一个角是直角”，然后给出定义。然而，上课时，当我提出“两条直线相交组成四个角满足什么条件时，才能推出两条直线是垂直的”时，有很多同学回答四个角都是直角，于是我改变方式采取逐步引导的策略，提问道：如果只知道其中的三个角是直角，能否推出这两条直线是垂直的呢？学生通过思考后发现可以，继而我又提出，如果只知道其中两个角是直角呢？如果只知道其中一个角是直角呢？学生根据上面已有的经验，很容易得出只要知道其中一个角是直角，就可以判断出这两条直线是垂直的。课堂中，学生的思维灵活，情况瞬息万变，我们要及时捕捉这种变化，及时反思并采取更为恰当的做法，这样才能更“适时适机”地教，从而会有更好的收获。

（三）课后反思，诊断提升

课后反思即在课程教授完成后通过回忆教学过程，对自己的教学行为，学生的学习情况，教学中的各个环节进行回顾、反思。课堂教学完成后，教师要对所使用的教学设计、教学方法以及实际的教学行为进行详细、系统的反思，思考其是否合理、有效，是否符合学情，是否达到预期的学习效果等。有效的课后反思既可以帮助教师扬长避短，也可以针对学生对当堂课程的掌握情况查漏补缺，还可以加深教师对教授内容的理解，帮助教师精益求精。具体可以从以下几个方面进行课后反思：

1. 反思得失，扬长避短

每一堂课都会有自己满意或者自感不足的地方，对这些地方进行总结和分析，记录成功之处可以帮助我们总结好的经验，分析遗憾缺漏会让我们从中吸取教训，思考解决问题的方法，从而达到“一课一得”的效果。

教学反思案例三

主题：上完《延续文化血脉》一课的课后反思

过程：

课程优点：

(1) 教学设计创新。运用互联网当堂搜集资料，从学生的生活实际出发，从学生现有的认知水平出发，使他们对文化的理解更加深刻，极大地提高了学生的兴趣。

(2) 教学组织创新。本节课教学思路清晰，通过“合作探究一展到底”的形式，开启了四个学生活动：话说端午，导入新课；了解节日，文化认知；观点辨析，文化传承；立足现实，文化自信。在这四大板块引导的教学过程中，学生自如地完成了本节课的学习。

(3) 充分训练学生的思维深刻性。将书本上的知识与现实生活联系起来，用理论去指导实践，满足了学生学习的需要。鼓励并引导学生体会中华儿女的文化使命，从而增强文化认知、文化自觉、文化自信。

课程不足：本节课学生学习到的知识基本上是自己身边的同学提供的，充分地表达了本节课的生成性，老师在这当中要做的只是点评与引导，指出学生思考的方向。

(1) 在教学准备这一方面可以加大知识量，拓展学生的视野从而更好地丰富课堂。

(2) 在学生进行探究的时候对于时间的把握还不够，造成延迟下课，这反映出教师的课堂调控能力还有待进一步加强，对学生生成的知识应该及时给予点评。

(3) 本节课的高潮不够突出，在引起学生思想共鸣环节由于课件的演示出了问题，因此没有按设计的那样到达完美的结局。

(4) 老师讲得多，学生自主学习时间少，学生的主体作用发挥不到位。尊重、重视学生学习的主体地位，充分调动学生学习的主动性、积极性，建立师生良好互动的课堂是我们追求的方向。

(5) 从课堂授课环节来看，开头略显拖沓，导入教材核心问题不太理想，最后的总结应明确，要细化知识体系、重点难点及要求。

2. 反思疑难，化难为易

疑难包括学生的疑惑和教师的疑点，一节课结束后针对学生的检测或者课堂反馈及时发现学生的疑问，教师要将这些疑难问题记录下来，仔细斟酌，制定有效的补漏对策，在今后的学习和复习阶段有针对性地解决问题。教师在教学过程中也会遇到一些疑惑，应记录自身的疑惑并有针对地研究，从而提升自己应对问题的能力。

教学反思案例四

主题：讲授《Unit 3 My weekend plan B Let's talk》一课的反思

过程：在《Unit 3 My weekend plan B Let's talk》中重点单词“postcard, newspaper, magazine, dictionary, comic book”的掌握以及在前面三课的基础上学习句型：What are you going to do? I'm going to buy an English book in the bookstore. When are you going? This afternoon.

本课的难点在于单词 dictionary 的读音，以及灵活运用句型，完成得不太理想。由此重新设计了活动“Let's chat”。首先让学生感受本单元的歌谣，在这个歌谣中让学生复习了句型“I'm going to ...”“We are going to ...”的用法。从这个歌谣引申，让学生来说一说自己周末的安排和打算，以此来引导学生比较流畅地表达。

3. 反思创新，精益求精

在分析得失、化难为易的基础上，需要在原有的课堂经验中摸索教学规律，思考组织教学上能否更有新意。

教学反思案例五

主题：《白杨礼赞》的课堂教学反思

内容： 原本拓展环节的设计是教师给出“荷花”“蜜蜂”“蜡烛”等图片，让学生说一说人们常赋予它们的象征意义，从而巩固“象征”的意义。但是这一环节过于简单，且释义陈旧，缺乏新意。不如将拓展改为：学生寻找当下如白杨般普通却绝不平凡的人。学生不难想到身边先进事例，以及无畏无惧的戍边战士。引入时事不仅让学生回顾了象征的手法，而且让他们感知了白杨精神不是战争年代所独有，引导他们明白其在现当代仍然拥有重要意义，且需要我们的传承。学会关注身边的榜样，见贤思齐，提升自我品德修养。板书设计上，运用以往的大纲式书写也过于普通，可以将其改为以白杨树为造型的绘画板书。这样不仅可以节约板书时间，而且能让板书在简洁美观上达到质的飞跃。

作为教师，不管课前、课中还是课后，都要时常反思：“新课程背景下理想课堂的追求是什么？我真正关注学生了吗？知识是我直接‘给’，还是学生自主‘学’？课堂上组织的小组合作学习有效吗？我的课堂是否焕发出活力？”落实好“课前、课中、课后”这三个反思时机，就能以思促教，长期积累必定会有“集腋成裘、聚沙成塔”的收获。

第四节　如何进行质量分析

教学质量分析是将质量检查中获得的信息与原定质量指标进行对照、分析的管理活动，旨在为改进教学提供依据。它的主要内容包括两个方面：一是质量活动情况的数量统计分析，如分析历年优等生人数占总人数的百分比，不及格人次占参加考核人次的百分比，三好学生、优秀班集体增减情况，从变化曲线上判定质量高低的变化。二是质量的因果关系分析。影响教学质量的因素有很多，可从校风、学风、班风、家庭和社会环境、班主任及团队工作、教师的教和学生的学等多方面分析研究，找出主要制约因素。

质量分析案例一

主题：“乱拳打死老师傅”

过程： 我认识这样两位老师：一位的课堂妙趣横生、精彩纷呈，课讲得天花乱坠、地涌金莲，在各级优质课比赛中，大奖小奖拿到手软，学校每次的“教师满意度”问卷调查，都是榜上有名，深受学生喜爱。这样的老师绝对是课堂教学的高手。就个人能力而言，没有任何领导和老师会怀疑他，但每次学生的考试成绩总是起伏性很大，达不到众望所归的理想效果。

还有一位刚上岗的年轻老师，由于教学经验不足，讲课不温不火、平淡无奇，甚至教学重难点都把握得不太精准，在教学中往往是"胡子眉毛一把抓"，学生也不喜欢。但他对学生要求严厉，"盯"得紧，虽然学生学得被动，但每次考试成绩不会太差，常常能打败那位优秀教师。他自嘲地说，这是"乱拳打死老师傅"。

作为一名旁观者，我清楚地知道他们各自在教学中的优势和劣势：一位是"管教不管到"，另一位是"管到不管教"。

如果这两位老师都能够通过细致的质量分析，找到自己的成败得失和互补的方式方法，做到珠联璧合，这两位老师就都可以趋于完美，那将是学校和学生的一大幸事。

遗憾的是，十几年过去了，他们的教学状况"涛声依旧"，没有丝毫改观。究其原因是这两位老师都没有通过认真、细致、深刻的质量分析和反思，取人之长，补己之短，改进工作中的不足之处，不能不让人扼腕叹息。

一、质量分析的目的

叶澜教授有句名言：一位教师写一辈子教案不可能成为名师，如果一位教师写三年教学反思就有可能成为名师。教师的成长＝经验＋反思。质量分析也是一种教学反思的过程，对于教师的专业成长具有不可估量的作用。

质量分析案例二

主题：你们的语文是体育老师教的吗？

过程：在学校，如果哪一个学生的某科成绩不好，老师通常会用这样一句口头禅来教训学生："你的××学科是体育老师教的吗？"

我校就有一名体育院校游泳专业毕业的老师，当时由于师资力量短缺，学校安排他代初中语文课，这对于他来说的确是一个不小的挑战。

因为专业不对口，在第一次期中考试中，他所代的语文学科成绩与平行班相比，还真的不是差一至两个档次。

这位老师并没有因此而气馁，他从考试成绩的各项数据中认真分析与其他班的差距，找出造成差距的真正原因，并有针对性地采取一系列的改进措施。他常常深入其他班级，向有经验的老师取经。

经过不断分析反思，短短的三年时间，他快速成长为名师。他所代的语文学科在历次考试中成绩都是名列前茅。他先后在省市青教赛中获得一等奖，并荣获市"五一劳动奖章"。

现在他可以自豪地对学生说："你们的语文就是体育老师教的。"

教学过程不仅仅是上课的过程，而且包括备课、批改、落实、辅导、检测等环节。教学质量分析是教学过程中的一个重要环节。教师教得怎样，学生学得怎样，效果如何，需要考试来检测。

考试结束后，通过做好认真细致的质量分析来摸清学生的“底细”，发现日常教学中的经验和不足，从而拿出新举措，改进教学方法，优化教学过程，提高教学质量，是进行质量分析的终极目的。

质量分析是教师不断反思教学、吸纳新的教学思想、不断调整教学方式和方法的过程，也是帮助教师提高教学质量和专业素质的有效途径。

二、质量分析的内容

质量分析案例三

主题：一份“甩锅”式的质量分析

过程：期末考试结束，学校要求每位老师认真做好质量分析，以便更好地指导下一阶段的教学工作。一位老师分析自己班级教学质量差的主要原因有五点：一是学生基础差；二是学生学习态度不踏实，厌学、不学的学生太多；三是班级管理混乱，班风、学风差；四是家长不配合老师工作；五是试题太难。

从这份质量分析可以看出这位老师是一脸的无辜和满肚子的委屈。这位老师分析的都是诸如学校、班级、家长、学生、命题人等客观原因，把自己的责任推得一干二净，好像教学成绩不好都是别人的错，与他本人没有任何关系，这是典型的“甩锅”式的质量分析。在实际教学中，这样的质量分析却比比皆是。试想，这样的老师能够提高教学质量吗？

一个班级的教学质量好坏，固然有客观因素，但也绝不可否认存在教师的主观因素。只有深层次地分析主观、客观原因，才能找到问题的症结，才能找到解决问题的办法。因此一份完整的质量分析，应包括以下内容：

（一）分析学生的学习质量

一是分析学生的答题情况。分析高分率、优秀率、及格率、低分率、平均分。重点分析优秀率、及格率两个分数段的情况。与平行班做横向对比，与学生的升降做纵向对比。分析失分情况，如失分在哪些题上、失分的主要原因是什么等。

二是分析学生的学情。从学生的思想状况、学习方法、学习习惯、学习环境等方面分析。对于成绩下降的学生，可以从其学习动机、目的、态度等方面剖析，必要时要深入学生家庭了解有关情况。

（二）分析教师的教学质量

一是分析教师的教育初心。是把教学当成一份谋生的职业，还是当成一种苦心经营的事业。教师个人对教学工作的精力投入是否过少，教学态度是否端正等。

二是分析教师的教学水平。如果平均分与平行班有较大差距,就应该反思教学水平,比如教学观念和教育思想是否陈旧滞后,重难点的把握、知识的呈现与表述、教学方法的优化、教学效率等方面。

三是分析教师的教学管理。如果及格率与平行班有较大差距,就应该反思教学管理,比如课堂纪律,课后辅导,作业布置、收交与批改,当堂落实等。

四是分析对学生的关注度。如果班级低分人数过多,就应该反思对学生的关注度,比如课堂教学是否面向全体学生、是否关注学困生、是否对学生的辅导不到位等。

(三)分析影响质量的因果关系

影响教学质量的因素很多,教师要从多方面进行分析研究,找出主要制约因素,比如考得好的题在教学上采取过什么措施,考得不好的题在教学上有什么疏忽,哪些题是教学未注意和未重视的,师生关系是否和谐等,只有找出影响质量的因果关系,才能对症下药。

三、质量分析的方法

很多教师所谓的教学质量分析,只是简单地罗列优秀率、及格率、平均分,根本不去追寻差距到底在哪里、差距的根源在哪里。

质量分析案例四

主题: 打了一辈子"败仗"却不知道自己"错"在哪儿

过程: 一位有30年教龄的教师,无论是个人学识,还是教学经验和专业水平都比普通教师强。但几十年来,他的教学成绩一直处于倒数的水平。屡战屡败,屡败屡战,他也是个有事业心的人,也为学生着急,打了一辈子"败仗"却不知道自己"错"在哪儿,马上就到退休的年龄了,仍然没有找到提高教学质量行之有效的方法。

质量分析既要把定性分析与定量分析相结合,也要把对比分析与追踪分析相结合。

(一)层次分析法

从学生个人到班级、年级、学校列出不同层次所达到的成绩指标,分析各层次存在的主要问题,研究改进措施。

(二)对比分析法

例如,将本学期各年级的各科成绩与过去同年级各科成绩进行对比,将同一教师所教不同班级和采用不同教法的效果进行对比,从中分析教学质量的高低及问题,正所谓"知己知彼,方能百战不殆"。学校和教师尤其要对那些"常胜型"教师和"屡败型"教师做深入剖析,真正找到他们成功的经验并在全校教师中推广,失败的症结在全体教师中警戒。

（三）特征分析法

从学生理解、掌握、运用知识，发展智能等多方面分析学习质量的特点和达到的水平。

（四）原因分析法

找出影响教学质量的各种原因，按主次整理、绘制因果关系图，分析影响教学质量的主要问题，以确定教学管理重点。

四、质量分析后的措施与改进

有不少老师把质量分析当成学校布置的必须完成的任务，随随便便列举一些应付式的条款，敷衍了事。这种起不到丝毫作用的质量分析，完全背离了质量分析的目的和初衷。

质量分析案例五

主题：愚昧且勤奋的老师是学生的悲剧

过程：有一名非常敬业的老师，她一直信奉“时间＋汗水＝成功”，信奉题海战术，信奉只要老师讲到了，学生就能考到。早读时拼命为学生灌输知识，晚自修时不辞辛劳为学生讲解，下课铃声响后总是对学生说“老师再讲最后一分钟”，周末还专门为学生免费辅导。

为了学生，她终生未婚，把自己的青春奉献给她钟爱的教育事业。但她的学生怨声载道，并不领情，成绩自然也是不敢恭维。

学生越是考不好，她就越是勤奋。每当谈到对学生的付出与收获不成正比时，她都会伤心地落泪。

江苏省特级教师吴非曾说：“老师的愚昧或许并不令人畏惧，最让人担忧的是那些愚蠢却极为勤奋的老师，因为这种老师对学生的危害难以估量。”

她不是没有分析反思过，但方法错了，越努力越糟糕。

对自己的教学质量进行分析反思，意识到教学中存在的问题，拿出科学合理的措施和切实可行的改进方案，进行新的尝试教学行动，是质量分析的落脚点。

一是在今后的教学过程中，教材的驾驭能力有什么不足之处，教学的有效性上应注意哪些问题，教学程序的科学设计上有哪些方面需要改进，教学管理上有哪些方面需要加强等。

二是在今后的学习过程中，应从哪些方面入手，如何提高学生的学习兴趣和学习参与度，如何培养学生良好的学习习惯，如何做好查漏补缺和培优补差工作，怎样才能达到事半功倍的效果等。

质量是学校的生命，质量更是教师的尊严。质量分析是一面镜子，能告诉我们教学中的成败得失。只有认真分析，学会反思，善于反思，勤于反思，把每一次质量分析看成对自身教学能力的一种修炼，教师才能提高质量，找回自尊。

第五节　教 育 叙 事

一位成熟、优秀的教师必然是善于总结，善于写作的。北师大肖川教授认为，造就教师书卷气的有效途径，除了读书，大概就是写作。总结众多名师的成长经验不难发现，名师的成长大多与写教育叙事有关，教育叙事往往是他们成长的“助推器”。他们常常将自己的教育理念和思想融入精彩的故事中，让一个个故事变得有思想、有灵魂、有温度，读者读着读着便有了一种沉浸式情感体验，就会不由自主地接受他们的思想理念。

一、什么是教育叙事

所谓教育叙事，就是讲有关教育的故事，是教育主体叙述教育教学中的真实情境，旨在通过讲述教育故事，体悟教育真谛。教育叙事因其故事性强、可读性强，又可以引起读者无限遐想和情感共鸣，而深受广大一线教师喜爱。

一线教师最不缺的就是故事。因为我们的生活中每天都会发生许多故事，只要大家善于借助双眼去发现，透过现象去思索，针对问题去研究，就会将隐于生活、事件、经验和行为背后的教育思想、教育理论和教育信念揭示出来，形成自己的教育故事。

（一）教育叙事的特征

教育叙事的写作没有一个固定的模式，呈现形式可以是千姿百态的，重在给人以启迪和回味。总体来说，教育叙事具有以下特征：

1. 真实性

教育叙事所叙述的故事是已经发生过的真实的教育事件，而非想象、虚构或设计的事件。这意味着教育叙事应该基于真实的教育场景、实践和经验，反映教育实践中的真实问题、冲突和挑战。

2. 人物性

教育叙事中的人物是鲜活的、有情感和想法的存在。在叙述中，不仅要简单地描述事件本身，而且要通过叙述者的视角去描绘这些人物的角色、情感和动机，使读者能够更好地理解和共情。

3. 情节性

教育叙事不仅要简单地描述事件，而且要构建一个有情节、有逻辑、有意义的完整故事，并运用恰当的表达方式进行呈现，方便读者更好地理解教育事件的起因、经过和结果，从而得到启示和感悟。

4. 感悟性

教育叙事不仅是描述和记录过去的教育事件，而且是通过叙述引发读者的思考，引起读者对教育问题的关注和反思，帮助读者理解和解决教育实践中的问题，发现和反思自己的不足，寻求方法以促进教育的改进和发展。

5. 目的性

教育叙事通常具有明确的目的，如改进教学方法、促进学生的学习、提高教师的专业素养等。这种目的性使得教育叙事成为一种有力的教育工具，可以帮助教师和教育工作者更好地理解和解决教育实践中的问题。

（二）教育叙事研究的意义

一线教师写教育叙事大多不是为了单纯地记录故事，而是为了反思我们的教育过程是否正确，反思自己是否还有更好的教育办法来达到更好的教育效果。教育叙事的研究意义主要表现在以下几个方面：

1. 改变教师的思维方式

华东师大丁钢教授说过，教育叙事研究的重要意义就在于通过教育生活经验的叙述促进人们对教育及其意义的理解。教育叙事研究的本质在于寻找一种适合呈现和揭示生活经验的话语方式或理论方式，为普通教师、学生以及其他读者提供一种能让他们参与进来的生活语言风格的研究文本。教育生活事件背后往往隐藏着大道理，但叙事者并不直接讲大道理，只叙说教育生活事件本身，背后的道理则由听众、读者去领会。

2. 改变教师的工作方式

教师的教育活动是平凡的，也是丰富多彩的。教师点滴的细节和事件构成了教师充实的职业生涯和美妙的事业人生，教师的教育叙事正是立足于此。叙事研究可以使教师的研究成为一种生活故事的叙说，是教师专业生活事件的真情告白，为广大教师提供了一个具有人文关怀和情感魅力的思索领域，也改变着教师的工作方式，为成为优秀教师奠定基础。

3. 养成良好的写作习惯

教育是实践性很强的学科，必须寻找符合这门实践性很强的学科的理论方式，教育叙事研究是最合适的方式。教师以类似于自传的方式叙述自己的教育故事，这比传统的教育论文更能引起读者的共鸣。叙事研究可以改变教师面对科研时的无力感和陌生感，也让教师养成良好的写作习惯。

4. 解决理论与实践脱节的状况

虽然我们大力提倡教育研究要注重理论与实践相结合，但实际情况是广大教师觉得理论知识学起来比较枯燥，很难用理论去指导实践。叙事研究则不存在这个问题，一方面它肯定是一种研究，另一方面它肯定与实践直接联系在一起，叙事研究就是理论与实践之间的动感地带。

（三）教育叙事的研究类型

教育叙事要让教育主体学会倾听自己内心的声音，站在自己的角度来反思和挖掘自我，表达自己的思想。取材若只选取问题学生及教师的爱心是远远不够的，广大一线教师可以结合问题学生、班级管理、课堂教学策略、同行协作、教育改革与创新、德育创新、专业成长等方向去选择；教育管理者则可以结合管理效率、师生管理效能、教育改革与创新去取材。教育叙事可以从多个角度进行分类：

1. 按叙事对象：可以分为自我叙事和他者叙事。
2. 按叙事主体：可以分为个体叙事和群体叙事。
3. 按教师行为：可以分为生活叙事、思想叙事、课堂叙事。
4. 按叙事内容：可以分为教育思想叙事、教育活动叙事、教育行为叙事。
5. 按叙事角度：可以包括成功案例、失败经历、反思和改进等不同类型的故事。

（四）教育叙事与其他研究的区别

教育叙事既是研究，也是实践，既包括自己的反思，也包括真实的记叙和理想的展望，与教学论文、教学设计、教学案例都有区别。

1. 与教学论文的区别

教学论文是以说理为目的，以议论为主，附以论证；教育叙事是以叙事为目的，以记叙为主，兼有议论。简单地说，教育叙事是讲故事，通过故事来说明道理。

2. 与教案、教学设计的区别

教案和教学设计是事先设想的教学思路，是对准备实施的教学过程的表述，是预期，没有结果；教育叙事则是对已发生的教育事件的反映，是写在教之后，有结果。

3. 与教学案例的区别

教育叙事叙述的只有一个完整的故事，是个案；教学案例是教学的整合，是在教育叙事的基础上，以某个核心主题为对象，选取若干个有典型意义的、多种角度的教学故事来进行研究、反思和讨论，是综案。

二、怎么写教育叙事

教育叙事的基本结构，简单地说就是“一个故事＋一段分析＋一个观点”。叙事的灵魂不在于篇幅的长短、文字的华丽，而在于听众不仅能从故事叙述中借鉴教育智慧，而且能感悟到教育者始终站在学生立场，坚持促进学生成长的教育情怀，在故事叙述的最后，一定要有总结性的认识，对读者要有启发，能引起读者共鸣，引发读者反思，这就是教育叙事的价值所在。

（一）教育叙事的基本要素

教育叙事应该有一个主题，叙事的主题是从某个或者几个教学事件中产生的，包含七个基本要素：时间、人物、地点、事件、情感、起因、思考。前六个要素是记叙文写作的常规要求，不可缺少。

1. 时间

时间是教育叙事中的关键要素，也是教育叙事客观性和真实性的基本保证。教育叙事中的时间，并不是一个时间点，而是一个时间段，它以现在为中心，将过去、现在、未来连接成一个有价值意义的有机整体。

2. 人物

人物是教育叙事的核心，描绘人物精神世界的丰富状态及其变化动因和轨迹是教育叙事的基本追求。教育叙事中的人物不是孤立的，而是与整个事件融为一体，在事件的发展过程中展示人物的面貌。教育叙事中的人物不仅要描绘当下的现实，而且要展示自己的预期与未来。

3. 地点

明确的空间位置也是教育叙事真实性的基本保证。教育叙事中的地点存在着多样性、复杂性和变换性，要注意多个角度的透视与转换。教育叙事中的地点既包括真实的物理空间，也包括虚拟的精神空间。

4. 事件

事件是教育叙事的意义载体，事件描绘得越具体、越生动，教育叙事所反映的意义就越突出、越深刻。教育叙事中的事件，要把意义的追求与探索有机融合在发展描绘的过程中，能够引发读者的共鸣与思考。

5. 情感

情感是教育叙事的主线，以情感人是教育叙事的最基本要求。教育叙事中的情感描绘，要着力于自我真实心灵的解剖。既要非常细致，在细微处见功夫；又要注意取舍，在真实的基础上服务于整个叙事主旨意义的追求。

6. 起因

教育叙事需要强烈的质疑和求索精神，要敢于对自己的内心世界进行深入的思考和批判。在教育叙事的过程中，要对事件、情感、结果的原因进行全面的分析与思考，力图打破常规的看法和自己的直觉感受，用理性的严格对深层的人性进行反省与审视。

7. 思考

教育叙事虽然以接近经验为基本追求，但是对经验的关注并不意味着对理论思考的淡漠与忽视，而是要在经验中升华理论。教育叙事在写作过程中要注意吸收各种理论的精华，并以语言方式将经验表现出来。

（二）如何写好教育叙事

想要写好一篇教育叙事，除了选材和基本要素外，还要恰当地使用行文技巧，注重叙议结合。最常见的行文表达方式主要有如下两种：

1. 先叙后议

这种方式的教育叙事比较常见，适合初学者，它和我们平常的记叙文写作相似，就是把教育故事放在文章前面写，开门见山，将教育故事的起因、过程、结果写清楚，记完事以后再集中发表议论。

2. 叙议兼容

这种方式的教育叙事和夹叙夹议的文章差不多，在教育故事叙述中加入作者的观点和议论。这种写法对作者要求比较高，需要作者深思熟虑，有感而发，能客观公正、不失公允地发表议论。在教育故事的某个环节，或者重点节点，写出自己的观点、评论，在议论结束后，继续描述教育故事。

在写作过程中，我们还要注意以下几点，做到心中有丘壑，下笔如有神：

1. 小切口短篇幅

写教育叙事，切口一定要小，最好能着眼于学生的具体学习行为和教师的具体教学行为，小切口着手，短篇幅写作。通常情况下，写作一篇教育叙事，研究不宜太长，字数最好控制在 1 500 字左右。

2. 突出一个主题

作者最好选择一个故事，重点表达对一个问题的体验和感受。如果是多个故事的叠加，就会造成主题不突出，抓不住中心，最终导致叙事没有说服力。教育叙事最终是要跳出“事例”看事例，从事例走向道理。

3. 情节不宜复杂

通常情况下，过于复杂的情节会促使读者把阅读的注意力集中在情节本身，而忽略了对故事背后蕴含的教育真谛的思考。因此，在写作时，与表达主题关系不大的情节，通常可以一笔带过，有些甚至可以略而不谈。

4. 拥有创新意识

如果教师每天都在重复工作，没有改革创新的意识，写出来的叙事质量就会大打折扣。若教师能在工作中创新开展工作，精彩地做、认真地写、不倦地读，便能很快找到写高质量教育叙事的秘诀。

5. 移植名家思想

在平时的工作中，一线教师一定要认真读书，及时参加各级各类培训，要从专家、名师的讲座、文章、著作中寻找真知灼见，及时将专家、名师的教育思想移植到自己的思考中，结合实际工作，悟出教育真谛。

6. 注重经常反思

教育叙事写作的目的是揭示一种教育规律、现象和思想，叙事的魅力和价值在于对事情描述后的反思。作者应该用感想、启示、体会等方式来呈现全面冷静的批判性思考，审视和总结教育故事中的得与失，方能促使自己的教育实践更加优化。

“却顾所来径，苍苍横翠薇”，教师的专业化发展是循序渐进的，写作水平的提高也不是一蹴而就的。写好教育叙事需要教师在日常的教育教学中，脚踏实地，长期坚持。做生活的有心人，留意身边的人和事，并将它们及时记录下来，再思辨、升华、夯实基础，让教育叙事成为教师专业的助推器。

第六节　课题研究

课题研究是中小学教师最为常见的一种教科研活动，但目前许多学校存在着教师不知道怎么选课题、不知道怎么做课题的现象。在课题申报时只知道按照规定的格式去填报，但不知道为什么要这样填报，知其然不知其所以然，以至于很多教师在申报课题后不知道怎么去开展研究，怎么总结研究成果。

开展课题研究是学校校本教研的一项重要内容，是教师专业自主发展的重要渠道，也是学校提高教育教学质量的重要保证。开展课题研究可以帮助学校解决发展面临的许多新情况、新问题、新矛盾，帮助教师解决在教育、教学中发现的问题和困惑，促使教师更加主动地学习教育理论，深入研究教育教学中遇到的问题。课题研究还在教师职称评定、各类名师评选中起着十分重要的作用。我们经常感叹名师的科研成果丰富，这绝大多数与他们开展多项课题研究有关，而一线教师普遍认为出成果难，这大多与他们没有课题研究经历有关。

一、如何选取研究的课题

课题研究是指对正在学习或者研究的问题进行讨论或对亟待解决的问题进行研究。选题是进行课题研究的第一步，对广大教师来说非常重要。选择的课题准确与否、合适与否，直接影响着课题的申报与立项，也影响着课题研究工作的开展。

教师在平时的教育教学中会遇到很多困惑或问题，如果这些困惑或问题不及时解决，问题就会越积越多，直接导致教师“躺平”，形成职业倦怠。如果这些问题或困惑及时得到解决，教育教学的效率就会越来越高，也会帮助教师寻找更多的教育规律和科学方法，为教师专业发展奠定坚实的基础。将问题课题化，是课题选题的基本原则。研究问题的来源有哪些呢?

（一）从教学困境中寻找课题

在新课程实施的过程中，教师们经常会遇到各种困境。例如，老教师的教育理念、教学方法与新课改的要求不一致，新时代中小学生的言行举止与以前的学生有差距，与教师的期望有落差等。身为教师，可以将这些在教育教学实践中无法迅速、有效解决而又绕不开的问题，作为课题研究的对象，通过开展课题研究，寻找走出困境的方法。

（二）从教育情境中捕捉课题

中小学教师做课题研究，重点就是要解决教育过程中的实际问题。教师可以关注实际的教育情境，寻找具体的问题。比如初中生的早恋问题、学生沉迷网络游戏的问题等，这些在特定时期、特定年龄段的学生身上是真实存在的，若教师就这些实际的教育情境中存在的问题，认真地加以研究，便能找到恰当的预防与疏导的方法。

（三）在人际交流中发现课题

在教育教学的日常生活中，教师每天都要与人交流。在与同事的交流中，可以发现自己未曾注意到的问题，激发自己的研究意识；在与学生的交谈中，会了解到学生喜欢什么、在做什么，也会发现很多有价值的问题；在与家长的沟通中，能更全面地了解某个学生的个性与行为等情况，了解家长在教育孩子过程中存在的困惑等。教师若将这些问题作为课题研究的来源，有针对性地开展研究，就能解决许多潜在的问题。

（四）通过教育反思提炼课题

作为科任教师，在平常的教学过程中会遇到很多问题，可以从每天的教学反思中，提炼自己遇到的问题和应当注意的问题，作为研究的课题开展研究。例如，语文老师可以研究如何提升学生的古诗词鉴赏能力、如何突破作文教学的难点，科学老师可以研究如何提高学生的实验技能，英语老师可以研究如何提高学生的口语表达能力等。

二、选题时应该注意的问题

问题即课题，是说课题研究的课题必须是问题，但在日常的教育过程中，并非所有问题都是真问题，都值得研究。究竟什么样的问题才是真正需要研究的课题呢？选择什么样的课题才能被立项呢？这要求教师明确选题的基本标准。

（一）所选课题要有价值

课题是否有价值，主要表现在两个方面：一是实践价值。衡量所选课题实践价值的依据有所选课题的研究是否能够解决现实问题，是否能够提高教育教学质量，是否能够促进学生的发展。二是理论价值，即研究目的在于拓展知识的范围，如新理论的构建、发展与完善，对原有理论的检验或突破等。因此，在选题时，教师要根据实践和理论发展的需要，选择实践中迫切需要解决的，或理论上有较大意义的问题进行研究。

（二）所选课题要有新意

重复别人的研究一般不能算作科学研究，因此所选课题一定要有新意。选题有新意可以从新问题、新事物、新理论、新思想、新经验中考虑，也可以从与他人不一样的角度考虑，还可以在原有理论与实践的矛盾中，在不同学派不同观点的矛盾中考虑。只有做的选题有新意，课题的研究才能突出研究的价值、意义，使自己开阔眼界，使作者受到启发，也容易申报成功。

（三）所选课题要有可行性

在选择课题的时候，必须对完成课题所需的主客观条件进行仔细的分析，对能否完成课题研究作出基本估计。首先分析涉及教师自身的条件，包括相关基础知识、科研能力、实践经验、专业特长、研究兴趣等方面的主观条件，看是否具备完成研究的可行性。其次要注意涉及研究的客观条件，包括能否在研究对象范围内开展研究，是否占有完备的文献资料，是否具有研究必需的时间、经费、设备、技术、人力等。在研究的过程中，如果主观条件和客观条件的某些方面不具备，研究就可能受到影响，有的甚至会半途而废。

三、研究课题的表述

课题选择好了以后，便要确定课题的名称。课题名称的确定与表述是课题研究的具体化，申报课题的教师要反复推敲、精心选择，从而定出恰当的名称。

（一）要准确表达研究的主要内容和对象

课题要是一个有确定含义的具体问题，研究者要对课题名称中的核心概念进行界定，明确其内涵和外延，从而使研究在统一的基础和前提下开展；否则，在研究过程中容易“偷换概念”，导致目标的变更或方向的转移，也可能出现研究范围的扩大或缩小等。

课题的表述要能够清楚地说明本课题的研究对象。对同一个问题的研究，如果研究对象不同，研究方法就会不同。例如“写作能力的培养研究”，因为没有具体的研究对象，研究者便不知道怎么进行研究操作。

（二）要突出主题及研究的焦点和方向

课题名称要突出主题，聚焦问题，这样才有利于研究者明确研究内容，抓住研究重点。课题的表述要适中，涵盖范围若过于宽泛，论题就会不集中。题目若太大、太笼统，就会使研究者无从下手；题目若太小、太狭窄，就会使研究失去应有的意义和价值。

课题在表述时，用词要具体化，尽量使用特定含义的词汇来代替泛泛的词，尽可能将研究的关键词包括在内，使研究具体明确，主题突出，便于操作。课题表述应只有一个主题，若遇有不止一个主题，则可以分为相应数目的课题。在表述研究问题和研究具体信息时，一定要弄清楚课题名称中涉及的自变量与因变量的逻辑关系，才能为研究活动提供“聚焦点”及为后期的研究奠定基础。

（三）表述要规范、严谨、简洁

课题名称的表述与论文题目的表述不同。课题是问题，要体现问题性，而论文是研究成果的表述形式，所以论文题目可以用肯定的语句表述。

课题名称的表述要做到规范、严谨、简洁。规范，是说表述所用的词语、句式要规范、科学，最好用陈述句，不要用比喻句、反问句等，不要生造词语，以免造成理解上的歧义；严谨，就是要求课题名称用学术性语句，不要用“大白话”，避免口语化现象；简洁，是说在意义准确的前提下，要用最简短精练的课题名称表达出完整的意思，一般情况下，课题研究的题目不要超过20个字。

确定好课题之后，便要开始填写课题申报评审书。如何填写课题申报评审书、怎样撰写开题报告将在下个章节中详细讲解。

第七节　课题申报评审书及开题报告的撰写

不同层次的课题，其研究侧重点不同，申报和结题的条件与要求也是有一定的差距的。但不管是哪个层级的课题，其申报立项的程序都是基本一致的，一般包括获取课题申请信息、填写课题评审书、提交课题申报评审书或者申报表、等待组织评审、批准立项、下发立项通知书。

课题申报评审书是课题立项的基本材料，是课题评审、研究和结题的依据。课题评审书的填写，是申报课题的重要环节。做过课题的教师都知道，评审书的填写是有技巧的，撰写的质量从某种程度上直接影响着课题能否申报成功。

一、课题申报评审书的撰写

课题申报评审书的基本结构一般包括封面部分、数据表或基本信息、负责人和课题组成员近期取得的与本课题有关的研究成果、课题设计论证、预期研究成果、经费计算、推荐人意见、课题负责人所在单位意见、资格审查意见、学科组专家评审意见、领导小组最终审核意见。其中，课题设计的论证和预期研究成果是评审书的核心内容。这部分内容设计实质上是典型的“教科研”三段论：为什么做这个课题？怎样做这个课题？预期成果是什么？

（一）课题设计论证

课题设计论证包括：问题提出、课题界定、国内外研究现状述评、选题意义与研究价值、研究目标、研究内容、研究重点和创新之处、研究思路、研究方法、实施步骤等环节。前四项是解决为什么要做这个课题，后六项是解决怎么做的问题。

1. 问题提出

问题提出主要回答为什么要开展这项课题研究，要有针对性。问题提出主要从三个方面阐述，首先要分析国内外教育背景、政策、要求等，说明做这个课题的重要性；其次要从分析当地的教育背景、本校教育背景入手，说明开展本课题研究的必要性；最后要指出“问题所在”，提出的课题正是解决“这些问题”的，从而印证课题很有必要开展研究。

2. 课题界定

课题界定是对课题的诠释，是对课题的核心概念进行说明的过程，确保研究目标明确、研究内容具体、研究思路清晰且具有可操作性，也便于他人按照研究者规定的范围来理解和评价研究的合理性。它一般包括三个方面：一是研究范围的界定，它既关系到研究样本的选取，也关系到研究成果的适用范围；二是模糊概率的界定，例如“学困生”“青年教师”等概念模糊、内涵不清楚、外延不确定，需要加以界定；三是对关键词的界定，对于含义不明确的关键词，需要界定清楚。

3. 国内外研究现状述评

国内外研究现状述评即文献综述，研究者通过查阅文献后对研究课题做全面的阐述，与本课题密切相关的研究起点或学术源头，即近五年本课题的主要研究成果、研究动态，本课题研究的现状、主要观点、研究方法、研究成果等。文献综述除了简述或者综述别人在本研究领域或者相关研究中做了什么、如何做到、解决了哪些问题、哪些问题没有解决等之外，还要评述国内外关于本课题研究存在的问题或不足之处，间接论证研究的必要性。

4. 选题意义与研究价值

选题的意义，就是该选题的预期成果对相关研究领域的某些方面产生的影响，需要从教育理论、教育实践、教育决策三个方面进行阐述。写对教育理论层面的影响，主要写该项研究对原有的理论是补充、完善、佐证，还是创新。写对教育实践层面的影响，主要写该项研究在教育实践方面有什么与众不同，会带来什么样的影响。写对教育政策层面的影响，主要写该项研究给教育行政决策带来哪些新建议，提供哪些参考价值等。

研究价值是指依据相对客观的标准，从效益的角度判断这项课题的预期成果给研究人员、参与教师、被试学生和区域教育改革、学校教育改革、学科建设、队伍建设等带来的好处。

5. 研究目标

研究目标就是课题研究的具体目的，说明研究要达到什么样的效果，解决哪些具体问题，也就是本课题研究要达到的预定目标，即通过研究，构建什么样的教学模式、教学策略，得到哪些新理论、新理念、新观点、新认识等。研究目标不能过于空泛，要紧扣课题名称及其核心概念；研究目标不能定得太高、太大；在研究目标的表述中，目标行为动词应该是确定的，尽可能可测量、可评价、可理解。

6. 研究内容

研究内容主要说明课题研究的具体内容及操作方式，是课题研究目标的落脚点，研究内容要与课题相吻合，与研究目标存在逻辑关系，具体要回答研究什么问题、研究问题的哪些方面等。研究者要从课题的外延和内涵上去寻找，紧密围绕课题的界定去选择研究的内容，并将课题所提出的研究内容细化为若干个小问题进行研究。

7. 研究重点和创新之处

研究重点是要突出研究中最重要的部分，写清楚其为什么是研究的重点。创新之处就是研究的理论、方法、资料、视角、观点、思路等方面和现有研究不一样，而且这种不一样要有意义和价值，一般表现在以下几点：课题研究能够反映时代特点、课题研究具有新内容、课题研究具有新角度、课题研究采用新方法等。

8. 研究思路

研究思路是思考的条理脉络，要使用简明精练的语言，写清楚如何展开研究，研究从哪儿入手，展开路线是什么，得到了什么结果。一般的格式：什么阶段采用什么方法→做什么→达到什么阶段性目标。具体写法有纯文字描述式和有图有文字式。

9. 研究方法

研究方法就是研究者完成研究任务、达到研究目的的程序、途径、手段或操作方式。研究方法服从于研究目的，也受具体研究对象的性质、特点的制约。常见的课题研究方法有观察法、调查法、实验法、文献法、案例分析法、行动研究法、经验总结法等。对不同的研究问题，采用的研究方法是不同的，并不是写的研究方法越多，课题的研究水平就越高。

10. 实施步骤

课题研究步骤是课题研究在时间和顺序上的安排，做课题研究要按照设计的步骤来做。实施步骤一般可以划分为三个阶段：前期准备阶段、中期实施阶段、后期总结阶段。每个阶段都要有明显的时间设定——从什么时间开始，到什么时间结束。每个阶段都要有详尽的研究内容安排和具体的目标落实计划等。

（二）预期研究成果

预期研究成果就是通过课题研究最终所要达到的目的，或所要解决的问题，是课题研究成果的其中一项。最终以论文、著作、案例等形式展示出来。研究周期较长的课题，还应该说明阶段性成果和最终成果。

1. 主要阶段性成果

研究成果包括理论、实践、制度三个方面。理论成果是课题研究中经过反复研究论证并经过实践检验得到的，对某种事物或某种现象新的认识，新的观点，新的理念或新的方法、途径、策略，新的模式等。实践性成果是课题研究中取得的研究成效或研究效果。例如，学生的成绩进步，兴趣提高，能力提高等；教师教学水平和科研能力提高，获各类奖项等；学校的成果得到推广，形成办学特色，教学质量提升等。制度性成果是课题研究过程中，研究制定的一些章程、制度、行为准则等。这些章程、制度、行为准则等又通过我们平时的实践检验，然后完善，最终成为比较完备的成果。

阶段性成果一般包括论文、案例、调查报告、反思、各类音像素材、教师个人发展、学生发展情况等。

2. 最终研究成果

最终研究成果一般不超过三项，其中必须包括研究报告，其他的还有论文（理论成果、实践成果）、完整的课例集、校本教材等。

要撰写好课题申报评审书，要了解有哪些内容，更主要的是理解每个项目的真正意义，一旦课题立项成功，目的和方向就会非常明确，只要扎实研究，不走过场，就一定会掌握“教科研”的基本方法，为教师专业成长打下坚实的基础。

二、如何撰写开题报告

开题报告与课题申报书的内容大体相同，但有区别。课题申报书侧重撰写课题研究的意义，目的是争取立项，而开题报告则是侧重如何去研究，为了让他人知道你是否在做研究、你已经研究得怎样了、有没有偏离方向等，为课题的顺利实施奠定基础。另外，从课题申报到立项、开题有几个月时间，课题组对研究的内容可能有新的想法，需要在开题仪式上进行完善。

开题报告一般包含的内容有：课题研究的背景及意义、国内外研究的现状、核心概念的界定、课题的理论依据、研究的目标、研究的内容、研究的方法、技术路线图、研究的步骤、预期的研究成果、研究的保障措施等。

（一）课题研究的背景及意义

课题研究包含对为什么要进行该课题的研究和课题有什么理论价值和实践意义的思考。为什么要研究的问题一般从现实的角度去论述，如国家教育政策提出的新要求、课程改革的盲区。需要强调的是，研究的问题与提出的背景应该有必然的联系。实践意义则侧重表达有什么理论价值和实践意义，希望解决什么问题，对学校、学生有什么促进作用等。

（二）国内外研究的现状

通过查阅文献，了解本课题国内外研究的现状，阐述本课题与它们的区别和联系。可以通过网络、图书等了解研究现状，资料查阅完后要进行梳理，要突出目前国内外研究存在的问题或短板，否则别人已经研究出成果了，再研究价值就不大，这就需要寻找新的视角，发现问题，有针对性地开展问题研究。

（三）核心概念的界定

核心概念的界定即对课题研究的核心概念进行说明。界定的主要目的是对研究的内容明确内涵、范围、角度等，这对后期研究帮助很大，不能模棱两可，否则就会出现研究的内容与课题要求脱节的情况，有的范围过大或研究的目标不全，最终影响课题研究质量。

（四）课题的理论依据

课题的理论依据即课题研究的理论支撑。科学的理论是课题研究的保证，因为理论决定行动。这种理论往往是教育学、心理学、课程论及社会学的有关权威观点。一般情况下，国家出台的政策、文件或学校的规章制度不能作为理论依据，这就需要研究者认真学习借鉴，有很多教师课题申报成功后不能顺利结题，其主要原因是没有用合适的理论去指导课题的研究，导致研究无法推进。

（五）研究的目标

研究的目标即具体要达到的目的，如通过研究构建某种教学模式、教学策略、教学方法，获得某种规律，揭示某种机理等。目标是指大的研究方向，要解决什么问题等。

（六）研究的内容

研究的内容即与研究目标相对应的具体操作的一个个研究点，就是具体的研究内容。研究的目的与研究的内容要存在逻辑关系，研究的中心必须保持一致，不能是“两张皮”。

（七）研究的方法

研究的方法即具体用什么方法去研究。方法的选择与研究的目标、内容都有关系。通常的研究方法有观察法、调查法、实验法、个案分析法、经验总结法、对比法、行动研究法。研究方法虽然很多，但研究者必须深刻领悟每一种方法的内涵及操作要领，否则就会出现不知道怎么去使用这些研究方法的问题。

（八）技术路线图

技术路线图即以研究假设为核心将研究内容、研究方法、研究步骤有机组合的逻辑结构。技术路线图就是将课题的研究思路通过图形的方式体现出来，可以纵观课题研究的全貌，让研究者的思路更加清晰。

（九）研究的步骤

研究的步骤即课题研究在时间和顺序上的安排，一般分为三个阶段：前期准备阶段、中期实施阶段、后期总结阶段。每个阶段都要把时间及研究内容做好详细安排，从而保证课题研究有条不紊地推进。

（十）预期的研究成果

预期的研究成果即课题研究拟取得什么形式的阶段性成果和终结性研究成果。通常的研究成果包括研究报告、论文、调查报告、经验总结、案例、教学设计等。其中，研究报告、论文、调查报告是最主要的表现形式，没有研究成果，课题研究就会失去意义；另外，要求研究的成果与研究的目标、研究的内容保持一致。

（十一）研究的保障措施

研究的保障措施即课题顺利进行的各项保障措施，包括人员构成及分工、课题研究的规章制度、经费安排、专家指导及学校支持等。

三、开题仪式

课题立项通知书下来后，课题组必须在规定的时间内举行开题仪式，这是课题未来能否顺利结题的一个重要环节。课题能够立项，表明上级教育科学规划办认可课题的研究价值及意义。

课题开题仪式要请相关专家对课题再次进行论证，指出课题存在的不足及修改建议，从而保证课题研究能够顺利进行并达到预期效果。开题仪式还是一场培训会，课题组成员甚至学校其他教师在开题仪式上可以学习课题研究相关内容，普及“教科研”相关知识，组内成员也能够明确自己要做什么事情，为后期研究打下坚实的基础。

课题开题仪式一般包含三个环节：第一个环节是课题所在单位领导担任主持人，议程有介绍专家和领导、学校领导致欢迎词、宣读课题立项通知书。第二个环节由专家组组长担任主持，议程有课题负责人做开题报告、专家组成员分别发表意见并合议形成课题论证意见。第三个环节由学校领导担任主持人，议程有专家组组长宣读课题论证意见、课题负责人做表态发言。

开题仪式参加人员包含学校领导及课题组全体成员，也可让其他教师旁听学习。专家组成员至少为三人，且为副高及以上职称的专业人员，最好是有课题研究经验的人或管理者，这样才能保证开题的论证效果。课题的开题是课题实质性研究的开始，关系到研究的方向、进程及质量，是提高选题质量和水平的一个环节，是课题研究成功的重要保证，广大教师应该高度重视课题的开题工作。

第八节　教学论文撰写

中小学教师写论文是目前中小学教师的一个热点话题，但是教师们普遍反映，撰写教育专业论文是一件令人头疼的事，而发表论文则难似登天。虽然在生活中，我们常常会听说一些教师各级各类的优质课获奖，各种活动中获奖，政治荣誉、专业奖项也获得了不少，可是一提到论文写作，他们就会束手无策，拿不出一两篇像样的文章。

其实，写教学论文不像传说中那么难，论文不是写出来的，它是学习、实践的结晶。如果一位教师不愿学习，面对新课程改革始终不愿改变自己，不在教育实践中创新方法，是不可能写出论文的。只有敢于动笔，大胆记录，从简单的教育叙事、教学随笔入手，掌握教学论文写作要求，才能慢慢写出教学论文。纵观各类名师，他们都是写论文的高手，他们善于运用教育科学理论的武器，采用科学研究的方法，认识教育现象，探索教育规律，从而写出高质量的教学论文。

一、什么是教学论文

所谓论文，是指对某一个问题进行讨论或对某一个专题进行研究的文章。教学论文，是一种学术性文章，简单地说，就是教师将平时教学中的一些经验或研究进行总结，并综合运用理论知识进行分析和讨论。其核心在于对教学现象、教学方法、教学理论或教学实践进行深入研究，并以书面形式呈现研究结果。教学论文不仅是对教学经验的总结，而且是对教学规律、教学策略和教学创新的探索，其目的在于为教育工作者提供理论支持和实践指导，推动教育教学的发展。

二、为什么要写教学论文

21 世纪需要的是集教育教学、科研、管理等多种能力于一身的复合型教师。但仍然有许多教师固守着传统的教育方式，始终不愿意做自我改变，总会在职称评定、评优评先时遇到重重困难，自身专业也很难得到发展。再看看身边的优秀教师，他们大多善于学习、勇于创新，敢于在教育实践中不断尝试新课改理念，用科学的方法去指导教育教学工作，因此教学业绩突出，成果转化为论文的也非常多，专业成长自然比别的教师快，也容易被评上各级各类名师、优秀教师。梳理一下，教师撰写教学论文具有以下好处：

（一）提高教学教研水平

撰写教学论文是教师总结教学经验、提高教学水平的重要途径。教师通过反思和总结，可以发现自己教学方法中的优点和不足，从而改进教学策略，提升教学质量。教师阅读和分析他人的论文，可以了解最新的教学动态和成果，并将这些信息应用于自己的教学中，形成良性循环，提高“教科研”能力。

（二）促进教师专业成长

教学论文不仅是教师个人专业发展的记录，而且是其理论研究水平和实践能力的体现。撰写论文要求规范性、学术性和创新性。写作论文的过程是知识积累的过程，更是能力提升、思想提炼的过程，促使教师从经验型教师转化为研究型专家，有助于教师成为具有“教科研”能力的学者型教师。

（三）各级各种评比的需要

在教师的职业评价过程中，撰写教学论文是重要的考核内容之一。无论是职称评定，还是名师评选，评价一位教师是否优秀的标准大概包括四个部分：师德师风、教学实绩、荣誉、“教科研”。而在实际的评定过程中，前三项无法评定或很难用一把尺子衡量，“教科研”便放在了十分突出的位置，其中重要的评价标准便是论文的发表与获奖。

（四）学校办学水平的标志

教育论文的数量和质量是衡量学校办学水平的重要指标。许多优秀学校倡导科研兴校，大多数学校的领导和教师普遍重视“教科研”工作，并通过撰写论文来提升学校的声誉和知名度。高质量的教学论文不仅对个人专业发展有益，而且具有社会价值。优秀的“教科研”成果可以被广泛阅读和应用，对教育事业和社会进步作出贡献。

三、怎么写教学论文

对于在教育教学实践中不断创新学习、勇于实践的教师而言，撰写一篇优秀的教学论文是不难的。因为校园和课堂是教师的实验室，学生是教师的合作者，课题研究又为教师创设了学习、研究的氛围，只要教师遵循论文写作的基本结构，保障论文的内容完整、结构清晰、逻辑严密，将实践过程中的做法、感悟、思考、收获、努力方向等写出来，就是一篇好的论文。

（一）教学论文的基本结构

教学论文的基本结构包括题目、摘要、关键词、正文、参考文献、附录等。每个部分都有特定的功能和写作要求，教师在撰写时，要充分考虑各个部分的作用和要求，合理安排内容和结构。

1. 题目

题目是教学论文的精髓所在，好似人的眼睛，是论文的核心，应简明、具体、确切地反映论文的主要内容或研究主题，不能过于宽泛或模糊。一般来说，论文的题目不要超过20个字。例如，《小学数学“学思课堂”教学模式探析》，题目高度凝练，简明扼要地反映文章的主要内容。

2. 摘要

摘要是论文的概述，也是论文的精华，应高度概括地介绍论文的研究背景、目的、方法、主要结果和结论，要突出论文的创新点和价值，帮助读者迅速了解论文的全貌。摘要的字数一般控制在200～300字，便于读者快速了解论文的核心内容和主要观点。

3. 关键词

关键词是论文内容的索引，用于描述和标识论文的主题，有助于读者以及搜索引擎快速定位论文。在选择关键词时，要选择与论文内容紧密相关的词，一般来说，关键词的数量在3～8个，要尽可能使用专业词汇。

4. 正文

正文是教学论文的核心部分，要层次分明、逻辑清晰，详细地阐述研究的全过程，包括研究背景、研究目的、研究方法、研究过程、研究结果和总结等内容。

(1) 研究背景：介绍研究的起源、背景和研究的重要性，为后续研究提供理论支持。

(2) 研究目的：明确研究的具体目标和期待解决的问题，为后续研究指明方向。

(3) 研究方法：详细描述研究设计、数据收集和处理方法、研究工具和研究对象等，以确保研究的科学性和可靠性。

(4) 研究过程：详细阐述研究的实施过程，包括研究步骤、数据分析和结果呈现等，为读者提供全面的研究信息。

(5) 研究结果：客观展示研究的发现和分析结果，包括对数据的解释和结论的提出。

(6) 总结：对研究作出总结和评价，提出研究的局限性和未来研究的建议或方向。

5. 参考文献

参考文献是教学论文的重要组成部分，用于列出论文撰写过程中引用的所有文献资料。参考文献应遵循一定的格式和规范，如 APA、MLA 等，以确保引用的准确性和可追溯性。列出参考文献是对他人研究成果的尊重和学术诚信的体现，有助于读者深入了解研究背景和相关理论，提高论文的学术价值。

6. 附录

附录是教学论文的补充部分，可以包括一些重要的数据、图表、程序代码等内容。这些内容可能对理解论文的某些部分或深入研究具有重要意义，但要避免将正文中的关键内容放在附录中。附录应遵循一定的格式，以便于读者查阅和使用。

在撰写教学论文的时候，要充分考虑以上几个部分的作用和要求，合理安排写作内容以及文章的结构。

(二) 需注意的问题

在论文写作的过程中，还需要注意以下几个问题：

1. 明确研究问题

在教学论文的写作过程中，首先要明确研究问题。研究问题应具有明确的研究目标、具体的研究内容和合理的研究范围，以确保研究的针对性和有效性。

2. 研究方法科学

在教学论文中，应采用科学的研究方法，包括定量研究、定性研究或混合研究等。研究方法的选择应根据研究问题的性质和研究目的来确定，以确保研究的严谨性和可靠性。

3. 注重实践应用

教学论文的研究应紧密结合教学实践，提出具有实际应用价值的研究成果。通过实证研究和案例分析等方法，将理论与实践相结合，为教育实践提供有效的指导和支持。

4. 规范的学术写作

在教学论文的写作过程中，应遵循学术写作的规范和要求，包括论文的结构安排、语言表达、逻辑清晰等方面。同时，应注重学术诚信，避免抄袭等不端行为的发生。

5. 反复修改和完善

教学论文的写作是一个不断修改和完善的过程。在完成初稿后，应认真阅读论文并检查其中的逻辑、语言和格式等方面的问题，通过反复修改和完善来提高论文的质量。

教学论文是对教学实践、教学方法和教学理论进行深入研究的重要学术成果。在写作过程中，应明确研究问题、采用科学的研究方法、注重实践应用、遵循学术写作规范，以确保论文的质量和水平。同时，要理性地看待论文的撰写和发表，撰写是为了发表，但发表不是唯一的目的。不要因为写了几篇论文没有被发表，就丧失了写作的信心，一定要多积累、多写作。论文写得多了，质量高了，发表就水到渠成了。

第六章

课程开发

第一节　什么是校本课程

校本课程是由学校自行设计、“量身定做”的个性化课程。它应该包括两层含义：一是使国家课程和地方课程校本化、个性化，即学校通过选择、改编、整合、补充、拓展等方式，对国家课程和地方课程进行再加工、再创造，使之更加符合学生、学校和社区的特点和需要；二是学校设计开发的新课程，即学校对本校学生的需求进行科学的评估，并在充分考虑当地社区和学校课程资源的基础上，以学校和教师为主体，开发旨在发展学生个性特长的、多样的、可供学生选择的课程。

校本课程又分为隐形课程、活动课程和国家课程校本化。隐形课程是指加强对师生学校文化体系教育的课程。这个课程中要包括对学校的办学宗旨、学校愿景、学校精神、办学策略、育人目标、“三风一训”、管理原则、人才观、服务观、誓词宣言、校长寄语等的解读，包括对学校制度、师生评价、学校行为基本规范、校园文化设施的解读等。学校的隐形课程要通过学校文化手册的形式固定下来，既做到教育宣传口径的一致性，又做到学校文化的传承性。例如，襄阳市樊城区大庆路小学的《多彩小方法 激趣提效率》就非常系统地介绍了本校学习力文化体系，保持了学校教育的延续性和稳定性(如图 6-1 所示)。

活动课程是结合学校实际打造的学校特色和学校拟发展的项目开展的课程。活动课程不是活动方案，而是由活动目标、活动内容与结构、活动实施、活动评价、活动管理等部分组成的。例如，学校活动课程中的篮球比赛活动，首先要明确篮球比赛的育人目标是什么、篮球获胜的关键有哪些方面、如何在班级中选拔选手、如何排列次序、剩余人员如何发挥作用，让学生明确他们在活动中的每一个岗位都非常有意义。

国家课程校本化是指将国家课程中的某一个部分或某一点抽出来进行加强发展的教育。例如，湖北省襄阳市樊城区米公小学的书法校本课程，将语文课程中的写字单独拿出来，有针对性地对书写开展教学活动，同时加入美育教学。

校本课程主要包括以下内容：课程设计者、学校名称、课时要求、适用学生、设计单位、使用时间、课程简介、需求分析、课程目标、课程内容、课时安排、课程实施、课程评价、

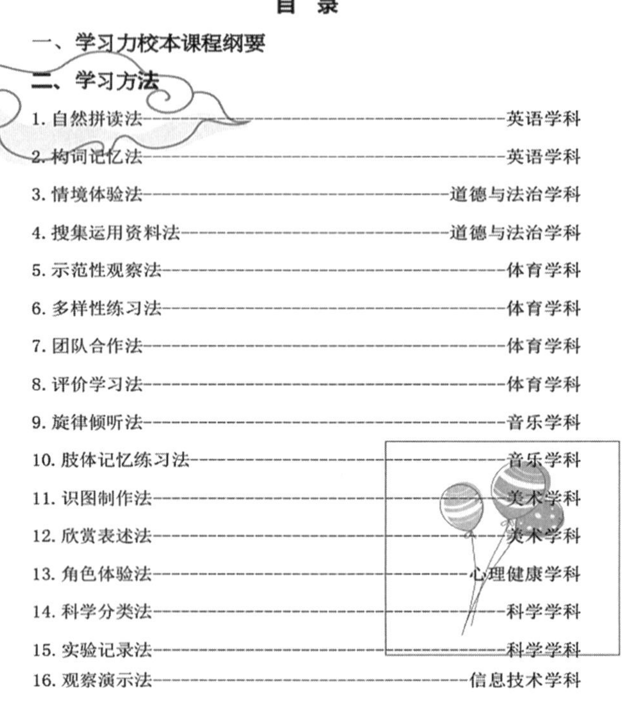

目　录

一、学习力校本课程纲要

二、学习方法

1. 自然拼读法————————————————英语学科
2. 构词记忆法————————————————英语学科
3. 情境体验法——————————————道德与法治学科
4. 搜集运用资料法————————————道德与法治学科
5. 示范性观察法———————————————体育学科
6. 多样性练习法———————————————体育学科
7. 团队合作法————————————————体育学科
8. 评价学习法————————————————体育学科
9. 旋律倾听法————————————————音乐学科
10. 肢体记忆练习法—————————————音乐学科
11. 识图制作法———————————————美术学科
12. 欣赏表述法———————————————美术学科
13. 角色体验法—————————————心理健康学科
14. 科学分类法———————————————科学学科
15. 实验记录法———————————————科学学科
16. 观察演示法—————————————信息技术学科

图 6－1　《多彩小方法 激趣提效率》目录

所需条件或资源、主要参考文献。

国内有些学者对校本课程作了形象的概括，非常有借鉴意义。具体来说就是“一个定义、两个自主、三个特点、四个有利、五个要素”，其概念如下：

（1）一个定义：校本课程是以校为本的课程，学校按照自身的性质、特点和条件，由学校教师或与校外团队合作完成的课程，它与国家课程和地方课程相对应，是对两者的补充和完善。

（2）两个自主：学校自主决定、教师自主开发。

（3）三个特点：以校为本、自发自愿、持续和动态的过程。

（4）四个有利：有利于弥补国家课程的不足，有利于学生的自主发展，有利于教师专业水平的提高，有利于学校办学特色的形成。

（5）五个要素：课程目标、课程内容、适用范围、课程实施、课程评价。

第二节　校本课程体系构建

一、课程意识与课程体系意识

学校课程体系建设首先要求形成两种意识：一是课程意识，二是课程体系意识。

课程意识主要涉及“课程是什么”的问题。关于课程，现有诸多界定，众说纷纭。例如，把语文、数学等学科看作课程，把教学从计划到实施的过程看作课程，把某门学科的课堂教学看作课程等。其实，课程的范围远不止这些。

美国教育家杜威曾说过，生活的内容就是教育的内容。另一位美国教育家华特·科勒涅斯也说过，生活的世界就是教育的世界，生活的范围就是课程的范围。我国人民教育家陶行知也曾指出，教育要通过生活才能发出力量而成为真正的教育。

广义地看，凡是有助于学生学习、生活、交往乃至成长的各方面教育内容，均可纳入课程的范围。学生的学校生活就是教育或者课程的基本内容，不仅包括学生的知识学习、能力培养、素养孕育和人格养成等方面的内容，而且包括学生之所以成长、成人、成功的所有方面。因此，语、数、外、理、化、生、史、地、政、音、体、美需要学生学习，国旗下讲话和班级团队活动也不可或缺，即让校园文化产生潜移默化的影响。正所谓“一事一物皆教育，时时处处有课程”。

课程体系意识则要求系统地、整体地、完整地看待所有的学校课程及其相关安排。虽然学校课程名目繁多，但是实施起来不能杂乱无章，需要根据特定的育人目标，选择基本的教育内容，采取适当的学习活动方式来组织实施。学校课程由此呈现多种属性和样态。

二、课程与课程体系

学校课程，从管理体制来看，可分为国家课程、地方课程和校本课程三级课程；从学习内容来看，可分为语言与阅读、数学与科技、品德与健康、审美与艺术等若干领域；从实施路径来看，有学科课程、活动课程、实践课程、社团课程和环境课程之分；从课程功能来看，有基础性课程、拓展性课程、选择性课程、综合性课程之分；从学习方式来看，有必修、必选、自修和自选之分；从外显形态来看，有显性课程和隐性课程或者隐蔽课程之分。

具体到一门课程，要同时具备上述多种属性和样态。例如，语文就兼具国家课程、学科课程、语言与阅读领域课程、基础性课程、必修课程、显性课程等多重属性；主题教育活动则是地方课程、拓展性课程、活动课程等属性的集合体；学校的文化墙也具有不同的课程属性。

需要注意的是，课程体系的整体构建体现了一种系统设计、自主建造和整体实施的框架思路。从系统论的角度看，课程体系是由众多课程要素有序组合而成的整体。课程体系围绕特定的课程理念逐层展开，涉及课程目标、课程内容、课程功能、课程实施、课程评价和课程管理六大基本要素。课程体系构建要秉持一定的理念和价值观，具体实施过程不能只关注课程内容多寡、新旧、难易的问题，而要更多地突出课程的育人功能及其实现路径的问题。

三、构建学校课程体系的“三个关键”

（一）站在“整体育人”的高度来设计课程体系

学校课程体系建设应突出育人功能。校长和教师必须认识到，国家教育方针、素质教育战略要求与学校育人目标具有内在的一致性，实际都是在回答“培养什么人”的问题。国家教育方针明确提出培养德、智、体、美全面发展的社会主义建设者和接班人，素质教育战略要求强调重点培养学生的社会责任感、创新精神和实践能力。这些内容都是不可或缺的，最终集中体现在学校个性化或者差异化表达的育人目标中，甚至可以把育人目标具体阐述为核心素养和个性特质等。

在设计学校课程体系时，必须细致追问“某门课程到底要发展学生什么”，课程开发、科目设置甚至具体活动的策划安排，都要考虑到学生的发展，如传授知识、掌握技能、培养人格、提升素养等。据此，应巧妙实现育人目标和课程目标的对应转化。通俗地说，因为学校要培养什么样的人，所以才要开设什么样的课程。

（二）搭建科学合理、充满活力的课程结构

课程结构是课程体系的外显形态，是对课程的各种构成要素及其关系的总体反映，既是对课程的质的规定，反映着课程的内在价值取向，又是对课程的深层次理解，决定着课程的具体形式。这项工作可以分以下几步完成：

第一步，厘清相关课程概念，从管理体制、课程形态、课程领域、课程功能、学习方式、表现形式等方面作分析，界定课程概念，以免出现逻辑混乱。

第二步，把课程内容划分成若干课程领域，比如语言与阅读、数学与科技、品德与健康、艺术与审美。课程领域划分需要有明确的逻辑依据。

第三步，先把每一领域内容视为一个课程群落，包含许多具体的科目，按照课程功能再划分出基础性课程、拓展性课程、选择性课程、综合性课程等层次。基于领域和功能的划分，就可以尝试搭建适当的“关系结构”，并用不同的课程结构图表述出来。

第四步，选择多样化实施方式。考虑到课程实施的时空条件，可以采用长短课、连排课、大课小上、小课大上、主题整合课、兴趣选修、社团活动等多种方式。

第五步，选用适合的课程评价方式。课程目标、课程内容与评价方式存在一致的相关性。很多课程未必年终考试，比如地理让学生画社区图就行，不用采取死记硬背的方式，应该呈现多样化的学习模式，还要给学生释放空间，这样可以促进课堂以及减负目标的最终实现。

课程结构一般处于相对稳定的状态，当教育背景发生变化、学校资源环境发生变化、新的价值需求出现时，相应地，课程结构也要进行调整。

（三）努力追寻课程体系建设的价值和意义

许多学校的课程体系建设取得了实质性成绩：一是解决了学校课程中一些重复交叉的问题，减轻了“校源性负担”，为学生轻松、愉快、丰富、生动活泼地学习成长提供了非常好的平台。二是课程体系初步建立，国家课程务实落实，校本课程精彩纷呈，优质课程、特色课程、精品课程不断涌现。三是学校的大课程意识逐步树立，校长的课程领导力显著提

升，教师参与课程的热情和创造力不断萌发，而且已成为学校的一种常态，为学校下一步发展奠定非常好的基础。四是基于课程的学校特色品牌树立起来，助推学校内涵发展，同时催生新的生长点。通过课程体系建设，上接教育方针、学校的办学理念以及如何更好推进素质教育的主题，下接学校的课程结构以及课程具体实施问题，由此辐射开去，从课堂教学到社团活动开展再到学校各个方面特色的建设，打通学校工作的各个环节。

四、《义务教育课程方案和课程标准(2022 年版)》“课程设置”部分的规定

（一）以地方课程和校本课程为拓展补充，兼顾差异

这个规定明确的是校本课程在学校课程体系中的地位。这个地位就是对国家课程的拓展补充，而且这种拓展补充是以“兼顾差异”为指向的，是为了照顾地方差异、校际差异和学生个性差异，是为了学生的个性化发展，为了学校的特色发展而开设的“本校的课程”。

（二）校本课程立足学校办学传统和目标，发挥特色教育教学资源优势

校本课程以多种课程形态服务学生个性化学习需求，原则上由学生自主选择。这个规定明确了校本课程开发和实施的一些基本要求：

一是校本课程的开发主体是学校，具体承担这一任务的可以是教师，也可以是师生合作开发，还可以是学校组织的社会力量参与开发。

二是校本课程开发的立足点应该是“办学传统和目标”“特色教育教学资源”。也就是说，校本课程开发的基点是学校的实际和特色，其成果应该是学校的特色课程。

三是校本课程的形式应该是服务于学生个性化学习需求的“多种课程形态”。这要求校本课程的设计和开发一定要从学生的学习需求出发，要进行课程需求和学情的调查。

校本课程的形态可以是多样的，既可以是分科知识课程，也可以是活动课程，而且应该是以综合性的活动课程为主；可以是学科课程，也可以是跨学科的、项目式的综合性课程，而且应该以综合性课程为主。

四是校本课程原则上由学生自主选择，选择性是校本课程的一大特点，这种课程实施的原则更加突出了校本课程的个性化和差异性。这要求学校在开设校本课程时特别注意“多样性”，要尊重学生的“自主选择”。

（三）校本课程由学校按规定设置

这里说的“规定”，是指课程管理应该从三个基本方向去思考和落实：立足学校的实际、由学生自主选择、符合课程安排的政策规定。

在新的课程方案中，课程比例的规定明确为：劳动、综合实践活动、地方课程、校本课程占课时的比例是 14%～18%，即每周 4～6 课时。这其中，劳动、综合实践活动课程每周均不少于 1 课时，地方课程的开设基本上也是每周 1 课时。据此可知，校本课程的开设应该是每周 1～3 个课时(随着年级升高，应该增设校本课程，这更符合满足“差异化需求”

的目标）。

学校在进行本校的校本课程规划和开发时，需要严格地遵照上述要求执行。

五、构建校本课程体系需要遵循的原则

（一）符合国家教育方针和课程标准

校本课程体系应贯彻国家的教育方针，体现社会主义核心价值观，符合国家课程标准，确保学生的基本学业水平。

（二）突出学校特色

学校应根据自己的传统、优势和特点，开发具有特色的校本课程，为学生提供多样化、个性化的学习选择。

（三）注重学生需求

校本课程体系应充分考虑学生的兴趣、需求和特长，关注学生的全面发展，帮助学生树立正确的世界观、人生观和价值观。

（四）强化实践环节

校本课程体系应注重学生的实践操作和亲身体验，增加实验、实习、实训、考察等实践活动，提高学生的动手能力和创新能力。

（五）融合多元智能

校本课程体系应关注学生的多元智能发展，设置各类课程，激发学生的潜能，促进学生全面发展。

（六）强调综合素质

校本课程体系应注重培养学生的综合素质，包括道德品质、学业水平、身心健康、艺术素养、社会实践等方面。

（七）动态调整

校本课程体系应根据教育政策、社会需求、学校条件和学生反馈等因素，不断调整和优化，保持课程体系的活力和适应性。

六、学校课程体系的内容

学校课程体系大致包括以下几个方面的内容：背景分析、课程哲学、课程结构、课程研发、课程实施和课程管理。

（一）背景分析

背景分析首先是学校课程历史。学校课程发展在很大程度上取决于学校的课程历史。在梳理学校课程历史时，应抓住这样一个关键节点：学校发展经历了怎样的历史阶段？这几个历史阶段的课程应该是重点研究与值得借鉴的。其次是学校文化历史，包括“三风一训”、自然人文景观、制度规章等。每一所学校都有自己的文化历史，或显性或隐性，或粗略或详细，或有意或无意，在设计课程体系时应适当参考并融入。最后是学校人员历史，不同阶段的人员构成决定了学校不同阶段的办学风格、教学风格和课程风格，这都是要仔细分析比较的，在课程设计中也要取其长、弃其短。背景分析还包含：

1. 学校生源分析

学校课程体系建设的逻辑起点是育人目标。只有认真研究学生现状，才可能创造出符合学生成长与发展需求的课程体系。生源分析通常包括：教育背景、居住环境、生活方式；人生规划、爱好特长、发展倾向；认知特点、学习风格、学习习惯；人际交往、责任担当、意志品质；情绪管理、时间管理、非认知发展；等等。

2. 教师状况分析

好的课程是“三分设计，七分实施”，离开教师，再好的课程都无济于事。所以，在课程体系建设过程中，特别要注意教师状况的分析。我国传统的教师培养和教师培训注重教师教学素养和学科知识素养的培养。新课程背景下，教师不仅要有较强的教学素养和学科知识素养，而且要有良好的课程素养。只有关注了教师的发展需求，才可能对教师进行精准的培训和培养，才能为校本课程有效落地提供良好保障。

3. 区域位置分析

一所学校所处的区域位置，在一定程度上决定一所学校所拥有课程资源的多少。如果以学校为圆心，以 1 千米、2 千米和 3 千米为半径，就可以画出学校的课程资源圈。不可否认有城乡差别、城区差别，但也要看到城乡优势和城区优势，这些差别和优势都为学校课程资源建设提供了值得借鉴的思路。学校与社区之间的互动，也是学生社会性培养的发展方向。

4. 社会期待分析

一所学校的价值往往取决于这所学校的毕业生在社会上的适应性与贡献度。社会期待包含两种：一是家长对学校的期待，二是社会对学校的期待。随着学校的发展，这种期待会发生高低两种趋势的变化，设计课程时要符合这种变化趋势，符合实际发展的课程才是合格的课程。

5. 办学愿景分析

办学愿景是学校的办学使命与价值追求。这样一种使命感和尊严感驱动着每一所学校，通过理想的教育来实现教育的理想。办学愿景，使参与学校教育活动的每一个人都胸怀理想、激情澎湃，都恪尽职守、执着追求，都卓越成长、共同发展。

（二）课程哲学

一所优质学校应该有自己的课程体系。应该构建一个基于特定课程哲学而组织化了的课程整体，将各课程有机结合成一个联系紧密、有逻辑的“育人整体”。课程哲学不等同于教育哲学，它包含于教育哲学。课程哲学是学生成长与发展的一种价值追求，是对课程认识与理解的一种高度概括，是学校提升与发展的一种精神力量。

课程在学生成长中处于核心地位。课程的影响力决定学校的影响力。通过构建开放多元、充满活力、富有特色的课程体系，为学生提供更加自主、更具个性、更多选择的成长环境、教育资源和专业服务，让学生的潜能得到全面、充分而又自由的发展，尽最大可能实现学校的培养目标。

（三）课程结构

在事物变化的过程中，结构的影响是关键。从大的方面讲，育人结构、教学结构、课程结构是学校人才培养模式链上的三个关键节点。学校的影响力取决于课程的影响力，学校的创造力取决于课程的创造力，学校的生命力取决于课程的生命力。这三种力量的体现主要取决于课程结构。所以，无论怎样强调课程结构的重要性，都不过分。

课程结构，简而言之，就是一种组合方式，是不同类别课程的一种有机组合，之所以是不同类别，是因为它们的课程功能不同。所以，从大的角度讲，将相同功能的课程归为一类，称之为领域，由不同的领域有机组合成学校课程结构。

课程功能，简单而言，是指课程与环境在相互作用过程中表现出来的对环境比较稳定而独特的作用与影响。学校不同类型的课程总是指向特定的功能，具体的科目也承担着特定的功能。在构建学校课程结构时，一定要搞清楚课程分类和层级。所以，分类思想和分层思想是学校课程建设中的重要指导思想。在这种思想指导下设计的课程能让学生的个性特长得到充分发展，让学生在不同领域、不同层次获得不同程度的进步。

目前，有关课程的概念已形成一个庞大的“课程”家族，现简单梳理如下：从管理体制来看，有国家课程、地方课程和校本课程三级课程；从课程形态来看，先有学科课程、活动课程、社会实践课程，再有社团课程、环境课程；从学科内容来看，有分科课程和综合课程，有的学校还把课程分成若干领域；从课程任务来看，分基础性课程、拓展性课程、选择性课程；从课程性质来看，不仅有必修课程，而且有必选课程、学生自选课程；从课程功能来看，分工具性课程、知识性课程、技能性课程、实践性课程；从表现形式来看，有显性课程和隐性课程之分。好的课程结构应该具备均衡性、综合性和选择性三个基本特征。均衡性是指学校课程体系中的课程类型、具体科目和课程内容能够保持一种恰当、合理的比重。综合性具体体现在三个方面：一是加强了学科的综合性；二是设置综合课程；三是增设综合实践活动。选择性要求学校课程以充分的灵活性适应地方社会发展的现实需要，以显著的特色性适应学校的办学宗旨和方向，以选择性适应学生的个性发展。

从这个角度看，课程结构的改革要凸显个性化应呈现螺旋状，是一个倒立圆锥体螺旋上升结构。在这个结构中，第一螺旋是课程"类"的结构维度，第二螺旋是课程"关系"的结构维度，第三螺旋是课程"实质"的结构维度；既包含直线上升的认识深度，也体现每一个螺旋中同心圆的扩散，即以学生的经验为圆点，随着课程结构的调整与实施，促进学生经验的增长。

（四）课程研发

课程不是随意的而是严肃的，课程不是生成的而是预设的，课程不是一个方案而是一个体系，课程的品质不在于数量而在于质量。所以，课程的研发就显得相当重要。卓越的学校，如同一流的企业，都非常重视产品的研发，师生满意度直接取决于学校提供的产品即课程品质的高低。

衡量一所学校课程建设的优劣可以从以下三个维度来加以评估：一是丰富性。丰富性是选择性的基础和前提，某种程度上来说，没有丰富性就没有选择性。在丰富性上，应该注意到每个领域都尽可能开设若干门课程，从而满足学生个性化的成长需求。在注重课程丰富性的同时，还要加强对学生选课的指导。二是层次性。如果说丰富性是指横向上课程照顾到各个领域，那么层次性则是指纵向上学习能级逐渐提升的分层课程。在满足国家课程标准的同时，能照顾到学有余力的学生尽可能学多一点、学深一点、学快一点，能照顾到基础较差的学生学细一点、学实一点、学稳一点。三是综合性。综合性是指目标、内容、方式和评价的深度融合，特别要注重对好学生学习经验的积累。学习经验通常有间接经验和直接经验。间接经验主要在课堂学习中完成，直接经验则是在课外活动中形成。在这里还要强调的是理论化经验和实践化经验，学生的经验总结、讨论交流和调研创见、采访考察都是课程建设中宝贵的资源。

学校课程研发主要有三种模型：一是需求主导模型。这里考虑的主要是学生的需求。二是条件主导模型。学校有怎样的条件或资源就可以开设怎样的校本课程。三是目标主导模型。这样可以避免培养目标与课程建设存在"两张皮"的现象。事实上，还应该有第四种模型，也就是"需求、条件和目标"三个主导模型基础上的综合模型。当然，这种综合模型在不同的区域、不同的学段、不同的学校是不一样的，即"需求""条件""目标"之间的不同配比。所以，校本课程开设要因地制宜、因人而异、因时求新；校本课程内容要超越学科，趋于综合，指向培养全面发展的人。

（五）课程实施

在学校课程实施中，不同课程应该设置不同的教学单元时间。针对不同的课程，可以设置 30 分钟/课时、45 分钟/课时或者 60 分钟/课时，集中学习或者分散学习，"长课程"与"短课程"。不同的课程要求匹配不同的学习环境、学习方式、学习资源等。该课程应该具备三大要素：学科特点、学科资源、师生交互等。学生喜欢一门课程，有时就是从喜欢一位教师和一间教室开始的。我们的教育最大的成功就是让不同的学生成为他们自己。教学最大的失败就在于把不同的学生培养成相同的人。有了好的教师，才可能有好的课程；有了好的课程，才可能有好的教育。

（六）课程管理

一所中等规模的学校，学校课程的数量至少在一二十门，如果没有强有力的课程管理，不要说研发学校课程了，就连国家课程都不能高质量地实施。所以，在学校课程体系建设的过程中，为了避免课程的散乱无序状态，为了避免质量低劣的课程进入实施状态，学校有必要成立类似于学术委员会的组织机构，这种机构的主要职能包括学校课程规划的审议、学校课程建设的指导、教研组绩效的考核、学校课程质量的评估、教师专业发展的评估等。通俗一点讲，就是让专业的人做专业的事。

在学校职能部门设置中，有些学校设置的是教导处，有些设置的是课程教学处等。无论是怎样的名称，都必须有一个专门的部门来负责学校课程的运行。事实上，现在大多数学校的这个部门陷入了事务性工作中，整天处于忙碌状态，对学校课程的建设并没有起到一个职能部门应该有的作用。这一部门，既是作战部门，又是指挥部门，还是参谋部门，是学校的核心业务部门。职责不清必然导致职能不明，事事牵头必然导致中心模糊。所以有必要重新审议这一部门的价值和定位，以此充分发挥其应有的职能。

作为职能部门，每学年都应该组织学校课程建设的研讨与交流，定期组织相关教师外出学习考察，同时邀请有关专家来校进行课程建设的指导。这个职能部门不能演变成招生考务部门，除了做些事务性事情之外，还有必要做一些专业的事，做一些创新的事。

七、校本课程体系的构建

（一）确定课程目标

根据学校的培养目标、学生的需求和社会的发展要求，明确校本课程的目标。

（二）开发课程资源

整合学校、教师、社区和网络等资源，开发具有特色的课程资源。

（三）设置课程体系

根据课程目标，设置涵盖不同领域和内容的课程体系，包括学科课程、活动课程、实践课程等，确保课程的多样性和全面性。

（四）制定课程标准

明确校本课程的质量要求，制定课程标准，确保课程的实施质量。

（五）实施课程

合理安排课程表，确保校本课程的实施；同时，加强对教师的培训和指导，提高教师实施校本课程的能力。

（六）评价课程

建立科学的课程评价体系，对校本课程的实施效果进行评价，及时调整和改进课程设置。

（七）保障课程

加强课程体系的基础设施建设，提供必要的物质和政策支持，确保校本课程的可持续发展。

（八）优化课程体系

根据课程实施情况，不断调整和完善课程体系，使之符合学生个性发展和学校特色发展。

校本课程的基本类型很多，从内容属性看分为学科拓展类课程、科技发明探索类课程、学习/生活技能类课程、体育技能类课程、报告讲座类课程、艺术类课程和活动类课程等。

校本课程体系建设是一项系统工程，需要学校、教师、家长和学生的共同努力。通过校本课程体系建设，可以有效地提高学校的课程质量，培养学生的创新精神和实践能力，促进学生的全面发展。

第三节　校本课程与特色创建

特色校本课程就是学校自己开发的基于学校办学目标和课程开发理念的“人无我有”的课程。开设特色校本课程的宗旨就是给学生提供多样性的课程选择，满足学生个性化的学习需求，丰富学生的学习经验和经历。特色课程中的核心课程是学校办学特色的核心要素，能够凸显学校的育人特色，也是学校特色文化的主体。

当学校课程逐渐增多的时候，学校的教学管理者应该考虑的是如何为参与校本课程建设的师生的积极性提供更多的保护，同时，应该像对待国家课程那样，强调规范、科学和质量。所以，要从课程的角度规范学校课程，要形成学校课程的研发指南、实施纲要、操作手册、评估标准。学校如果将这些建立起来，就可以说这所学校的校本课程建设达到了一个非常高的标准，具备了后续的可持续性发展，否则，这些建立的课程就有可能昙花一现，最后被遗弃。

当学校课程逐渐丰富的时候，还应该关注学校的特色发展。学校的特色发展必须进入课程领域。一所学校的资源是有限的，特色课程是特色学校建设的关键要素和核心标志。特色课程的内在标准主要体现在：

独特性，是指与同类学校的课程体系相比所表现出来的种类的差异性，具备“人无我有、人有我好、人好我精”的一般意义。独特性的本质是个性化。之所以能被称为特色课程，是因为其具有鲜明的个性，课程的辨识度比较高。

优质性，是指与同类其他学校相比所表现出来的品质的卓越性，具备“人有我优”的一般意义。特色课程有别于非特色课程，不仅体现在独特的风格差异上，而且体现在出色的育人成效上。正因为有了优质性，特色课程才会得到师生的认可，得到社会公众的承认，进而显示出强大的生命力。

多样性，是指特色课程尽管独特但并非唯一，表现为形形色色、不拘一格。多样性既有种类的多样，也有层次的多样，还有实施的多样。

稳定性与动态性的结合，是特色课程的重要特征。稳定性是经过较长时间的课程实践，逐步积淀升华而成的，一经形成，便具有相对的稳定性，从而使独特的整体风格和出色的育人成效能够长期地显示、保持和发展。稳定性不是一成不变的，这种稳定是发展中的稳定，形成自己的标志性的、有辨识度的东西。

校本课程的特色创建需要遵循教育规律，注重学生全面发展，体现学校特色，丰富课程体系。具体来说，应按以下步骤展开：

(1) 调研与分析：要对学校的教育环境、师资力量、学生需求进行深入的调研与分析。了解学校的优势与特点，以便在校本课程的开发过程中充分发挥这些优势。

(2) 明确课程目标：根据调研结果，明确校本课程的目标，包括知识与技能、过程与方法、情感态度与价值观等方面的目标，确保课程目标具有可操作性和可持续性。

(3) 开发课程内容：结合学校特色和课程目标，开发具有特色的课程内容。课程内容要贴近学生实际，注重实践性与创新性，以激发学生的学习兴趣和积极性。

(4) 选择合适的教学方法：根据课程内容和学生的学习特点，选择合适的教学方法。可以采用课堂教学、实践活动、实验操作等多种形式，注重引导学生主动探究、实践与合作。

(5) 构建评价体系：建立科学、全面的评价体系，对学生的学习过程和成果进行有效评价。评价体系应包括过程性评价和总结性评价，注重评价学生的实践能力、创新精神和综合素质。

(6) 加强师资培训：提高任课教师的专业素质和教学能力，加强师资培训。让教师了解校本课程的开发理念、教学方法和评价体系，确保校本课程的实施质量。

(7) 持续改进与优化：校本课程的开发是一个持续的过程，要不断收集学生、家长和教师的反馈意见，对课程进行改进与优化。确保校本课程始终具有较高的质量和鲜明的特色。

(8) 推广与分享：在实施校本课程的过程中，要积极与其他学校交流合作，推广成功的经验和做法，共同提高校本课程的开发与实施水平。

建设有特色的学校课程体系是推进当前中小学课程改革的重要途径和手段，旨在解决过去课程改革中出现的只是片面追求课程数量、规模，忽略系统思考和整体设计，从而造成的课程建设碎片化、分散化、割裂化等一系列问题。这些问题恰恰反映了学校课程建设水平和校长、教师课程领导力的高低，制约和影响学校的内涵、创新和可持续发展。在多年的建设实践中，很多学校坚持以学校课程体系建设为抓手，推动管理机制、育人机制、教学机制的改革，推动核心素养的落地、生根、开花，实现了学校发展的系统性突破，获得了许多宝贵的认识和经验。比如说苏州的一些中小学，结合当地苏州园林的建筑特色，在学校教学中开发了一套融入现代教学理念和传统园林建造的校本课程，学校实施这套课程既是在落实新课程要求，也是在继承传统文化，还是在挖掘地方文化特色，可谓一举多得。这套课程先是受到了一线教师的欢迎，继而受到了家长和学生的欢迎，在社会上也引起了良好的反响，是校本课程特色化体现的一个典范(如图 6-2 所示)。

明朝陈继儒《小窗幽记》卷六景

造园二十三术

门内有径，径欲曲； 径转有屏，屏欲小； 屏进有阶，阶欲平； 阶畔有花，花欲鲜； 花外有墙，墙欲低； 墙内有松，松欲古； 松底有石，石欲怪； 石面有亭，亭欲朴；	亭后有竹，竹欲疏； 竹尽有室，室欲幽； 室旁有路，路欲分； 路合有桥，桥欲危； 桥边有树，树欲高； 树阴有草，草欲青； 草上有渠，渠欲细； 渠引有泉，泉欲瀑；	泉去有山，山欲深； 山下有屋，屋欲方； 屋角有圃，圃欲宽； 圃中有鹤，鹤欲舞； 鹤报有客，客不俗； 客至有酒，酒欲不却； 酒行有醉，醉欲不归。

图 6-2 苏州当地特色校本课程案例

学校通过创建具有特色的校本课程，从而提高学生的综合素质，在促进学校教育在全面发展方面走出了创新之路。

基于已有的课程体系顶层设计我们发现，课程体系的特色化主要体现在五个方面：国家课程的高效化、校本课程的特色化、社团课程的丰富化、竞赛类课程的建设、特色化课程的打造。

一、国家课程的高效化

所谓国家课程的高效化，是指对学校内的国家课程的教学方式进行改进。有此类需求的学校通常是薄弱校或希望力争上游的中等学校。国家课程高效化的方式，分为教学模式的引入和教师培训两种。前者适合部分薄弱校，用于快速形成教师的教学风格，提升课堂教学质量。后者适合力争上游的中等学校，即通过高效的教师培训或专家入校指导，提升教师的教学水平，同时不让教师陷入某一单一教学模式中。

二、校本课程的特色化

所谓校本课程的特色化，即通过对校本课程体系的建设，使校本课程形成具有学校文化特色的校本课程体系。校本课程的特色化通常有两种途径予以实现：其一是在原有体系的基础上对已有内容进行调整，主要包括课程内容比例、实施方式、实施类型等方面。其二是增加校本课程的内容，即打造具有学校特色的校本课程。这种“从无到有”的方式需要对原有资源进行深度开发或对接外部资源进行广泛链接，在综合校内外资源中提炼出本校的课程特色。

三、社团课程的丰富化

所谓社团课程的丰富化，即通过对学校开设的社团活动进行调整，打造具有学校文化特色的社团课程，使之成为具有内在逻辑，同时能够体现学校特色的社团活动体系。通常而言，社团课程的丰富化包括对原有课程的调整以及新增其他课程两种类型。既可以是运动类如足球、篮球、攀爬，也可以是智力类如桥牌、象棋、围棋，还可以是生活类如烹饪、烘焙等。

四、竞赛类课程的建设

竞赛类课程指针对少数学生开设的具有选拔性、竞技性的课程，如数理化竞赛、体育竞赛等，这类课程针对少数在某些方面有特长的学生，帮助其最大限度地发挥优势，并且辅导他们在各类比赛中取得优异的成绩。此类成绩通常是学校特色化办学的重要表现之一。

五、特色化课程的打造

特色课程项目是包含在课程体系中的子课程体系，它以某一类具体内容为中心，通过多种形式的有机结合突出此类办学特色，例如心理特色课程项目、新劳动教育特色课程项目等。特色课程项目是课程体系的进一步落地，也是学校办学理念的进一步体现。

随着新课标的逐步贯彻实施，核心素养理念逐渐成为校本课程建设的一大特色，依据本校实情构建基于核心素养的校本课程成为现在的一大潮流，各校在构建特色校本课程方面呈现了百花齐放的良好态势。现以襄阳市樊城区大庆路小学学科课程和晨光小学综合课程体系为例进行说明。

（一）设计课程纲要，勾画人才培养的长远发展

在大庆路小学“语文学习方法培养”课程的课程简介中说到，本校本课程旨在向学生渗透语文学科的学习方法，提升学生语文学科的学习力。课程从学生的拼音、识字、预习、阅读、习作等方面入手，以“学习方法”为抓手，授生以渔，并通过朗朗上口、通俗易懂的歌谣、顺口溜让方法内化于心，力求使每一个学生达到提升学习力这一目标。本课程包含拼音指导 1 课时，识字指导 1 课时，预习指导 2 课时，阅读指导 11 课时，习作指导 12 课时。拼音指导主要从音、形、写三个方面来指导；识字指导致力于对多种识字方法的指导；预习指导对不同学段的预习方法进行总结；阅读指导主要从内容概括、理解感悟、表达分享几个方面对学生进行指导；习作指导从不同的年段、不同表达方式、不同题材对学生进行指导。

“语文学习方法培养”课程纲要的具体目标是让学生形成积极主动的学习态度，在获得基础知识与基本技能的同时学会学习并形成正确的价值观。学校将“自由成长”的办学理念渗透到课程设置的实施工作中，构建了大庆路小学课程核心素养，凸显课改理念。

（二）构建核心课程体系，形成具有学校特色的课程体系

传统的课程强调学科知识传承的需要，目标单一，过程僵化，方式机械。新课程则以“为了每个学生的发展，为了学生的全面发展”为基本理念，让每个学生的个性获得充分的发展，培养出丰富多彩的人格。新课程观不再把课程局限于“知识”“学科”“教学科目”等狭窄的范畴来理解，而把课程理解为一种以生活经验为内容，通过学生在生活世界中对这些内容的批判和反思性的实践，是一种沟通学生现实生活和可能生活的教育中介。

基于以上考虑，大庆路小学结合本校的办学理念和实际情况，构建了本校的课程群，该课程体系体现了国家课程、地方课程、校本课程相统一，基础性、拓展性、发展性相结合，面向全体、全面发展与个性发展相融合，小学教育与初中教育相衔接的思想。

大庆路小学语文课程体系目录：

1. 拼音学习三段法------------------------贾　薇　陈　月　王瑞琪
2. 趣味多样识字法------------------------苏　奕　郑　玲　曾小会
3. 课前预习五步法（中低年段）---------------吴红玲　廉　莲　李芋萱
4. 课前预习五读法（高年段）-----------------陈　华
5. 概括内容五步法（低年段）-----------------徐裕杰　李清峰　唐　冬
6. 课外阅读三读法（低年段）-----------------郑雪飞　郭艳红　张启迪
7. 古诗学习五步法------------------------焦　俐　陈　欢
8. 学文言文六步法------------------------马　丽　杨群玲　胡　红
9. 理解词语好方法------------------------郭锦晨　胡　娟　王　婷
10. 人物形象赏析法-----------------------王　婷　汪　露　李柏杨
11. 赏析佳句四抓法-----------------------张永锐
12. 课外阅读四步法-----------------------郭孟艳
13. 体会情感四焦法-----------------------乔媛媛
14. 搜集资料四方法-----------------------王艳芳
15. 巧补留白的方法-----------------------张永锐
16. 实用习作方法技巧（12篇）----------------狄香云

（三）构建学科核心素养体系，促使学生学科素养全面提升

晨光小学加强学校教研组的建设，建立以校为本的教研制度。几年来，学校倡导学科组提炼本学科核心文化的做法，关注本学科的核心素养、学科能力体系，初步完成了本校各学科核心素养综合体系的搭建（如图 6-3 所示）。

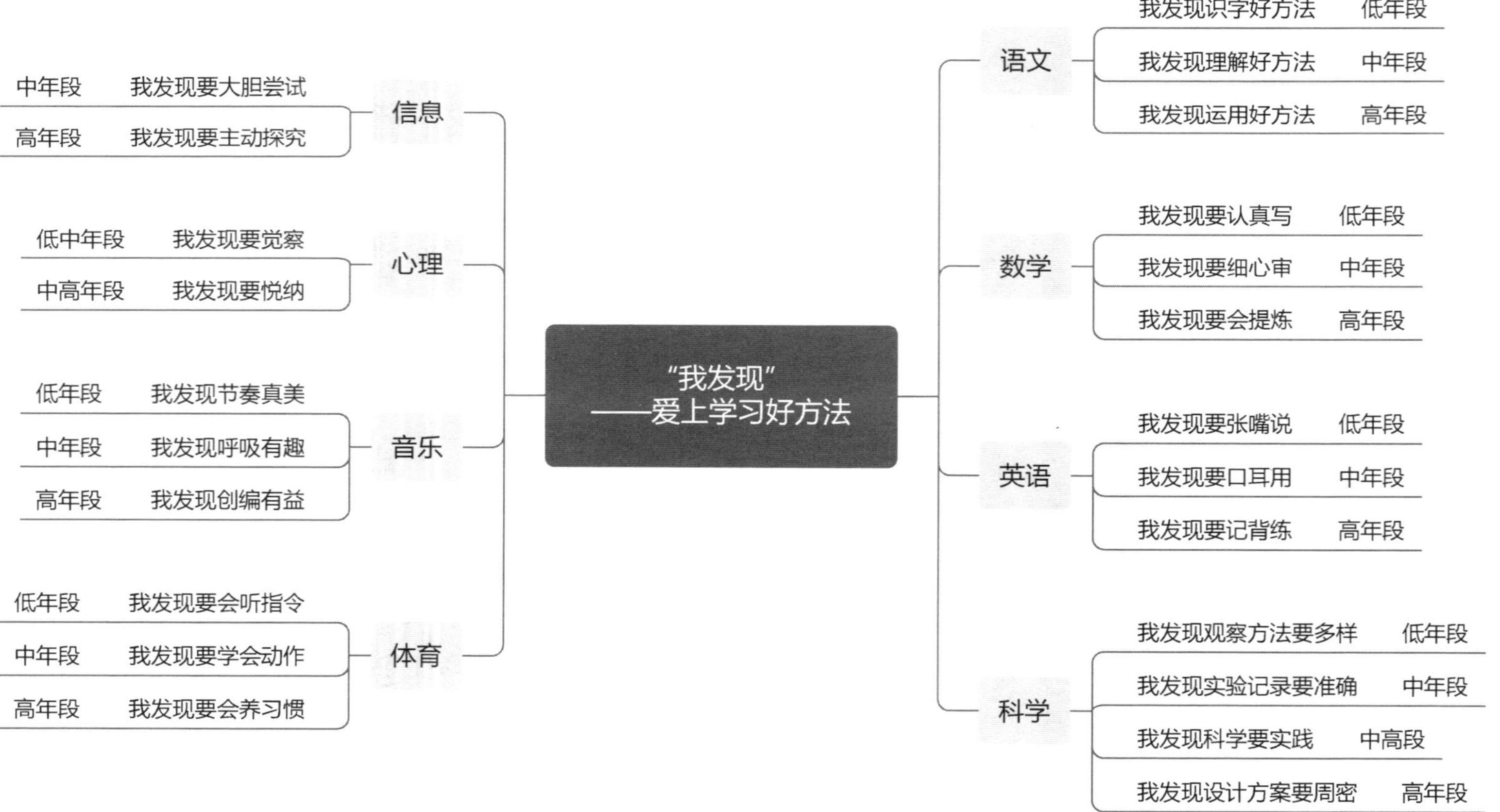

图 6-3 晨光小学各学科核心素养综合体系

这些学校利用业务学习时间，在全校范围内进行学科展示，汇集成册，同时通过学科组集体备课、听评课等校本教研活动，将核心的学科素养贯彻到日常教学中，使课堂教学、命题设置、阶段总结等各方面都充分体现核心素养的要求。

第四节 如何开发校本课程

校本课程是学校自主决定的课程，它的开发主体是教师。教师可以与专家合作，但不能由专家编写教材，由教师用，否则就失去了校本课程建设的实际意义。因为教师开发课程的模式是实践→评估→开发，这和专家偏重于理论不同。教师在实践中，对自己所面对的情景进行分析，对学生的需要作出评估，确定目标，选择与组织内容，决定实施与评价的方式。这种开发形式更利于学校教育教学实情，也更有实效性。目前，校本课程开发的主体是教师小组，而不是单个教师。

校本课程的开发，主要是针对国家课程的开发，以学校为基地进行地方性、特色性等课程的开发，以实现课程决策民主化。国家在作课程计划时把一部分权力下放给学校，强调学校、地方一级的课程运作，主张学校的教师、学生、学生家长、社区代表等参与课程的决策。校本课程开发也就因此成为学校教育教学管理的一个重要组成部分，它决定了学校课程管理的基础。在实践操作中，它需要有领导的支持，专家的指导，教师的努力和参与，需要得到全社会的理解、支持和评价。

一、校本课程开发的程序

（一）需要评估

需要评估是设计校本课程时首先必须做的研究性工作，主要涉及明确学校的培养目标、评估学校的发展需要、评价学校及社区发展的需求、分析学校与社区的课程资源等。

（二）确定目标

确定目标是学校对校本课程的价值定位。它是在分析与研究的基础上，通过学校课程审议小组的审议，确定校本课程的总体目标，制定校本课程的大致结构等。

（三）组织与实施

组织与实施是学校为实现校本课程目标而开展的一系列活动。根据校本课程的总体目标与课程结构，制定校本课程开发指南，对教师进行培训，让教师申报课程。学校课程小组根据校本课程的总体目标与教师的课程开发能力，对教师申报的课程进行审议。审议通过后，可编入《学生选修课目录与课程介绍》。学生根据自己的志愿选课，选课人数达到一定的数量后，才准许开课。在此基础上，学校形成一份完整的校本课程开发方案；教师在课程实施之后或过程中，编写自己承担课程的课程纲要（教师用的材料）。

（四）评价

评价是指校本课程开发过程中的一系列价值判断活动，它包括对课程纲要的评价、对学生学业成绩的评定、对教师课程实施过程的评定以及对校本课程开发方案的评价与改进建议等。评价的结果应向有关人员或社会公布。

具体开发和选课流程可参考图 6-4。

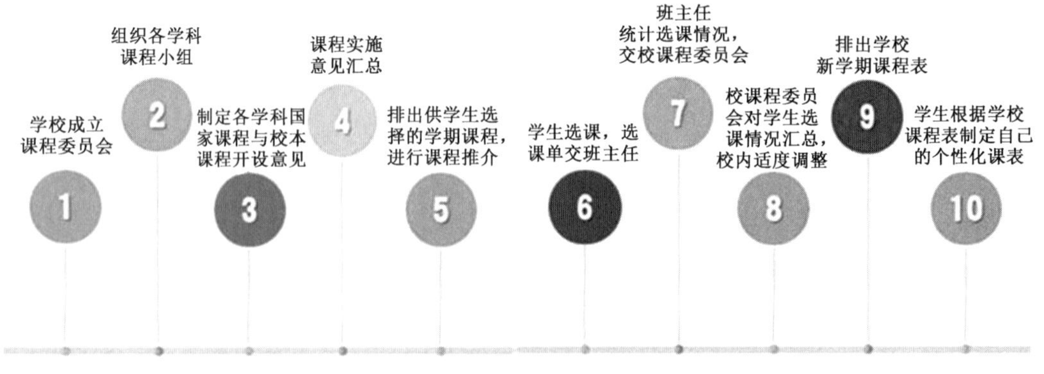

图 6-4　校本课程的开发与选课流程

二、校本课程开发的思路和方法

（一）确定课程开发方向

可以从学科前沿、社会实践、生活体验、校园文化等方面入手，尝试打造具有课程特色的课程体系。要重视学生需求，紧密结合当地社会特点，让课程设计更加贴近学生的生活和实践需求。

（二）开展课程研究活动

校本课程开发需要教师进行深入研究，了解学科前沿、教育教学改革的最新动态，学习先进的课程理念和设计方法，为课程开发提供理论支持；同时，教师可以在课程研究中进行案例分析和教学实验，逐步完善课程设计。

（三）加强课程组织和保障

课程组织和保障是课程开发的重要环节。要建立完善的课程管理机制，制定课程开发的工作流程和时间表，并加强与其他部门的协调配合；同时，要加强专业培训，提高教师的课程设计和教学水平。

（四）加强课程实施与评估

课程实施与评估是课程开发的关键环节。要加强教师与学生的互动，采用多种教学策略和模式，激发学生的学习兴趣和主动性；同时，要对课程实施情况进行评估，及时调整教学策略和方法，提高课程实施效果。

三、校长对课程体系实施的作用

在校本课程开发过程中，校长起着举足轻重的作用，他会辅助学校课程体系的落地和有效实施。概括来说，校长可以从五个方面辅助学校完成课程体系的落地，使学校的课程体系能够在学校的整体架构中高质量发展，使学生真正受益。

（一）专家入校指导

专家入校指导对应上述课程标准、师资队伍、硬件资源、教材思想内容。具体而言，即通过专家入校指导，帮助学校制定课程标准，辅助完善学校教师队伍培养，帮助学校开发教学所需的硬件资源，指导教师编制教材。

（二）学校间学习借鉴

学校间学习借鉴对应课程标准、师资队伍与教材三项内容。具体而言，一方面，通过组织相关教师进行学校之间的学习，能够开阔教师的视野，提升教师对特色课程项目的建设能力；另一方面，在学校间学习与借鉴的基础上，教师可以直接使用或转化其他学校的校本课程标准与教材（在其他学校同意的前提下）。

（三）对接外部资源

在课程体系落地的过程中，学校可能没有能力对接外部的相关课程资源，此时则需要借助校长会的力量将学校与此类资源进行对接。外部资源一方面指学校开设此类课程的必备资源，如各类场地、仪器、设备等，可以通过对接外部资源将其引入校内，或对接外部资源让学生和教师在校外参与实施。后者可以以学校为中心向外延伸，具体包括学校附近的社区资源、省市资源、全国资源、海外资源等，具体包括实践基地、研学基地、博物馆、科技馆、名校等。

（四）教师培养

教师培养是保障课程体系落地的最为基础的内容。此处的教师培养仅指代对校内教师的培养。教师培养共包括两项基本内容：一项即旨在培养教师对课程开设的通识性能力，如教师对课程标准的制定能力、教材编写能力等。另一项即培养教师实施特色课程的专业性能力，例如在心理特色课程项目的实施中，需要培养教师与学生沟通、为学生进行心理辅导、组织学生开展心理健康活动等能力。

（五）课题申请

课题申请是辅助课程体系落地的重要途径。课题有助于教师对相对零散的课程进行系统、深入的思考与研究。教师以课题作为抓手能够相对容易地形成科研共同体，通过集体的力量对课程体系的落地策略进行系统性研究。

四、校本课程开发的突破点

在校本课程开发中，会存在许多意想不到的困难，这就要求参与人员找准关键点，抓住重点，突破难点，让开发的校本课程符合学校建设需要，符合教师成长需要，符合学生学业发展需要。

（一）挖掘校园文化资源，营造课程生态环境

一所学校本身就是一种校本课程的资源。苏联教育家苏霍姆林斯基认为，用环境、用学生自己创造的周围情景、用丰富集体精神生活的一切东西进行教育，是教育最微妙的领域之一。挖掘校园文化资源，可以营造生机盎然的课程生态环境，实现新课程改革所提出的具有初步的环境意识的培养目标。

1. 挖掘乡土资源，开发校本地域课程

“一方水土养一方人”。学校存在的地域与学校文化发展、课程建设有着千丝万缕的联系，寻找这种联系点、拓宽这种联系点就是开发的一个重要方法。

2. 挖掘特色资源，开发校本形象课程

特色资源往往隐藏得较深，需要广泛调研，深入挖掘，可一旦提炼成功，它就会成为学校的形象代表，在“内强质量、外塑形象”的学校品牌建设中发挥不可估量的作用。

3. 挖掘师生资源，开发校本内质课程

教师和学生是一所学校最重要的资源，是课程开发的源泉动力和最终目标。校本课程发源于教师和学生，最终也作用于教师和学生。“以终为始”是校本课程开发的一个重要原则。面对这个庞大的资源体系，要进行归纳、综合、分类、比较、提取，让本校师生的特质成为校本课程的内质。

（二）开发课堂教学资源，构建课程实践体系

校本课程的资源开发是一项具有广阔发展空间的教学实践工作，从开发课堂教学资源入手，可以丰富和完善课程教学体系，激发课堂教学的活力，全面提升办学思想、办学品位和办学水平。

1. 开发选修资源，丰富校本兴趣课程

学校在开齐开足必修课的同时，必须充分认识到新课程背景下选修课资源广阔的开发前景。现在的学生不同于以往，他们有着多彩的个性和多样的需求，有时候他们接受信息的能力和容量远远超过教师，这就需要学校建立一个开放的、立体的、民主的课程体系。

例如，有许多男学生喜欢踢足球、打乒乓，常常不分时间与场合，这时，就可开设足球、乒乓球兴趣选修课，让这些学生的过剩精力能够得到合理的宣泄，并通过组织学生观看足球赛，让他们谈自己在玩球中的体会，感受到充盈的体育精神。又如，随着现代网络的普及，许多学生迷上了上网，学校可开设电脑选修课，使学生学会科学使用电脑。

2. 开发研究资源，丰富校本探究课程

研究，是一个现代人所必备的素质。通过研究，能够使学生体会到学习的乐趣，从而养成良好的习惯。襄阳市米公小学提出了研究"襄阳书法"的设想，他们通过让学生去"看一看""说一说""画一画""听一听""读一读""问一问""想一想""议一议""做一做""查一查""试一试"等活动搜集关于襄阳古今书法名家如米芾、涂廷多等人的资料。学生在初步了解书法的过程中体验到了研究的乐趣，并培养了他们懂襄阳、爱家乡的良好情操。校本课程资源的开发并不是空中楼阁，而是根植于生活的土壤。当人的潜能得到激发时，校本课程资源开发的可行性大大增加，它就会派生出巨大的生长力。

3. 开发文本资源，丰富校本文化课程

课堂教学离不开文本，"读懂一本书、读通一本书"是学生学习的基本要求。这就要求在开发校本课程中利用好学校图书馆、阅览室、美术室等场馆，整合文本资源，丰富校本课程的文化气息。

（三）丰富创新设计资源，实施课程自主管理

学校教育必须面向全体学生，为每一个学生设计合适的课程表，为每一个学生设计合适的校本课程培训方案，使学生实现自主管理，丰富创新设计资源显得尤为迫切和重要。

1. 开发创意资源，设置校本思维课程

思维在学习中具有决定性的作用，学会思维比占有知识更重要。为了应对信息时代所提出的挑战，某些学校大力开发创意资源。他们开设了头脑风暴演讲、金点子创意展示、名人智慧火花讲座、"我"的灵感闪现等专题特色思维启智课程，拓宽了学生的视野，启迪了学生的思维，开发了学生的智力，甚至在学校设立创客教室、劳动园地等场所以激发师生的创意灵感。

2. 开发策略资源，设置校本管理课程

校本课程资源的开发，必须坚持用先进理念武装头脑，同时更需广泛引进策略资源，实施策略化的教育教学实践。对于教师，要求他们能够加强专业发展，用自己独特的教育理念来发现和创造行之有效的方法进而成功地影响学生的创造思维。对于学生，要求他们能够进行深度学习，实施自主式创新管理，以第二课堂为阵地，以社会实践为契机，激发创新动机，启迪创新思维，加强创新实践。

3. 开发共建资源，设置校本实践课程

走出课堂，走进实践；走出校园，走进田园。这是当今新课程理念的基本要求，也是育人模式转变的要求，也就是"做中学，学中做"。课堂虽然还是教学的主阵地，但校外实践

越来越重要。与社会相关单位开展共建教学是校本课程开发的一个重要方向，很多学校在这方面作出了极其有益的尝试，可以预计，在今后，共建课堂、实践课堂会成为学校校本课程的重要组成部分。

校本课程资源的开发是一项艰巨而又复杂的工作，如何在实现“三个突破”的基础上，进一步拓宽资源开发的领域、完善资源开发课程体系、提升课程理念，将是我们需要研究和解决的问题。校本课程资源的开发也是一项问题解决型的行动研究，需要我们在研究的过程中将反思与创新结合起来，使校本课程资源开发之路走得更加宽广。

第七章
德育创新

第一节　班主任及班级管理

班主任在班级管理中扮演着极其重要的角色，他们不仅是学生学习生活的组织者和引导者，而且是连接学校、家庭和社会的桥梁。本章主要围绕班主任班级管理的重要意义和基本方法、良好班集体的必要条件、班干部培养等方面进行阐述。

一、班主任工作的重要意义

（一）学生思想的引领者

班主任在班级中起到模范带头作用，通过自己的言行影响学生，通过各种教育活动传递正面价值观，帮助学生形成正确的世界观、人生观和价值观，培养学生的社会责任感和公民意识，使其成为对社会有用的人才。

（二）特色班级的塑造者

班主任通过组织多样化的班级活动，引导学生勤学善思，增进彼此情谊，增强集体凝聚力。通过科学有效的管理，能够促进学生德、智、体、美、劳等方面的全面发展，从而建设具有特色的学习型集体。

（三）多方关系的协调者

班主任需要与学生良好沟通，关注学生的心理健康，及时发现和解决学生的心理问题，为学生提供必要的心理支持和指导，形成良好师生关系是建设和谐向上班集体的必要条件；需要与科任教师沟通（也需要与其他班级教师很好沟通），全科教师齐心协力是建设良好班集体的基本保障；班主任作为学校与家庭、社会之间的纽带，只有有效沟通和协调学校、家庭、社会三方面的教育力量，才能共同促进学生的健康成长。

综上所述，班主任在班级管理中的作用不可或缺，其工作不仅影响着学生的日常学习和生活，而且对学生的性格形成、习惯养成和未来发展产生深远的影响。因此，班主任的角色和工作对于学生的成长至关重要。

二、班主任管理的基本方法

班主任是班级的管理者，需要及时了解班级动态。有的班主任事事亲力亲为，身心俱疲却收效甚微。班主任应在班级管理的“要点”上做文章，以点带面，这样才能事半功倍，让班级管理轻松起来。

（一）把握“切入点”，放手才能真正牵手

学生自己能做的事要让他们自己做，千万别替他们做。现实情况是，大多数班主任仍是保姆式、包办式管理班级。这样的教育容易让学生感到压抑并失去个性，使师生关系紧张，学生对教师“只畏不敬”。

班主任要想迅速凝聚班级向心力，放手才是正确的途径。首先，结合学校文化实际，结合学生对学校、对班级、对个人的憧憬，由学生集体商讨制定能体现班级特色的班规、班徽、班训、班歌等，形成班级文化，这既是尊重学生主体地位，也是对学生言行的约束与规范。其次，班级实行学生自治，设立自治委员会，由学生对课堂纪律、教室卫生、班级文化建设等进行管理，每日一小结。细小问题及时改，突出问题不放过，自治小组制定解决方案，专人督促整改。最后，让教室的每个角落都说话，实现“学校处处都育人”的目标，营造育人氛围。班主任巧妙放手，可以强化班级管理，更好地促进学生健康成长。

（二）关注“凝聚点”，增强班级向心力

一个和谐进取的班级，支撑其积极前行的内驱力是班级凝聚力。这种凝聚力能增强学生的集体荣誉感，强化他们对班级的认同感。

班级首先必须是“家”，每个学生都是“家”的主人，都愿意为了班级的发展而努力，都能自觉捍卫班级的荣誉。班主任必须将“家”作为凝聚班级向心力的起点，在“家”的氛围中，学生之间会抛弃芥蒂，融洽情感，磨合思想，班级中每个人才会为班级进步付出努力。在此基础上，班级再制定一个明确的奋斗目标，以激发学生不断进取。同时，班主任要结合班级实际，将大目标分解为若干个小目标，设计目标完成线路图，以此激励学生以高昂的斗志、饱满的热情投身于班级建设。

（三）放大“闪光点”，让学生感受成功的快乐

每个人身上都蕴藏着一份特殊的才能，这份才能犹如一位沉睡的巨人，等待我们去唤醒。在班级管理中，用表扬来唤醒学生，效果屡试不爽。

有的教师认为，对学生说“奉承”的话会降低教师的威信，所以，宁愿板着一张脸，也不愿俯下身子。其实，大可不必如此“矜持”，班主任夸夸学生，会有意想不到的收获。学生

理发了，你就说一句："你真帅！"学生数学考了120分，你可以夸张地惊呼："天才啊！"不善言辞的学生偶尔激情朗诵，你便说："金口玉言，说出来的话就是有分量。"内向的学生笑一笑，你可以打趣："你笑的时候真好看。"闪光点是学生美好一面的显现，是教育的契机。教师的赞语传递的是真诚，学生感受到的是尊重，收获的是自信。被信任、被关注的学生感到自己有价值，还有什么理由不去发出更多的光呢？

班主任时刻做一个有心人，了解学生的思想动态，在"要点"上做足文章。只要德育工作到位，教育一定能开出理想的花，结出丰硕的果。

三、挖掘丰富资源，创建特色班级

教育家魏书生告诉我们，一个班级每天靠班主任不知疲倦地去管理，肯定不是一个好方法，而且永远也不能真正管理好这个班级。挖掘丰富资源，创建特色班级就是一名班主任能力和魅力的最好体现了。

（一）班干部的选拔与培养

在班级管理中，学生不仅是工作对象，而且是教育资源。利用好班干部资源，能使班主任的工作得心应手、轻松自如。

1. 选拔班干部

有人曾说：一头狮子带领的一群绵羊，可以打败一头绵羊带领的一群狮子。一支好的班干部队伍能够带好一个班级。班级管理中的班干部资源是最宝贵的人力资源，建设一支有生机、有战斗力的班干部队伍，是班级工作成功的保证之一。只有选好班干部，才能用好班干部。选班干部，有的班主任搞民主评比、竞选演讲，也有的班主任会给学生布置有创意的作业，通过学生的作业来挑选班干部。例如，在军训的时候，给大家布置一道这样的作业题：设计创建星级教室的活动方案，时间是一个星期，然后从中挑选出富有创意的几份，在班上展示，由学生投票选出他们认为的最佳方案。最佳方案得主一定是愿意为班级努力付出的，并且在班级管理创意、活动组织等方面能力尤为突出者，这样的学生才是德行与能力兼备的班干部人选。一位任教二十多年的班主任说："我一直可以和学生一起创造性地工作，有激情地生活，我真的没有想到。当然这一切都得益于我挑选了一位好班长，并充分发挥了他的作用。"

2. 培养班干部

魏书生说，班级要求实现管理自动化，首先要培养一批热心于班级工作的干部。培养班干部的工作水平，提高其责任意识可以落实在具体实践中，班主任要大胆使用，不束缚手脚，必要时可以提醒班干部注意工作方法，对班干部既要关心、爱护，又要严格要求，在班干部有情绪时使用合理的方法做好班干部的思想工作。

班干部在班主任老师的悉心指点和耐心教导下，工作水平越来越高，团队凝聚力越来越强，班主任的工作也越来越轻松。多年的工作实践证明，班主任注重培养得力的班干部，不但能使班级各项工作顺利地展开，而且班主任能从繁重的工作压力中解脱出来，把更多的精力投入教学。

（二）待优生资源的开发

《学习的革命》一书中讲道，如果一个孩子生活在鼓励中，他就学会了自信；如果一个孩子生活在认可中，他就会学了自爱。捷克教育家夸美纽斯曾说过，应当像尊敬上帝一样尊重孩子。合理地利用学生资源就是尊重学生的体现。学生资源不像一般的物质资源那样容易损耗销蚀。相反，这一资源生生不息，越用越丰富，这是任何形式的资源都无法比拟的。

待优生是班级中的一个特殊的群体，有的思想品质很好但成绩落后，孤立无助，内心比较痛苦。班主任在班上尽量给他们安排一些工作，让他们在这些工作中找到自己的位置，体会到自己存在的价值。优秀班主任罗红云分享："有一位孩子活泼好动，老师们时常说他课堂上坐不住，我让他管理教室的教具。有一次他告诉我不知道谁把老师的圆规弄坏了，裂了一道口子。他用胶带粘好了，我很欣赏地点了一下头，及时肯定了他的做法。过了几天，我发现圆规裂开处贴上了一张小纸条，上面居然还附了一首小诗：'本已伤痕累累，无奈又添新伤，我是学习用具，请君手下留情。'我很震撼，恐怕一位教师也不会想到这一点，就问他这是谁写的，他说是他和妈妈合作写的，因为有一次老师上课，有一个同学走神了，老师就拿着圆规猛敲了一下桌子，他当时就担心怕断了，回家跟妈妈说了，妈妈就和他一起想了这个办法来提醒老师。诗虽然不押韵，但这个孩子能这样用心地去完成班主任交代的任务，就说明他有责任心。一个男孩子有了责任心，还怕长大以后工作搞不好，家庭一团糟吗？"

任小艾老师说，如果说聪明是天生的话，那智慧绝不是天生的，智慧源自责任、源自真心、源自真情。谁还能说我们的待优生不会有作为呢？

教师在班上及时大力表扬这部分学生的做法，不仅让他们明白了自己的价值，而且对少数比较自私的所谓"优等生"也是一种促进，在班级管理中起到"双赢"效果。

（三）巧妙挖掘家长资源

苏霍姆林斯基说，只有学校教育而没有家庭教育和只有家庭教育而无学校教育，都不能完成培养人这一极其艰巨而复杂的任务。夸美纽斯也形象地说道，家庭教育和学校教育就像一架飞机的双翼，缺少任何一方都会出事。

1. 开好首次家长会

家长十分重视孩子的教育，对班主任有非常高的期望，家长第一次与班主任接触大多带着审视和挑剔的眼光，开好第一次家长会是赢得家长信任与支持的好机会，是今后处理学校教育与家庭教育关系的重要基础。家长的心和教师的心贴在一起了，良好师生关系和良好家校沟通等就都顺理成章了。

2. 家长协同参与管理

班主任工作直接面向学生家长，有些问题不便于沟通，也会出现没有时间及时与每一位家长沟通，此时家长代表作用就更大了。这些家长代表来自不同的层面，共同组成了家长委员会，也就是副班主任，主要参与班级管理，为班级建设出谋划策，这样可以形成良好的沟通渠道，多方面累积智慧，矛盾得以化解，也能更好渗透正确的思想。

3. 关心引导家长迫在眉睫

班主任要想让自己的工作轻松、愉快，就要关心引导家长，否则事倍功半。家长的压力大，工作情况、家庭情况不同，各有各的事情，切忌一味埋怨家长，向家长告状，频繁请家长到学校。与家长冷静沟通，相互理解和支持，积极创建小范围的家庭教育分享平台，是很有必要的。笔者曾经在“新冠”疫情防控期间，利用腾讯会议与家长共读一本书，谈谈自己的育儿体会等。家长也需要培训，更需要有效沟通，作为班主任，搭建这个平台很重要。

（四）充分利用教师资源

苏霍姆林斯基曾说过，班主任要尽量把管理的大门向更多的人敞开，不仅仅是学生干部、学生家长，更重要的还有科任老师。俗话说“一个好汉三个帮，一个篱笆三根桩”，没有科任老师的共同努力，班主任单枪匹马很难做好工作。

1. 妥善处理好科任教师与学生的关系

妥善处理好科任教师与学生的关系是班主任工作的重点，也是促进良好班风形成的关键。班主任要善于观察，及时发现、化解师生间的矛盾。

2. 发挥教师的特长

充分利用科任教师的特长为班级管理服务。例如，英语老师建有博客，老师们工作中的一些随笔就放在她的博客上，供学生和家长阅读，让学生和家长了解老师们的所思所想；数学老师开设有空间，学生、家长、老师的想法都发在空间里，在空间里发现有什么问题就召集老师们一起讨论解决；政治老师有十多本读书笔记，把它们放在班级的书柜里，用事实告诉学生，政治老师上课妙语连珠，那是得益于平时的积累；写文章激励学生则是语文老师常用的法宝。

3. 下放权力给科任教师

有时科任教师在学生中说话没有威信，可能是科任教师在班级管理中没有权力导致的。我们可以把班级事务分解，下放给科任教师。例如，排座位，请英语老师负责，她有权给学生调换座位；排考场，请数学老师负责；等等。

四、“美丽班级”建设系列活动基本安排

（一）室内室外环境

目标：教室内外干净整洁，创建班级文化，让每一面墙都有独特浓郁的文化气息，创

建班级“植物角”和“图书角”。

活动推动：开展“美丽班级·我的家”班级特色文化展示活动。

活动时间：新学期开学后，两周内布置完成。

（二）课上课下纪律好

目标：

个人：形象好——穿戴整洁、朴素大方；举止好——讲秩序，讲文明。

班级：学习习惯好，学习氛围浓。

活动推动：

1. 开展主题教育班会：“践行‘三管住’，纪律创一流”“学习‘五认真’，规范记心中”。

2. 举行征文活动：“新的学期，我们将做怎样的改变？”（行为习惯、学习习惯、生活习惯上等）鼓励学生学习身边的楷模，也鼓励学生改变不良习惯，掀起一股弘扬正气，倡导真、善、美、学的热潮。

活动时间：开学前两周班会时间，小组间检查评比。开学第三周班会时间，班级评选，学校、家长群广泛宣传典型事迹。

（三）课堂状态佳

目标：课前整理书桌，摆好本节课所需用具，坐姿端正；课中听讲专注，勤于思考，积极发言，勇于探索提问，与教师互动和谐，每节课都能学有所获；课后认真做作业，书写认真规范，测试认真纠错。

活动推动：坚持思想引领、目标激励，营造学习氛围。持续推进“我的约定”“学生成长记载一览表”等活动，不断激励、唤醒、带动更多学生积极向上的潜力，为学生成长路上加油、喝彩，激发学生内驱力。

每周推出一位学习标兵，挖掘每班学生优点，激励学生热爱课堂，遵守课堂纪律，热爱学习，勤于学习。做好班内帮扶，对班级“后进生”，班主任分配任课教师分别与其结对帮扶，想办法激发他们的学习动力，每月至少表扬并奖励三次。

活动时间：9 月下旬至 10 月（3 月至 4 月）下旬为主，其他时间持续推进。

（四）人际和谐美

目标：学生间关系和谐，互帮互学，结伴成长。师生关系和谐，特别对每班的“后进生”，班主任分配任课教师分别与其结对帮扶，想办法激发“后进生”学习动力，每月至少表扬并奖励三次。家校关系和谐，教师可通过家访、家长会、建立班级家长微信群等形式，与家长保持联系，反映学生在校的真实情况，取得家校“共赢”结果。

活动推动：在 12 月（6 月）期末备考期间，开展“家长推门进课堂”活动，促进家校互动，激励师生积极备考、科学备考，不懈怠，不放弃，力争完成期末目标。

（五）“美丽班级”总体评价方案

“美丽班级”系列活动与单独评价相辅相成，统一构成了“美丽个人”“美丽小组”评价方案。学期末，根据学生（小组）各类评比所获得的总分数进行排名，评选“最美丽学生”“最美丽小组”，并颁发证书与奖品。

做班主任工作就是做“人”的工作，做“人”的工作是很复杂的，班主任不要操之过急，要运用自己的智慧，充分挖掘各种资源来解决问题。苏霍姆林斯基曾说过，一位优秀的班主任要有一种永不衰竭的求知欲望，像一个不知疲倦的探险家，对未知充满渴望。做学者型、科研型的班主任是提高班主任工作艺术的基石和源泉。任小艾老师说，班主任只有把工作当成爱好，把爱好变成职业，把职业变成事业，才能充分体会到做班主任的乐趣。

第二节　了解是建立良好教育的基础

教育学生是一门科学，也是一门艺术，一千个学生就有一千种教育方法。教育学生的方法虽然多种多样，但是学生的性格是相对固定的，学生所遇到的情况是基本相同的，因此，教师可以根据学生的性格类型、实际情况采取相应的教育方法，以达到较好的教育效果。

一、了解四种气质类型学生的特点

日常生活中所说的“气质”，一般是从外表、形象等来衡量一个人。气质是受人的高级神经活动类型制约，并表现在人的心理和行为活动中的比较类型、稳定的动力方面的个性心理特征。格林（盖伦）是欧洲古代医学的集大成者，也是罗马帝国时期著名的生物学家和心理学家，创立了盖伦气质学说，在此基础上，气质说继续发展出经典的四种气质：多血质、黏液质、抑郁质、胆汁质。在实际工作中，了解不同气质学生的不同特点，是建立良好师生关系的重要条件。

（一）多血质中学生的特点

1. 学习、工作和劳动中较善于计划，有条理、不盲从、有效率。
2. 热心，活泼，精力充沛，积极参加各项活动，有较强的自制力。
3. 在课堂上活跃，考试、做作业迅速，力争成绩优秀，注意力集中但无持久力。
4. 与人交往中讲礼节、有分寸，易与人成为好朋友。

（二）黏液质中学生的特点

1. 在学习、工作和劳动中冷静，善于思考与比较以寻求最佳方案，组织纪律性强。
2. 有恒心，从不打扰别人也不易被别人打扰，喜欢在有把握的问题上作出回答。

3. 做作业认真，从不拖拉，但应变能力欠缺。

4. 讲礼貌，情感不外露，说话平缓。

（三）抑郁质中学生的特点

1. 在学习、工作和劳动中细心、规矩、有耐性。

2. 课堂上守规矩，喜欢默默思考，很少发言，较害羞，在生人面前常不知所措。

3. 情感反应敏感而深刻，多愁善感，有些悲观。

4. 与人交往缺乏主动性，小心谨慎，不易流露内心情感。

（四）胆汁质中学生的特点

1. 在学习、工作和与人交往中热情高，极具感情色彩，顺心时什么都肯干，易发怒，不高兴时拒绝一切。

2. 精力旺盛，是各种活动的倡导者和积极参加者，好胜心强，喜欢热闹也易做超越规范之事。

3. 课堂上解题快、反应快，但缺乏耐心，不细心，不求甚解。

4. 行动坚决而迅速，喜欢直来直去，对自己信服的老师由衷敬佩。

针对不同气质学生的特点实施相应的教育方式，理解和尊重是前提。教师需要明确气质无好坏之分，任何一种气质都既有积极的一面，也有消极的一面。多血质的学生反应灵敏，易适应新环境，但注意力不稳定。胆汁质的学生热情开朗、精力旺盛，但任性、脾气暴躁、易冲动。黏液质的学生沉着、稳重、自制、冷静、踏实，但反应缓慢、为人淡漠。抑郁质的学生耐受力差，易疲劳，但感情细腻、审慎小心、观察力敏锐。

二、因材施教是根本

分辨不同气质类型学生的特点，方便学校教师因材施教，提高学生的学习效率，同时有助于家长进一步了解孩子的性格和学习习惯，更加注意改善家庭教育方式，配合学校教师的工作，促进学生学习、身心全面发展。接下来以案例形式分享。

案例 1

这类学生受社会、家庭的影响，容易冲动，性情暴躁，做事风风火火，不计后果。具体表现：课堂上与教师顶嘴、冲动时容易和同学打架等，是我们生活中所说的“急性子”。不愿服从教师的指示，不愿接受教师的支配，不服教师的管教，是大人眼中的“小倔头”。

教育方法：分析气质特点，属于胆汁质。这种气质的特点是喜欢与厌恶表现得比较充分，直来直去。教师要有耐心，给他们宽容和关爱，不要以硬对硬，不要想一次教育就会有效果，因为易燥、易冲动的性格会反复出现。针对这些学生，班主任首先要放平心态,从他们的角度去思考,了解他们犯错误的根源,对症下药,用爱心去感化他们,从而使他们的缺点逐步得以改善。此外,班级实行民主管理,教师与学生、学生与学生共同协商解决问题,活动结束后注重小结,让学生学会沟通、理解、服从这些良好人际关系的核心要素。

案例2

这类学生给人的印象是过分紧张。他们在学校学习和家庭生活中遇到困难、挫折时,时有回避和退缩倾向,害怕教师的批评或指责,在人际交往中很少突出自己,愿意服从教师等权威人物,是教师和家长眼中的"乖乖孩";但有时不懂控制情绪,也会大发脾气,也会有如拖延做作业等现象,有时也会让家长与教师感觉莫名其妙——为何表现会起起伏伏呢?

教育方法: 分析这类气质特点,介于黏液质、抑郁质之间,也是教育中比较常见的情况。对待这些学生最好的方法就是表扬和赞赏。工作中,教师对他们所做的事情要从积极的方面给予肯定,这样他们做事会更有动力。另外,要鼓励他们多参加球类、接力跑、拔河等公开、激烈的体育竞赛,使他们在活动中迎接挑战,接受考验,避免过分依赖。

案例3

这类学生沉默寡言,缺乏人际交往能力,不善于表达自己的感受,对一切事物都缺乏兴趣和参与动力,对未来失去信心,对自己的缺点和过错总是过分自责,不喜欢与人交谈或参加群体活动;大多面无表情,精神萎靡;喜欢观察,喜欢提出问题;喜欢看书,喜欢学习新知识,善于思考。

教育方法: 分析这类气质特点,属于抑郁质。对待这类学生,教师首先要帮助他们营造积极向上向善的氛围,时常通过视频及一个个小故事在班级大范围内宣传,这样做主要是避免这类学生不希望被过分关注,指向性太强的沟通反而会让他们有更多的不适。其次是根据他们的特长,让他们参加绘画、书法、读书、运动会、社会实践等丰富多彩的文体活动,使他们转移目标,从不良情绪中解脱出来,消除抑郁。最后针对他们交往能力弱的问题,教师要鼓励他们主动与人交往,使他们学会交流,帮助他们树立信心。

三、爱与等待是一切好教育的前提

教育实践中,教师做到对学生有"童心",对家庭条件优越的学生要"静心",对尖子生要“细心”，对待优生有“恒心”，对贫困生献“爱心”，对单亲子女靠“热心”，对务工子女持“耐心”，对智障学生有“怜悯心”。爱是一切好教育的前提。（本部分主要以教学案例形式分享）

故事一

耳钉——发现学生闪光点

我带的这一届学生中，有三位女生打耳洞，戴耳钉。我发现后分别找这三位女生谈心问明原因，结果却让我非常震惊——孩子们竟有如此细致的观察力！原来她们看到我有耳洞，戴耳环，很漂亮，想跟我学。我从教这些年来对自己的仪容仪表还是比较注意的，上班期间是很少佩戴首饰的，但是耳朵上细小的耳洞还是被学生观察到了，并且引来了她们的模仿。我及时意识到要把学生的这种细致观察力引导到学习上来，她们会大有可为！特别是数理化学科上，这种细致的观察力可以让她们的学习有质的飞跃！当然我也谈了中学生不能佩戴首饰的问题，她们也欣然接受。（襄阳市三十一中　岳辉）

故事二

老鹰与老英——多一份了解

课前，几个英语口语练习没有完成的“顽固分子”又在门口大喊“老英来啦！老英来啦！”询问得知，“因为你是教英语的老师，我就叫你‘老鹰’，这个‘老鹰’是英语的‘英’的谐音”。我本能地感觉到自己的权威受到挑战，然后再次问为什么不完成口语作业，学生默不作声。看在他这么冥顽不灵，我要求他罚抄口语的文章，并且在下午交给我。

中午放学。我准备买煎饼，突然听见一个很欢快的声音喊道：“许老师好！许老师好！”是今天早上被我惩罚的那个孩子。他如此热情地打招呼，我也应了一声：“你好，怎么不回家吃饭，还在外面晃荡？”“我……我……我的自行车链子掉了，没修好。”我又问道：“那家里没人来接你吗？”“我家里没人。”我疑惑地追问才得知，孩子父亲出差了，在汽车站开长途汽车，妈妈在他二年级就生病去世了。

咯噔，我的心像被什么触动了一下。突然的心疼让我对这个孩子多了几分怜惜。我诧异，又追问：“那万一你身体突然不舒服怎么办？”“我有一个老年机，我会用那个手机给我姑姑打电话。”瞬间，我似乎明白了为什么他没有完成口语作业。“所以，你是因为手机不能下载软件而没有完成作业？”“嗯。”他默默地回答道，“但是老师，星期五我爸爸就回来了，我保证，一定会把作业补起来的。”“那上午课间的时候，你为什么不告诉我呢？”他说：“我看你当时好生气，我怕说了你不相信我。”

刹那间，我明白过来了，原来自己离学生的距离是那么的远，根本没有走进学生的心里。教育不应该是这样，教师不应当只是一个严肃呆板的角色，硬碰硬的教育方法让我们两败俱伤。带着自己的懊悔，我大声说道：“老板，再加一份煎饼，加一个鸡蛋，加一根火腿肠，还加一个鸡柳！”他哈哈大笑：“老师要请客呀，那我就不客气啦。”我也笑着说道：“请你吃了煎饼，你要答应我下午来办公室用我的手机完成口语哦。”“明白，一定做到，许姐。”边说，他边比出一个 OK 的手势。嗯，“许姐”，我笑了笑，我想这是一个特别的称呼吧，这里有理解和关爱的含义吧。

第二天，他一个人来到办公室，手里攥着十块钱，递到我的面前。“许老师，昨天中午的煎饼，谢谢您。”我打趣地说道：“这是许姐请你的，不用这么客气，而且我发现你是一个特别能担当的男子汉呢！”“哈哈，那必须的。”他干脆地回答道。从那之后，这个学生的英语口语练习再也没有落下，并且总能在总分 15 的练习中拿到 14 分以上。一年以后，在所有师生都在拍毕业照的时候，他穿过拥挤的人群，给了我一张贺卡，卡上写着：谢谢您的煎饼，让我觉得学校的生活是有意义的，我考上高中啦！

作为一名青年教师，我想这就是爱的力量，教育的改变。只有热爱学生，才能打开学生的心扉。从那之后，我深知教师的幸福，不是消沉的等待，不是鲁莽的索取，而是用爱默默耕耘。教育是心灵的世界，更应当是幸福的发源地。在今后的教育生涯，就让我们一起用爱心践行初心，用爱心播撒希望，以爱为密码，砥砺前行，谱写青春最美的乐章，敲响幸福之门！（襄阳市第三十一中 许蓓）

四 故事三

接纳成长，拥抱幸福

作为学校的心理教师，我觉得责任十分重大，我的工作关系到每一个学生、每一个家庭的幸福。每当有学生来找我聊天诉苦时，每当有家长向我紧急求助时，每当发现有异样的学生问题时，我的内心都是复杂的：既高兴，又担心。高兴的是及时发现了问题并能够有效处理，担心的是他们的诉求是否真正解决了，他们是否真的能回归正常的学习生活。

当前社会，抑郁、焦虑、自闭、网瘾等各种问题在学生中越来越多地出现，甚至有少部分学生的身心健康已经受到了严重影响。现在，越来越多的学生和家长会前往心理辅导室向我求助，我有时候一天会接待两三个来访的学生，不管我有多忙，我都会耐心接待他们。因为我知道，他们能够来这里，一定是鼓足了勇气！每当我感受到他们对我满满的信任感的时候，每当我使出浑身解数帮助他们的时候，每当我看到或听到他们有所好转的时候，我都体会到作为教师满满的幸福感！下面我想分享在我工作中遇到的几个案例，由于涉及学生的隐私，因此隐去来访者的有关信息。

我正在办公室办公，一个女孩找到了我。该女孩学习成绩优异，但学习上常有焦躁情绪，时常因为学习成绩而自责，并且不愿意与父母沟通。最近考试没考好，她又开始焦虑起来，情绪低落。经详细了解，女孩性格上追求完美，事事要强，从小就对自己要求很高，如果不是因为最近睡眠也开始不好了，她也没准备向我求助。我在她第一次咨询时为她播放了一段冥想放松的音乐，让她身心逐渐放松下来，然后鼓励她——你是最棒的，此刻，你就在当下。接着我为她安排了三天后的第二次咨询。我告诉她多对自己进行积极的自我暗示，告诉她情绪“A-B-C”理论的主要内容。心理学里有一个非常简单的积极暗示的方法，那就是“镜子练习”，例如每天对镜子说出自己希望的样子，如“我真的很不错”“明天会更美好”，重复二十次以上，坚持一个月，慢慢就可以培养起自信心和好心态。第三次来咨询时，我感觉到她明显开朗自信了很多，我也有了满满的幸福感。我向她讲述了一些我自己的例子，分享了我从前上学时遇到的困惑与解决的方法，鼓励她相信自己，多把自己的想法倾诉出来，从而能够用坚强的内心自信从容地面对挑战！

还有一次，一个学生家长找到了我，向我述说了她的苦恼。原来，她女儿在小学时学习一直不错，进了初中以后成绩开始下滑。特别是有了网课后，每天作业做到很晚，边看手机边做作业，白天上课犯困，什么学科都落后，不让父母过问学习上的事，不然就吵架，然后冷战几天。家长感到十分苦恼。我告诉家长，和孩子交流要能够共情，站在孩子的角度，不要总是批评。课下我找到了这个女孩，由于之前教过他们心理课，她不太惊讶。我递给她一小包零食，告诉她我经常听她妈妈说她的优点，“她说你很听话很乖巧，舞蹈也学得不错，是个懂事的好孩子”。女孩脸上浮现出一丝惊喜，淡淡一笑。过了几天，我又邀请她来咨询室，了解她的性格和爱好。原来她父母自从她成绩下滑后就总爱批评她，她就越来越自卑，甚至认为她父母更偏爱弟弟而不关心她了，总想着在手机上消耗时间，寻找快乐。而我却肯定了她这么多优点，并且说是她妈妈对我说的，她开始认识到误会父母了，我借机让她学会换位思考，感受父母的不易。我用她想考××高中的目标激励她，帮助她制订了近期的各项计划，提醒她要加强自律，放下手机，抵制诱惑，完成计划后给自己一些奖励。第三次来的时候，她激动地告诉我说自己最近进步了不少，我非常开心地鼓励了她，一起分享努力后的喜悦和幸福！

除了学习焦虑、亲子关系紧张、网瘾等，在校人际交往问题也是困扰学生的大苦恼。有不少学生课后向我诉说被老师批评，被同学嘲笑、孤立的苦恼。其实，这些问题每天都在每个班级很多学生身上发生，只是有的学生不在意，有的学生却很痛苦。有的学生学习很好却遭到其他同学的嫉妒挖苦，心里很委屈；有的学生学习不好也会受到其他同学的嘲讽讥笑，变得更加自卑；还有的学生一旦受到老师的批评就会难过几天，在班上没有朋友可以纾解烦恼；等等。千万别小看他们诉说的这些问题，表面看似乎不影响学习、无关紧要，有的父母甚至可能就用一句“别想太多”替代过去了，但其实背后隐藏着大隐患。每每遇到这样的学生，我一定会耐心地听完他们的倾诉，接纳他们的情绪，与他们共情，再去帮他们提出纾解情绪、处理人际关系的方法，解决他们的问题。每当他们的苦恼有一点点缓解时，我都会倍感幸福！

尽自己最大的努力，用智慧、耐心、爱心去化解每一个学生的内心苦恼，提高家长们的育儿能力，帮助学生成长得更加健康、快乐、自信，是我孜孜不倦的目标，更是我的幸福。（襄阳市樊城区心理辅导中学　陶曼琦）

第三节　学习力提升中教师作用的发挥

本节所谈的学习力是指学生在学习阶段和以后社会实践过程中自主产生的想学、能学、学会的能力，是一种可持续发展的能力，并且越来越强大、越来越有效，能够成为终生发展的能力。教师作用的发挥主要包括教师在学生学习动机激发（乐学）、学习毅力锻造（愿学）、学习能力提升（能学）过程中积极的、多层次的策略，从而促使学生增强学习力。

一、学生学习力存在的问题及其影响因素分析

（一）初中学生学习力存在的问题

在学生的学习过程中，“学习力”是学习动力、学习能力、学习毅力等多个方面相互交织，但目前学习力的呈现方式仅为分数。对于初中学生而言，评价方式过于单一，唯分数论，初中学生的学习力呈现普遍弱化的趋向。集中表现为：因为学习目标不明确、不坚定造成了学习力的内驱力不足；因为学习毅力欠缺，导致学习目标和计划的反复更迭，并且缺乏持续的自我监督和持久的约束性。随着学习动力、学习毅力的弱化，初中学生的学习能力也就日渐萎缩。

（二）影响学生学习力培养的因素分析

1. 培养方法系统性不强

目前，对学习力内涵的解读各种各样，并且理论分析过多，缺少从多个方面综合、系统分析学生学习力薄弱的原因，更缺少在学习力提升过程中的具体路径，学习力培养方法的系统性不强。

2. 课堂教学平庸化

学生学习的主阵地是课堂，但教师填鸭式的讲授，过于重视知识的传授而忽视知识与学生生活的联系，导致学生学习兴趣不足；忽略学生的个体学习风格、学习程度差异，课堂教学呈现统一目标、步调及方法，造成学生分化现象严重。长此以往，课堂教学平庸化，缺少激情，缺少层次，学生兴趣和学习效率会降低。

3. 学习评价模式滞后化

评价内容多侧重对书本知识的考察，而较少关注学生对知识的应用能力。这种唯分数导向的评价模式，既违背了学校教育的初衷，也曲解了评价的本意，对学生学习力造成了不可逆转的伤害。评价不仅要关注学生的学业成绩，而且要发现和发展学生多方面的潜能，了解学生发展中的需求，帮助学生认识自我、建立自信。

二、国内外学习力提升的基本思想

（一）养成良好的习惯，才能为学生将来的发展提供无限的可能

我国古代教育家孔子说："少成若天性，习惯成自然。"新课程标准把培养学生学习习惯作为首要学习内容，因为它为学生提供了一个可持续发展的空间，促使学生更加主动、自觉、积极地投入学习。这不仅有助于当前的学习，而且是学生个体由幼稚走向成熟、由依赖走向独立的重要标志，是学生个体自我发展和自我实现的基本条件和根本保证。可见，良好的学习习惯对一个人素质的提高和长远发展具有重要而长远的意义与价值。

"养习于童蒙"，中学阶段是基础教育的关键期，也是各种习惯养成的最佳时期。因此，只有紧紧抓住学生的少年时期，用好的习惯规范学生的行为，帮助他们逐步形成良好的习惯，才能为学生将来的发展提供无限的可能。

（二）"因材施教"是营造和谐课堂气氛、提升学生学习能力的基本条件

我国著名教育家孔子很早就提出"因材施教"原则，布鲁姆的整个教学理论主张"只要能找到帮助每一个学生的方法，那么从理论上说所有学生都能学好"。在学生学习力提升方面，对学生认识及策略上都要围绕这些原则去努力创造。

苏霍姆林斯基说过，在人的心灵深处，有一种根深蒂固的需要，这就是希望自己成为一个发现者、研究者、探索者。新的课程理念认为：在注重知识技能的同时应注意过程与方法，教学生方法比教学生知识更重要。

因此，"因材施教"创建和谐的师生关系，营造和谐的课堂气氛，最终达到提高课堂教学质量，提升学生学习能力，提高学习效果，真正实现学习动力、毅力和能力的综合，可谓一举三得。

（三）激发内驱力以实现高级别的需要，最终实现自我的提升

马斯洛认为，人类有多种需要，人最迫切的需要才是激发人行动的主要原因和动力。对于初中生而言，自我实现是高级别的需要，只有帮助他们在学习和生活中不断实现较低级别的需要，才能进一步激发他们的内驱力以实现高级别的需要，最终实现自我的提升。学校、家庭一定要联合社会力量给初中生具体的行动指导和有效激励，让初中生产生胜任感、归属感。

美国心理学家布鲁纳曾说过，学习的最好刺激，是对所学教材本身的兴趣。强调了学生学习的内部动机是学习过程的真正动力。他认为最好的学习动机莫过于对所学材料本身具有内在兴趣，主张围绕学习兴趣组织学生的学习，使学生在探索未知中获得满足感、愉悦感。

苏贝尔曾指出，学习与动机之间的关系是典型的相辅相成的关系。因此教师在教学的同时，应该让学生获得成功的体验，学生一旦尝到成功带来的喜悦，利用归因理论，他们的学习动机就能获得强化，又有助于使学生产生自信心，增强学生的自我认同感，进而利

用学习结果的反馈作用，强化他们的学习动机。

因此，强化情境教学能更好地提高学生的学习能力。情境教学是指从教学需要出发，引入、制造或创设与教学内容相适应的具体场景或氛围，引起学生的情感体验，帮助学生迅速而正确地理解教学内容，促进学生素质的全面发展的一种教学方法。良好的教学情境能充分调动学生学习的主动性和积极性，启迪学生的思维，开发学生的智力，是提高学生学习能力、提高课堂效率的重要途径。

三、发挥学校、课堂是学生学习力发展的主阵地、主渠道作用

学校、课堂是教学改革的主阵地，也是学生学习力发展的主渠道，学生的学习动力、学习毅力、学习能力都需要在学习过程中培养和提高。因此全面分析学生性格特点、了解学生学习基础情况、不断完善教师教学行为、实行更优秀的教学策略及评价方式是教师在学生学习力提升方面大有可为之处，需要坚定不移地完善。

（一）创建和谐师生关系，提高学习力

教师是学生学习的合作者、引导者和参与者，教学过程是师生交往、共同发展的活动过程。苏霍姆林斯基说过，教师的情绪渲染是讲授素养之一，它在极大程度上决定着学生课堂脑力劳动的效率。教师要调动学生的情感因素，必须倾注自己的爱，“以爱动其心”。融洽的师生关系是启发学生学习兴趣和积极性的重要前提。所以，师生亲密合作，营造和谐的课堂气氛是每一位教师应该做到的。

1. 关爱学生

古代大教育家孔子主张对学生施以“仁爱”，他说“仁者，爱人”，要做到“诲人不倦”。法国自然主义教育家卢梭指出，热心可以弥补才能之不足，而才能不能弥补热心。关爱学生，是每位教师在日常教学中努力工作的原动力。多给学生关爱，多与学生交流、沟通，倾听学生的心声，帮助学生分析、认识和对待各种学习问题。学生的心理压力只有得到适度释放，才能愉快学习、健康成长，也才能与老师更加亲近，才能“亲其师，信其道”，才能更有利于有效教学。

2. 尊重学生

有人认为，考察语文教学效率的重要标准，是学生积极主动参与的程度。在一堂课上，如果有80％以上的学生以主人翁的姿态，积极主动地参与语文教学的全过程，就可以算是一堂高效率的课。课堂教学应当是师生思维的碰撞、情感的交流。尊重学生不仅表现在尊重学生的情感表现，尊重学生的个性特点，尊重学生的自尊心理，而且表现在在课堂上对学生主体地位的尊重。放心大胆地让学生在自主学习过程中不断领悟、不断探究、不断创造，学生才会得到提高和发展，才能做到师生之间平等、民主地进行对话，让学生在愉悦、积极的心态中接受新知识。这也是新课程标准中倡导的新的学习方式。这样的学习才显得丰满，充满活力。

3. 走近学生

教师与学生是师生关系，但是如果教师能放下“教师”的架子，与学生做朋友，完全彻底地接纳学生，接纳他们的奇思妙想，包括接纳错误，学会做学生的知心朋友，与学生建立平等、合作、友好的师生关系，就为学生竖起了通往成功的阶梯。

走近学生，教师不仅可以采取谈心、周记交流等方式，而且可以通过与学生一起参加活动，在游戏中增进感情、加深了解、缩短距离；还可以适当地使用一些班级用语，如可以在课上提问时喊出某个学生的“绰号”（当然要健康和没有恶意的）；可以在讲课时使用一些学生喜欢的流行语；还可以在学生疲倦时，与学生一起欣赏他们喜欢的音乐和动画片，让学生感觉你是他们的一分子，这样就很容易营造愉悦、和谐的学习气氛，当然就有利于教学了。

4. 欣赏学生

高尔基曾经说过，谁最爱孩子，孩子就爱他，只有爱孩子的人，他才可以教育孩子。著名的心理学家和教育学家戴尔·卡耐基在谈到人的需要时提出，人们大多“渴望被肯定”。所以教师要提高语文课堂的效率，就要让学生爱上这门学科。要使学生能在课上认真听讲，教师就要真诚地欣赏学生，要善于赏识学生的闪光点，对学生任何成功的言行都要予以及时、明确的肯定。要给学生表述他们自己想法的空间，让每一个学生都畅所欲言，还要想方设法扩大学生想法的“影响力”，让学生得到更多人的欣赏，尽可能地丰富和拓展学生的精神生活。

总之，营造民主和谐的教学氛围，构建平等融洽的师生关系，加强师生之间、生生之间的合作与交流，既充分开发了学生的潜能、提高了效率，又使学生在愉快、和谐的情境中获取了大量的知识和综合能力，也就提高了课堂学习的有效性。

（二）激发学习兴趣，提升学习力

以学科教学为例：

第一，歌曲有利于调动学生的学习兴趣，改变过去学生被动学习的方式。托尔斯泰说过，成功的教学所需要的不是强制，而是激发学生的兴趣。“兴趣”是学生主动学习，积极思考，努力探索的内在驱动力。歌曲可以作为引发学生兴趣的导语，优化导语设计，架起学生与教材之间的桥梁，缩短学生与教材的距离。

在讲解省级行政单位前，地理教师播放小苹果版的《中国的行政区划》视频，利用地理知识编的歌词唱流行歌曲，学生感到很有趣，随即与视频一起唱，学生的学习动力调动起来，既在熟悉的旋律中对中国的行政区域有了整体的印象，又感知到中国的地域差异。

第二，通过丰富的想象，培养创新思维。在讲述各省级行政区的轮廓及位置时，教师一边演示各省级行政区轮廓图的课件（让各省级行区的轮廓逐一显现），一边让学生仔细观察各省级行政区轮廓图的特点和各省级行政区的位置。教师再根据各省级行政区的几何图形或风土人情、地形地物、经济发展等方面的特征，取其最佳相似形象，启发学生对各省级行政区图展开想象。例如：山西省形如平行四边形，黑龙江像一只展翅高飞的天鹅

（天鹅的故乡），云南省像一只孔雀（珍稀动物孔雀产地），海南省像一只菠萝（我国著名的菠萝产地），台湾似香蕉（热带水果香蕉的产地）等。随着读图的不断深入，随时启发学生，让他们自己按照认识事物的水平得出地理事物的内在联系，用他们丰富的想象力去联想，以此发展学生的想象力和创造力，增强记忆效果，培养创新思维。

在地理教学中，采用猜谜语的方法，能够帮助学生牢固记忆地名、掌握地理概念、发展思维能力、培养学生学习地理的兴趣。例如，碧波万顷（打一省名）（青海省）、船出长江口（打一省市名）（上海市）、银河渡口（打一省市名）（天津市）、宝地（打一省名）（贵州省）、两个胖子（打一省会）（合肥市）、夏天穿棉袄（打一省会）（武汉市）。

在地理教学中，考虑到学生比较喜欢游戏的特点，教师在教学中可结合学生的实际认知能力和教学内容，设计"拼图游戏"，通过这个游戏来提高学生的学习兴趣，深化学生的空间概念。针对 34 个省级行政单位在地图上的位置很难记住这一特点，让学生合作"做"拼图游戏来记住 34 个省级行政单位的地图。在学生合作玩拼图游戏之前，引导学生通过观察感知到拼图可以多角度、全方位进行。学生合作拼图游戏结束后，可以给学生相互交流拼图方法的时间，让学生的智慧在相互碰撞中产生火花。这样的拼图游戏，做中学，学中做，让学生充分感受、体验、经历"学习的过程"，既渗透了新课标重过程的理念，又将死记硬背难以掌握的知识点变成学生喜欢的游戏活动。

（三）鼓励学生动手实践，激发学习力

以物理学科为例：

培养学生对物理的兴趣，首先要重视实验教学。比如在进行"密度"的教学时，在学习这个内容之前，教师让学生把矿泉水瓶装满水，并放在冰箱冷冻室里。这是学生必须完成的一项作业。第二天，把矿泉水瓶从冷冻室里拿出来，再让冰块融化成水。结果学生发现，瓶子破了。学生为此争论不休，为教师的"密度"教学打好伏笔，提高了学生学习物理的兴趣，吊足了学生学习"密度"的胃口。

在进行光学的教学中，在学习了平面镜、凸透镜以后，教师布置了一项作业：自制照相机、投影仪、望远镜，学生认真思考，通过查资料，对这一作业产生了浓厚兴趣，并动手操作。学校组织评比、展览、讲解一系列教育实践，在交流中，学生的动手能力、研究意识、学习能力逐渐提升。物理学科还可以同生物学科相连，学生制作了显微镜，再结合生物的学习，用自己做的显微镜可以观察到载玻片上的微生物，这是让学生多么激动的事啊！在学习光的直线传播现象时，可以先播放一段皮影戏，以激发学生的兴趣，让学生带着迫切的求知欲投入新的学习。

（四）分层定标，鼓励每个学生前进

以英语学科为例：

如何在初中英语教学中有效运用思维导学来提升学生的英语学习力？英语教师将学

习目标分为三个层次：基础性目标实现路径、拓展性目标实现路径、挑战性目标实现路径。

基础性目标实现路径是学生课前能够通过初步的思考、模仿示例、查找工具书等，完成基础性目标及练习；课上则通过小组讨论和交流，让学生对基础性练习核对答案，并借此巩固基本概念。

拓展性目标实现路径是学生课前通过示例模仿、思考文本、初步解读等自主学习途径，完成拓展性目标学习。课上通过小组讨论和交流，让学生对自主学习成果进行核对和巩固。接着，通过学生展讲、教师适当指点，解决学生中存在的普遍问题，并对核心内容进行归纳和梳理。

挑战性目标实现路径是课前鼓励部分学生根据学习基础和学习能力，自主选择并完成挑战性练习中的部分习题或全部习题。课上则通过“小老师”讲解、教师引导的方式，引导学生探究解决相关问题。相对较难的内容则只公布答案，由“小老师”课后探讨，并引导学有余力的学生自主完成。必要时，教师给予适当点拨。

（五）注重学习习惯培养，不让学生掉队

以数学学科为例：

目前，学生在数学学习中存在着许多不良习惯。例如，不爱预习，一味依靠教师，缺乏自主学习的精神；字迹潦草，难以辨认；漏掉数字或符号、点错小数点、写错指数；等等。有些学生计算粗心大意，经常出错，计算后不验算。有些学生做作业不善于独立思考，爱抄袭别人的。更为严重的是有些学生对作业中做错的题目不及时纠正，而是只改答案、一带而过。以上种种其实就暴露出学生在学习力方面存在的问题。应着重从以下方面对学生进行习惯培养：(1) 培养学生认真预习的习惯；(2) 培养学生认真审题的习惯；(3) 培养学生专心听讲的习惯；(4) 培养学生认真独立完成作业和自觉检查的习惯。

良好行为习惯的培养是以学生为本，是学生探索、认识、肯定和发展自己的一种方式，是在学生掌握知识技能的同时，逐渐习得的，是一个创造的过程。它着眼于学生现在，关注学生未来。学习的能力和学习的习惯只能在学习中形成和发展。教师要更新观念，积极进行教学改革。选取最能发挥学生学习主动性的教学方法，组织学生的学习活动。在教授基础知识的过程中教授学习和思考的方法，培养学生良好的学习习惯，持之以恒，使学生不但学会，而且会学，做学习的主人。

（六）激励学生的学习过程，提升学习毅力

教师在教学过程中不但要传道、授业，更要解惑。解惑包括去除学生心中的畏难情绪，帮助他们坚定学习的信心，不断克服学习道路上一个又一个困难，在战胜困难的过程中经历探究的过程，培养坚毅的学习品质，收获成功的喜悦，积累学习的经验，提升自身的学习力。例如，教师经常在课堂中就某个问题进行提问，当学生没有回答出正确答案时，教师往往会让别的学生重新回答，或者干脆自己讲解。这样做的出发点是更好地提升课

堂的教学效率，但从另一个角度来讲，如果我们能给回答错误的学生解释自己答案的机会，并顺势进行思路的疏导，帮助其回到正确处理问题的道路上来，就会提升该学生的信心，纠正其错误的想法，同时向其他同学释放出鼓励的信号，鼓励他们大胆思考、锐意进取，允许学生质疑、自主发现问题和解决问题，充分调动学生的主观能动性，让每一个学生都有机会展现自己。

学习是一场持久战，没有毅力便很难成功。要求教师在平时教学中多注重对学生进行人文渗透，积极培养学生的学习毅力。经常讲励志故事，通过对物理学家不断探索知识过程的了解，学生能够意识到知识获得的不易，能够认识到科学的发展是在争论和探讨中实现的，了解到人类对于自然的认知不是一帆风顺的，是经历了否定、再否定，才逐步得到肯定的、正确的结论，从而让学生明白学习不可能一蹴而就，需要有坚韧的性格、坚强的毅力，才能达到学习目标。

随着研究步步深入，以下三个方面在学生学习力提升中尤为突出：帮助学生养成良好学习习惯的措施与必要性，激发学生学习动机的途径和必要性，锻造学生学习毅力的策略。

以下两个方面也需要更好完善：一方面，倡导政府创办更多九年一贯制学校，因为学生文化、德育、学习习惯等是一个系列，需要在一个周期内科学推进，完成人才奠基工程。另一方面，教师继续教育工作仍需要进一步加强，不仅在学科教学素养提升上，而且应在学生情商培养、心理健康干预上多下功夫。

第四节　中小学班主任工作常规

班级是学校根据管理的需要把年龄相近、文化程度大体相同的学生分割成一个个小范围的聚合体。它们是学校教育的细胞，是学校教育工作的基本组织形式，是学校教育、教学的基层单位。

班主任是学生班集体的教育者、组织者和领导者，是班集体的灵魂，是联系班级中各科老师的纽带，是沟通学校和学生各种组织以及家庭和社会的桥梁，是学校开展各项工作的得力助手，是学校德育工作的骨干力量，是国家教育方针的具体执行者，是学生德、智、体全面发展的引路人，是美的心灵的塑造者、健康个性的培养者，是学生人格的榜样、道德行为的示范者，是学生健康成长的导师，是影响学生整个人生的人。

在学校中，每一个学生都学习和生活在一定的班级中，学校教育计划的实施，各项教育、教学活动的开展，主要是通过班级组织进行的，因此，在一所学校里，在同一校长的领导下，由于班主任工作状况的不同，同年级的各个班级的学生，在某些方面的表现可以呈现较大的差异。同时，班主任在执行学校教育指令方面起着中枢作用，一个任课教师不得力，可能会出现乱堂，而一名班主任不得力，就会出现乱班。一个学校哪怕只有一个乱班，也会对整个学校的工作产生冲击。班级好比细胞，细胞出了问题，机体的健康也就不存在了。

班主任的基本任务是按照德、智、体、美、劳全面发展的要求，开展班级工作，全面教育、管理、指导学生，使他们成为有理想、有道德、有文化、有纪律、体魄健康的公民。班主任的基本任务规定了班主任工作的基本教育思想、主要工作任务和教育目标，这是对班主任的根本要求。

为了搞好班主任工作，使班主任工作有章可循，按照精细化管理工作的要求，特制定以下常规①：

一、班主任的职责与任务

教育部在2009年8月12日颁布的《中小学班主任工作规定》规定的班主任的职责与任务有如下几点：

(1) 全面了解班级内每一个学生，深入分析学生思想、心理、学习、生活状况。关心爱护全体学生，平等对待每一个学生，尊重学生人格。采取多种方式与学生沟通，有针对性地进行思想道德教育，促进学生德、智、体、美全面发展。

(2) 认真做好班级的日常管理工作，维护班级良好秩序，培养学生的规则意识、责任意识和集体荣誉感，营造民主和谐、团结互助、健康向上的集体氛围，指导班委会和团队工作。

(3) 组织、指导开展班会、团队会(日)、文体娱乐、社会实践、春(秋)游等形式多样的班级活动，注重调动学生的积极性和主动性，并做好安全防护工作。

(4) 组织做好学生的综合素质评价工作，指导学生认真记载成长记录，实事求是地评定学生操行，向学校提出奖惩建议。

(5) 经常与任课教师和其他教职员工沟通，主动与学生家长、学生所在社区联系，努力形成教育合力。

二、班主任每学期常规工作

(一) 班主任的学期初工作

(1) 做好学生报到注册等工作，做好学生个人信息的登记核对与统计上报，做好控辍保学工作。

(2) 做好班级卫生、书本发放、学生座位编排、队列顺序等工作，妥善安排学生的就餐、住宿等事宜。

(3) 组建、改选班委，明确分工，落实职责。

(4) 做好班级环境布置及班级文化建设工作，营造良好的育人氛围。

(5) 制订好班主任工作计划，分析班级学生基本情况，提出班级工作目标，明确班级工作的主要内容与要求、具体工作步骤和方法。

---

① 资料来源：微信公众号武宏伟01，班主任的常规工作有哪些，https://mp.weixin.qq.com/s/VVa7GBDH3ei82qs-yx-fOg。

(6) 学习贯彻《中小学生守则》《中小学生日常行为规范》《学生纪律处分条例》及其他校规校纪。

(7) 按要求做好学生情况摸排登记工作,建立特殊生工作档案及学生特异体质档案。

(二) 班主任的学期中工作

(1) 分析学生学业水平、道德素质、班集体达标创优状况,明确下半学期学习工作努力方向,适时调整策略。

(2) 开好班级阶段总结会,做好期中考质量分析,表彰、鼓励先进,辅导差生。

(3) 召开一次班级学生座谈会,加强学生的心理辅导工作,了解学生对班级工作的意见和建议,明确下半学期班级工作的努力方向。

(4) 做好学生"奖资助"评选替换工作。

(三) 班主任的学期末工作

(1) 组织好学生的期末复习和考试工作。

(2) 做好对学生综合素质评定工作,写好学生操行评语。

(3) 组织好"三好"学生、优秀学生干部、优秀团员等标兵评比活动。

(4) 指导学生处安排假期生活,并对学生进行遵纪守法和安全教育。

(5) 与班级"特殊生"谈心,交流情感,分析现状,肯定成绩,指出问题,提出希望,并明确假期生活的具体要求。

(6) 完善学生素质报告书的相关内容。

(7) 完成班主任工作总结并上交,鼓励各班主任撰写德育工作论文,作为评先、评优标准。根据学校相关部门要求,将班务工作的有关材料递交学校,及时归档。

三、班主任每月常规工作

(一) 学生素质每月测评

根据本班学生特点,对学生的学习水平、公民道德素质等发展状况进行月总结评价,评价可采取学生自评、互评、教师评等方式进行。做好对"问题学生"的进一步教育工作。

(二) 分析班级考核问题

分析班级考核呈现的问题,了解班级工作月量化考核情况,分析班级中出现的问题,采取及时有效的措施予以解决,有针对性地计划后续班主任工作。

四、班主任每周常规工作

(一) 核查学生返校情况

周日晚自习检查学生到校情况,及时与没有返校的学生及家长取得联系,确保学生安全。将由于特殊情况没有按时返校的学生的情况告知分管领导及宿管。将离家未返校学生的情况及时上报学校，并积极配合家长寻找学生。

（二）组织升旗仪式

星期一早上组织本班学生参加学校升旗仪式。升旗仪式是学生爱国教育的重要环节，班主任应组织学生做到重视升旗、尊重国旗。要求升旗过程中学生肃立，行注目礼，高唱国歌。

（三）上好班会课

班会课常规内容首先是安全教育，然后总结上个星期班级所出现的问题，再安排一周内常规活动。如果德育处及学校其他部门安排主题班会，在常规内容完成后，依要求开展主题教育或主题讨论。常规班会内容记录于班主任工作手册，主题班会撰写班会计划、班会总结。

（四）组织学生进行卫生大扫除

每周三下午为学校卫生大扫除时间，班主任安排学生对教室、卫生间、教学楼及室外卫生区进行彻底清扫，清扫后班主任进行检查。卫生清扫完成之后，如无其他统一活动，班主任可组织学生开展一些活动，班主任可自行拟定内容、主题、方式，对学生有教育意义即可。

（五）督促班委会工作

每周督促和检查一次班委会工作的开展情况，指导班委会开展好班级工作。对于班委会的工作失误，应及时发现、及时处理，严格要求班委，充分发挥班委会在班级管理中的作用。

（六）审查学生周末及节假日离校情况

学生周末离校，班主任督促学生进行离校登记，审查离校清单，对于非本地学生周末的离校申请，与家长进行沟通并征得家长同意后方可准许学生离校。离校清单不得代写。

（七）班主任每周例会

参加每周一次的班主任工作例会，这是对一周内学生管理工作的总结、共性问题的分析解决以及一些工作的安排。例会不得无故迟到、早退、缺席，应及时汇报本周班级工作情况。

五、班主任每日常规工作

（一）掌握学生考勤及安全

检查每天“三检两操”、上课、晚自习及其他统一活动学生的出勤情况，对于缺勤学生，掌握其具体去向。对于擅自离校的学生，及时与家长取得联系，搞清原因，紧急情况上报德育处。每天对教室及学生经常活动区域进行安全排查，及时发现和消除安全隐患。

（二）检查学生装仪

每天检查学生着装及仪表情况是否符合学校要求，对不符合要求的学生及时进行教育。

（三）了解学生学习情况

与任课教师紧密联系，及时了解学生学习动态，督促学生完成各科作业。对扰乱课堂秩序及与任课教师发生冲突的学生及时进行教育。

（四）督促学校卫生

督促学生做好每天的教室、宿舍、卫生区的卫生工作，做到桌椅整洁、地面干净、卫生工具排列整齐，并做好教室、宿舍和走道的保洁。

（五）组织检查学生活动

每天检查学生早操、课间操的出操质量，发现问题，应及时解决。对于组织的其他活动，班主任积极参与并注意组织质量。

（六）班级公物检查

每天检查班级公物保管状况，发现损坏，应及时调查、教育和处理。对于学生的恶意破坏行为，不仅要求其及时对损坏公物进行赔偿，而且要进行深刻教育。

（七）掌握学生思想动态

班主任每日"三到场"：晨检、课间操、午检必须到场。通过"三到场"及时了解学生动态。对于学生出现的思想问题，及时发现，及时开导。

六、班主任每日常规注意事项

（一）出勤要盯紧

严把考勤关，每天考核学生晨跑、晨会、早读、上课、晚自习及其他集体统一活动的出勤情况，对缺勤学生，掌握其具体去向。对擅自离校的学生，及时与家长取得联系，搞清原因，紧急情况上报德育处。

（二）环境要整洁

学生做好每天的教室、宿舍、卫生区的卫生工作，做到桌椅整洁、地面干净、卫生工具排列整齐，并做好教室、宿舍和走道的保洁。

（三）纪律要严格

从严纪律要求，从严课堂要求，从严学生要求。加强八条纪律：校园出入纪律、学生安全纪律、学生宿舍纪律、学生课堂纪律、仪容仪表纪律、学生考勤纪律、异性交往纪律、禁止吸烟喝酒纪律。杜绝校园欺凌事件发生。

（四）警钟要长鸣

学生安全，牵动万家，包括交通安全教育、日常生活安全教育、活动安全教育、自然灾害教育、社会治安教育、意外事故教育，安全天天讲。

（五）氛围要营造

抓好班级的物质环境和精神环境。

精心建设清新优雅的物质环境——关注学生成长的硬环境，教室要干净整洁，让绿色充满教室，发挥班级标语的力量，齐读班级励志誓言。

潜心营造高雅静美的精神环境——关心学生成长的软环境，倡导自律的班级精神，建立和谐的人际关系，健全阳光的心理状态。

（六）关爱要平等

班主任是班级的领导者、教育者和组织者。一名好班主任能成就一批好学生。在班级管理中，班主任要用平等的心态尊重学生，用发展的眼光关注学生，用赏识的语言激励学生，给予学生更多关爱，使他们形成积极、健康和健全的人格，促进班级和谐发展。

（七）沟通要经常

与学生建立良好的人际关系是班主任首先要养成的教育能力。师生之间如何沟通，用什么样的方法沟通，决定了教育具有多大程度的有效性。

（八）能力要培养

对一个学生而言，具备持续学习的兴趣，具备自觉学习的习惯，拥有孜孜探求的毅力，才是学习的成功。五种能力要培养：一是培养学生的自学能力，二是培养学生独立解决问题的能力，三是培养学生用所学知识解决生活实际问题的能力，四是培养学生的创新能力，五是培养学生的综合能力。

（九）习惯要养成

教育不光是传授知识，而且要培养学生的健康人格，良好的习惯是健康人格的牢固基础。

（十）活动要参与

社会是另一个重要的学校和课堂，生活是另一种重要的课程和教材，实践是另一种重要的学习方式和途径。

第八章

专业成长

第一节　教师专业成长规律

典型案例

王鸽，中共党员，1992年8月参加工作，中学高级教师，现任襄州区教育教学研究中心小学数学教研员。

1992年，刚毕业的她被分配到牛首镇春芳营小学，由于村级小学师资短缺，因此她课任六年级科学和三年级数学，这样跨年级教授不同学科的教学任务有很大的挑战性。初生牛犊不怕虎的她欣然接受并全力以赴。她不遗余力地精心备课、制作教学具，让课堂提质增效；课后她精细批改作业、精准帮扶学困生，让学生日有所获。经过一年不懈的努力，她最终让两个班级取得佳绩，获得镇政府表彰。

在日常教学中，她本着"勤学习、善研究、练内功、强素质"的工作态度，虚心好学，踏实肯干，始终不忘提高自身业务能力。为了上好每一节课，她读专业杂志，研教参教材，请教资深老教师，反复研课、磨课。通过不断地学习和磨炼，她以课堂教学设计新颖、导学有趣、高质高效脱颖而出，先后在县级、市级和省级优质课赛讲中获奖，教学质量始终位居年级前列，广受学生爱戴和家长认可。

一、教师专业成长的概念

2020年，教育部颁布《中小学教师培训课程指导标准（专业发展）》（以下简称《指导标准》），文件中明确指出："教师专业发展"是指教师在终身学习和持续发展理念指引下，对自己的专业发展目标进行合理的规划，通过多种学习方式，掌握了教师专业发展的知识与技巧，从而使自己的专业理念、专业知识和专业能力得到全面提高。

教师专业发展包括教师群体的专业发展和教师个体的专业发展。教师群体的专业发展是指教师职业不断成熟，逐渐达到专业标准，并获得相应的专业地位的过程。教师个体的专业发展是教师作为专业人员，从专业思想到专业知识、专业能力、专业心理品质等方面由不成熟到比较成熟的发展过程，即由一个专业新手发展成为专家型教师或教育家型教师的过程。

二、教师专业成长的阶段

福勒根据教师的需要和不同时期所关注的焦点问题，把教师的专业成长划分为任教前关注阶段、早期求生存阶段、关注教学情境阶段和关注学生阶段。

在《指导标准》中，小学教师的专业发展分为三大类(一级指标)，每一类又分为多个核心能力项目(二级指标)，详见表 8-1。也就是说，只有教师将这些指标内化于心，在教学中实施贯彻，才能得到专业发展。

表 8-1　小学教师专业发展指标

一级指标(领域)	二级指标(核心能力项)
专业发展规划	专业发展理解
	专业发展实施
	专业发展评价
专业知识学习	教育知识运用
	文化知识学习
	信息素养提升
专业实践研修	自主专业反思
	同伴合作发展
	集中专题研习

三、教师专业成长规律

作为小学教师，除了明晰专业发展规划，掌握专业理论知识外，更要厘清教师专业成长的基本规律。

(一) 基础知识与技能

小学教师的专业成长首先要具备扎实的基础知识和技能。这包括对教育学理论、学科知识、教学方法等的研究和掌握。教师需要不断提升自己的学科素养和教学技能，以满足不断变化的教育需求。

(二) 经验积累与反思

教师在实践中不断积累经验，通过教学实践和与学生互动，逐渐增加自己的教学技能和专业知识。在经验积累的过程中，小学教师会逐渐形成自己的教育理念和教学风格。同时，教师应该定期反思自己的教学实践，分析教学过程中的问题和挑战，并寻找改进的方法，以提高自己的教学效果。

(三) 学习与研究

小学教师应保持学习的状态，不断更新自己的知识和教育观念。通过参加培训、读书、听讲座等方式，教师可以获取新的教育理念和教学方法。此外，教师还可以进行教育研究，不断提高自己的专业素养。

(四) 交流与合作

小学教师应积极参与教育界的交流与合作。与同行分享教学经验、研讨教育问题，可以拓宽教师的视野、获得新的教学思路和方法，从他人的成功和失败中吸取经验和教训，从而促进专业成长。与此同时，要与家长、学生和其他教育工作者建立良好的合作关系，促进教师自身发展。

(五) 个人成长与职业发展

小学教师的专业成长也与个人发展和职业规划密切相关。教师应不断提升自己的综合素质和职业技能，关注行业动态和教育政策的变化，以适应未来的发展需求。

(六) 自我激励与目标设定

教师应该具备自我激励的能力，给自己设定明确的职业发展目标，并制订相应的计划和行动方案。通过不断挑战自己、超越自己，教师能够实现个人专业成长。

总的来说，小学教师的专业成长是一个综合性的过程，需要不断学习、实践和反思，顺应专业发展规律。在扎实的基础知识和技能的基础上，积累经验并进行反思，持续学习与研究，积极交流与合作，接受反馈并进行个人成长与职业发展，小学教师只有持续提高自己的能力和素养，才能更好地履行教育使命。

第二节　研修共同体

教师研修共同体是指在教师继续教育中，承担研修任务的组织、个人相互合作、交流协作的一种研修方式。它强调共同的信念和愿景，强调各个成员之间在许多方面的合作活动，如分享彼此的观点和信息，共同承担责任。研修是把教师的继续教育融入教研、培训和科研。

新一轮课程改革让教师比任何时期都有更多的专业发展需求，教师面对的不只是课堂上的辅导，更多的是角色的转变，是方式的转变，是引领专业发展的方向。这种引领是理论上的，更是实践上的，也就是说，教师的实践需要用理论来厘清思路，在实践中创新发展理论，在实践中增强理论的实际效用，需要用理论来指导教师的实践。因此，这就需要在教研、培训、科研等各方面建立一个整合的共同体，由多种力量介入，如理论研究机构、实践指导机构和研究管理单位，协同作战，同频共振。

这种基于学习共同体的联合研修的模式，是以同质促进、异质互补的原则建立起来的，在学校内部根据本校的特色和教师专业发展的需求，联合互动，共同开展校本研修，从而形成一种任务驱动、资源共享、相互借鉴、协同研究、共同发展的良好机制。在学校外部，由每个学校发挥各自特长，互补成为学校与学校合作的范式；在区域之间，由特定组织机构牵头形成区域内各成员学校以及教师之间的研修形式。

为促进教师的专业能力发展，全面提高学校的教育教学质量，建立研修共同体是必经之路。

一、理论与实践结合，提效教师教学研究

理论指导实践，实践检验理论。有效提升教育教学的实践水平，必须有扎实的理论指导，同时理论和实践不能脱离为“两张皮”。参与研修的教师可以把自己的实践经验、教学主张、研究成果，通过课例、案例、论文、随笔等形式呈现出来，通过实践验证，提炼深化，把理性的思考与课堂教学实践有机结合起来，让课堂成为印证教学理论的“实验田”“育种场”，成为学生思维碰撞与智慧生成的萌发地，从而使教学活动更有效、教学方法更灵活、学生学习兴趣更浓厚。

二、专业团队引领，助推教师专业成长

向优秀教师学习，在专业团队引领下，更快更高效地实现教师的专业成长。应有效利用身边优秀教师的资源，组建校内导师团队，带领教师提升专业能力。各年级各学科业务较强的教师组成校内导师团队，组织教师进行教研活动，并与学校实际情况相适应。在活动中力求突出问题导向，使参加培训的每一位教师都能在自己的课堂教学中找到解决问题的方法，做到谋略有据、融会贯通。做到课前集中备课，针对教学中出现的问题研究解决的对策；坚持课中带头示范，对教学中出现的病症进行诊断；课后及时反思，交流心得体会。同时，建立跨学科的协同合作教研组，通过对各学科教材内容的共同分析研究来提高教师的教学能力。

三、倡议师徒结对，引领教师快速成长

新入校的教师，往往对教学工作和自己的学生充满热情，但新手教师的教学经验不

足。基于研修共同体的建设,学校定期安排名师观摩课,通过吸取名师的教学经验来提高新教师的课堂教学水平。学校的学科带头人和骨干教师作为导师进行示范课课堂展示,形成典型引路、示范带动。用示范课引领青年教师专业成长教研活动。示范课并不是听完即可,而应该发挥研修共同体的本质作用,在每节示范课后,所有参加的教师都要及时进行评课,大家从教学准备、教学过程、教师基本功等方面进行深入探讨,研讨展示课中的教学亮点和有待改进的地方,并针对每一个细节作出深刻的剖析,让每位教师都受益匪浅。

四、建立同伴互助,提升教师教研能力

开展"朋辈互帮"的教研模式,即在自主备课的基础上进行分组讨论、分组辅导、专题演练,让教师在体验课堂教学实践中有所收获、有所开拓。以教材为依托,自主备课,自主研磨教材,研读课标,确定教学重点和难点,有针对性地设计教案以开展教学工作;组内研讨,教师首次试讲,教研组每位教师带着任务集体听课,课后有针对性地研讨,各抒己见,教师根据组内评课意见修改教案,重新上课,组内教师全程参与,大家一起重读课标、剖析教材、研讨教学设计;组内各教师结合自己的教学实际,骨干教师同课异构,教学水平各显神通,使年轻教师在业务上能够独当一面;专题实践,开展教学活动,促进教师专业成长,切实提高教育质量和效益。

五、推动课题研修,促进教师专业发展

在研修共同体的建立下,学校以及教师都要形成以研促教、以研促改的专业提升理念。为落实此理念,可有效利用以下活动:一是以"名师进校园"为依托,各教育名师都拥有诸多典型的教学案例,根据这些案例,对日常教学进行理论指导,利用生动的讲解,能够引起教师的思考和反思,从中有所感悟;一线教师能在平时教学中遇到的困难的基础上,有针对性地开展课题研究活动,注重积累教学案例。二是加强教研活动的开展,立足教学实践,抓课堂研究。鼓励教师对日常教学中出现的问题进行主题研究,通过对主题的深入探究,使团队成员之间的联系更加紧密,促进教师在互助中成长,在互助中发展。

因此,应构建一个以教学、研究、培训为一体,实现教师协同共进、自主发展的网络型研修平台式的多元化学习组织。

第三节 名师工作室

名师工作室是由学校专业的名师为引领者,组织同一学科或相近学科领域的优秀骨干教师和一些有潜力、爱学习的青年教师共同成立的促进学习和进步的专门性组织。在工作室中,团队成员通过集体学习,促进教学资源的共享,在团队合作中,促进团队成员的

专业性成长。目前一线中小学的教师团队也在积极建设名师工作室，鼓励校内优秀名师或教师成立工作室，吸纳并带领教师行业中的新鲜血液积极探索教育教学方法等。在名师工作室中，专业名师是团队的核心人物，他可以借助工作室的一系列活动，把自身丰富的教学经验和方法等集中传授给青年教师，实现高效的教师经验分享交流。名师工作室促进教师成长更具有针对性和个性化，学校的名师工作室相比于教研组来说，更加注重对团队成员的个性化培养，能够根据工作室团队成员的个性与特点或者教学定位，制订富有针对性的培养计划。不仅如此，名师工作室是一个开放的组织，愿意为想要学习和有兴趣的教师提供资源。总体来说，名师工作室是由专业的名师带领的帮助学校其他教师实现成长的开放性的、专业化的学习和交流平台。

对学校和学校教师而言，组建或者加入学校名师工作室在一定程度上能够实现教师的专业化快速成长，具体来说有以下几点：

首先，名师工作室能够促进教师的专业化成长。在名师工作室中会举行一些团队合作活动，例如，开展集中阅读活动。以襄阳职业技术学院师范学院的刘红新名师工作室（以下简称刘红新工作室）为例，刘红新工作室会围绕教育热点问题，制定教育专题，定期举办集中阅读活动。工作室成员根据定期的教育专题和自身成长需求列举需要阅读的书目，然后刘红新工作室根据成员要求进行书目的采买。之后，成员在工作室集中阅读并定期举办读书分享会、好书分享会等活动，通过探讨阅读所得，促进阅读知识的吸收，实现教师阅读和表达能力的提升。除此之外，刘红新工作室会定期举办教研会，采取集中教研听课，听后研讨的方式，帮助工作室青年教师成员快速找到课堂中有待改进的内容，提升教学技能。不仅如此，名师工作室还能够推进“校企合作”的有效发展。以刘红新工作室为例，成员可以借用工作室活动，深入合作企业开展学习，促进自己成为“双师型”教师。例如，刘红新工作室以“‘双减’背景下小学教学质量全面提升研究”为主题，工作室的教师成员借此活动深入合作学校——襄阳市海容小学共同开展相关研究，促进“校企合作”的深入发展；与此同时，鼓励工作室成员真正走入一线小学，感受小学的教学方式和方法，取其精华移植到高职的教学中。由于工作室成员所属领域各有千秋，因此，工作室开展的团队合作活动能够激发成员互相学习的热情，再加上工作室鼓励成员互相学习，争取取得相应的专业资格证，帮助成员参加各种高级研修班，最终能够帮助成员在实现专业化发展的同时，成为符合时代需要的“双师型”教师。

其次，名师工作室能够提升学校教学质量。工作室的核心成员或工作室领导者一般是所属专业领域的优秀名师，他们拥有扎实的专业知识和技能、丰富的教学经验、广博的知识和人脉，能够帮助工作室成员在快速成长的同时，接触更多的相关专业的顶尖人才。工作室成员在和名师交流的过程中，能够接触到新的知识和教学技巧，从而运用到实际的教学中，以实现提升自身教学能力和学校教学质量的目的。不仅如此，名师工作室的核心成员——名师借助专业能力敏锐地捕捉教育教学科研的机会，可以聚焦当前教育热点、难点问题，申请教育科研课题并担任科研课题的主持人，由工作室全体成员共同完成。鉴于名师工作室的成员成长的设计具有个性化和针对性，因此，名师可以为工作室成员提炼和确定适合个人发展并研究的教育科研课题，使名师工作室的每个成员都能够拥有属于自己的科研项目，获得属于自己的科研成果。名师工作室的成员开展一系列教育教学研究，在帮助教师提升教育科研能力的同时，提升了学校的教育科研能力，实现了教育教学的改革，在研究中不断创新教学模式和方法，推动学校的发展。例如，刘红新工作室在2023年申请了"'双减'背景下小学教育质量全面提升研究"的课题，然后组织工作室成员在2023年2月至8月开展调查研究，最终按时形成研究成果。在国家开展"双减"后，小学教育质量实际得到了全面的提升，其中，一些促进教育质量提升的优秀案例供工作室成员学习，灵活机动地移植到高职的教育中，实现了师范学院教学质量的提升。

最后，名师工作室能够加强学校教师队伍的建设，以教学改革为根本，激发教师的教学活力。名师工作室中的名师能够在工作室发展中起到带领作用，名师和名师工作室成员之间的关系倾向于"老带新"的帮扶成长关系，因此，成立名师工作室能够集中带动青年教师的成长，帮助工作室成员中的青年教师早日成长为新一代的名师。在经过名师工作室系统化、针对性的训练后，学校的青年教师能够实现快速成长，从而有利于学校教师队伍的建设。

综上所述，学校建设名师工作室，能够用优秀名师和骨干教师作为中坚力量，促进学校教学质量的提升。作为学校的优秀教师或者骨干教师，可以积极申请并成立名师工作室，以帮助自身能力的提升，扩大教学影响力。作为学校的青年教师，需要积极加入名师工作室，利用名师工作室来促进自身专业成长，提升教育教学和科研能力。

第四节　从教书匠到教育家

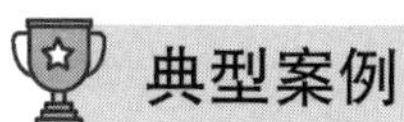

行而不辍，追光不止
——襄州区第七中学周虞姣老师教师成长心得感悟

"奋斗是青春最亮丽的底色，行动是青年最有效的磨砺。"九年前，我怀揣着美丽的梦想，踏上这一充满希望的阳光之旅，成为一位教师！我深知教书育人，非一日之功，乃终生之事。教育的知识和理念在不断更新，加强自身的学习能力已经成为对教师的新要求。参与教学教研活动、参与学科培训是每一位教师实现自我成长、教学相长的重要途径。善于抓住机遇、敢于迎接挑战、拥有成长型思维将成为每一位教师快速成长的云梯。正是借助这一云梯，我从一名青涩的乡村教师成长为一名敢于站上省赛舞台的"湖北省教学能手"，并有幸获得"湖北五一劳动奖章"，成为一名受学校和老师们认可的优秀青年教师。

在学习上下功夫，在思考中求提升，在实干中寻突破。在漫漫教学路上，我将继续向下扎根——不断沉淀自己，静下心来学习、思考；向上成长——持续地努力、探索，脚踏实地。怀着一颗竭诚仁爱之心，用智慧点亮每个孩子；怀着一颗勤勉求是之心，在教育修行路上不断追求升华。

教师是一种特殊而又极其重要的职业，教师自身的发展对教育质量有着重要影响。中国阅读学研究会名誉会长曾祥芹先生曾说过，不当平庸教书匠，要作出色教育家。“教书匠”和“教育家”虽都是教学活动的参与者，但实际的教学效果却大相径庭，两者最大的区别就是，教育家所追求的是一种卓越精神和创造精神。

教书匠与教育家并不是以年龄、经验来区分，我们经常遇到这种情况：很多家长在新入学时会为孩子挑选年纪大的、富有经验的“老教师”。这不禁让我们思考：什么才是真正的教育家？一位教师并不是教了多年书就可被称为教育家，而在于他用心教了多少年书。一个优秀的教育家，应该是一个不断探索、不断创新的人，应该是一个教育上的“有心人”。

一、教书匠——教师专业发展的基础

一篇名为《北京市教育学会会长：中小学教育缺少的是“教书匠”》的文章曾引起热议。当前，对于中小学教师专业发展上的有些观点和导向有待商榷，我们所提倡的“不当教书匠，要当教育家”并不是一味地鼓励中小学教师脱离实践，致使他们整天忙于写文章、著书立说、参加学术论坛等，纷纷努力打造知名度，没有人再去钻研教材、钻研教学、研究学生、研究如何上好课。实际上，讲课也是一门艺术，需要“工匠精神”。中小学教师还是要静下心来教书，潜下心来育人，踏踏实实地钻研教育教学，一步一个脚印地增长自己教育教学的本领。

我们鼓励中小学教师成为教育家，但要成为教育家，首先得当好教书匠，只有当好了教书匠，才能在教的过程中发现问题、分析问题、解决问题，然后将教学过程中的点点滴滴整理归纳，上升到理论高度。如果只是在大量书籍和资料中寻章摘句，这样写出来的文章，只能算是拾人牙慧，没有多少利用价值。案例中的周虞姣老师不断地在实践中磨炼自我，不断更新自己的教育知识和理念，加强自身的学习能力，实现自我成长。

但是，教书匠的传统教学方式也带来了一定的弊端。教书匠容易导致灌输型教学，把教师看作一个赖以谋生的职业，强调“书本中心”的教学方式，以完成一定的教学任务为职责。教书匠的“灌输式”教学所表现出来的特点是重知识、轻能力，导致教学过程单一重复、缺乏创新精神，容易引起教师职业怠倦，钝化教师的研究意识，也阻碍了学生的身心发展，束缚了学生学习的自主性和创造性。所以，从“教书匠”向“教育家”转变是时代发展的必然。

二、教育家——智慧教师的追求

相对于教书匠而言，教育家所追求的是研究型教师。教师应面向个体、面向社会、面向未来培养人才，教学过程应该是“教研”并存的过程，教学与研究是密不可分的，秉持着“教学有法，教无定法，贵在得法”的教育理念，教学目的在于提高教育活动的适切性，使学生和教师都能得到更好的发展。

苏联教育家苏霍姆林斯基在担任一所学校校长的时候，校园的花房里长了几朵非常好看的玫瑰，每天来看这几朵玫瑰的人络绎不绝。有一天他看到一个小女孩摘下了一朵玫瑰，他并没有立马斥责她，而是亲切地问这个小女孩：“你摘这朵花是送给谁的？能告诉我吗？”小女孩说：“我想摘一朵送给病重的奶奶看，看过后我就把花送回来。”苏霍姆林斯基听了小女孩的话，回到花房，又摘下两朵对孩子说：“这一朵是奖给你的，你是一个懂得爱的孩子；这一朵是送给妈妈的，感谢她养育了你这样的好孩子。”故事转述到这里，可以发现，智慧型教师并不是因循守旧，而是要走出经验的误区，使自己的教学过程成为不断发展变化的动态过程，注重学生主体性的发挥与发展，把学生从被动受教的位置解放出来。

三、新时代对教师的要求

（一）更新教育理念，追求职业境界

教育理念对教师具体的教育实践活动起指导作用。在做好教学工作的同时，要不忘学习，学习新的教学理念以及先进的教育方式、策略等。例如，通过学习，掌握愉快和谐教学法的要义，了解情景教学法的实施程序和步骤，研究问题教学法的操作方法等，并结合校情班情，有针对性地将其贯穿于教学环节中，让学生在一种轻松和谐的氛围里学到真知，提高学生的积极性，逐渐形成一种良性循环的局面。

（二）以学生为本，蹲下身子看学生

学生是学习的主体，要始终坚持对学生进行爱心、耐心、信心的教育，教育学生在日常生活中要互相帮助、富有爱心，在学习过程中要有耐心。教师要做到蹲下身子看学生，真正的教育家并不是高高在上的，他视学生为朋友，平等民主地对待每一个学生，建立良好的师生关系。蹲下身子，换一种角度来看学生，就会发现其实每一个学生都有闪光点，只要教师善于发现并扩大他的闪光点，进而使他认识到自己的优势，认识到自身的价值，就会取得意想不到的效果。

（三）躬行实践，扩展专业特性

新一轮课改带来了全新的教育理念、教育思想，也给教师进行创造性的工作提供了更广阔的空间。教师不只是“传道、授业、解惑”，教师也有自身成长的生命历程，即专业发

展。作为教师，立足讲台、夯实专业基础是其安身立命的根本，不能完成一节有效的课程，再多的努力、再深厚的理论都是纸上谈兵。教师要懂得实践是检验一切真理的唯一标准，实践不仅检验真知，而且创造真知。现在的学生，个性日趋多元化，教师不在实践中发现学生的特点，如何才能丰富教师的理论与方法？因此，教师必须在一线坚持工作调研，从学生中来，到学生中去，用最鲜活的例子酿造最鲜活的理论、最与时俱进的方法。更要注重教育实践中的积累和反思。

总之，时代在不断发展，拘泥于固有的模式，做因循守旧的教书匠已落后于新课改的需要。要与时俱进，不断开拓创新，以学生为本，树立专业教师意识，善于探索，敢于创新，实现“教书匠”向“教育家”的转化。

第五节　教学风格的形成

在教育教学实践中，相同的教学内容，不同教师的课堂往往会呈现不同的面貌。教师在课堂上或生动形象，或激情澎湃，或幽默风趣，或质朴无华，或循循善诱，或逻辑严谨，不同特色就体现为不同教学风格。教师的课堂教学总会呈现一定的风格，教学风格人人都有。但形成显著的、稳定的教学风格，还需要教师在教育教学实践中持之以恒，不断探索、锤炼和追求。

教学风格是教师在长期的教学实践中逐渐形成的，集教育思想、教学主张、教学技巧、教学情感、教学风度于一体的一种具有个体特征的教学特色，具有相对稳定性。一旦教学风格形成，就意味着教师个人特色的日臻成熟。

苏霍姆林斯基曾经说过，一个无任何个性特色的教师培养的学生也不会有任何特色。新课程改革强调发展学生的个性，培养学生的创新精神和实践能力，教师首先就应有自己的教学个性，有自己独特的课堂教学风格，它们会对学生的个性发展和学习品质的形成产生潜移默化的作用。那么，教师在教学实践中，如何形成自己独特、稳定的教学风格呢？

一、在模仿的基础上实现创新超越

教学模仿是教师形成自我教学风格的第一步。教学模仿的方式很多，包括现场观摩课堂教学、观看教学视频、阅读期刊报纸等。所谓“他山之石，可以攻玉”，教师要扎根课堂，有意识地选择优秀教师的课堂教学或优质课例，认真观摩研读，深入探究优秀教师教了什么、怎么教、为什么这样教，学习其他专家的教学观念、行为，并将之融入、渗透到自己的教学中，在观课、评课、磨课、上课中不断地与他人对话，与自己对话，进而与课程对话，博采众长，努力让自身的教学从模仿走向超越，在吸取模仿来的经验的基础上进一步创新，逐渐形成自己的教学风格。

二、在认清自我的前提下进行优势突破

影响教学风格形成的因素有多种，包括教师的个性心理特征、理想追求、职业素养、思维特点、审美情趣、成长经历以及外在的文化环境等。其中个性心理特征对教师教学风格的形成影响最大。风格即人，教师要形成自己的教学风格，必须对自己的主客观条件有清晰的认识，发现自己在形成教学风格上的优势和劣势，从而进行优劣转化，着重在优势的方面进行训练，形成适合自己性格、气质的风格特点。比如，诙谐幽默者可在幽默型风格上出招，让幽默成为师生间情感交融的催化剂；逻辑思维严密者则向理智思维方向靠拢，让知识点鞭辟入里；内柔外秀者可在秀婉抒情的风格上着力，在课堂上娓娓道来，晓之以理，动之以情……

三、在学、行、思结合中进行专业拓展

教师对教学风格的追寻是一种专业学习。教师通过参加培训学习、阅读专业杂志和教学杂志、做研究等提升自己的专业知识及教育理念，通过上课、参加各种赛课评比等将学习所获得的知识、理论、方法不断地在实践中运用，从而内化为教师的教学个性，通过不断教学反思，使实践变成理论，促使理论向实践渗透，提升自己的教学技能，将丰富的专业知识技能和先进的教育理念通过多方渗透，促进个人独特教学风格的形成。

教学风格是每一位教师的努力方向，任何教师的专业发展都在与学生的教学相长中形成。每一节课都应该点燃教师自己，用教师自己的人格之树带动学生的青春成长之树，以教师的人格魅力焕发出教师自己的教学风格。

第九章

教育数字化

第一节　信息技术在现代教育的发展趋势

随着科技的不断进步和全球信息化的发展，信息技术已经成为当代教育体系中不可或缺的一部分。信息技术在现代教育的发展趋势包括以下几个方面：技术普及化、创新思维培养、跨学科融合、个性化学习以及全球化合作。

一、技术普及化

在信息化时代，技术普及化是教育信息化的重要方向。随着信息技术的日益普及，人们对于信息技术的使用要求越来越高。教育应关注信息技术的基本操作和应用，培养教师及学生掌握各类常用软硬件的能力，帮助教师及学生适应现代社会的信息化需求。

二、创新思维培养

现代教育应当注重培养学生的创新思维能力。信息技术的快速发展带来了许多新的挑战和机遇，培养学生的创新思维能力成为现代教育的重要任务。通过开展创客教育、编程教育等活动，培养学生的创新精神和动手能力，激发他们解决问题的能力和创意思维。

三、跨学科融合

现代教育的发展趋势之一是与其他学科融合。教育不再是一个孤立的学科，而是与科学、数学、艺术、信息技术等学科相结合，形成跨学科的教育模式。通过跨学科融合，可以促进不同学科间的交流和合作，提高学生综合运用知识的能力。

四、个性化学习

现代教育的一个重要趋势是个性化学习。每个学生都有自己的学习特点和需求，传统的教学方法难以满足不同学生的个性化需求。信息技术提供了更多个性化学习的机会，例如通过智能化教育平台、在线课程等方式，根据学生的兴趣和能力进行个性化的学习安排和评估。

五、全球化合作

随着全球化的发展，现代教育越来越注重国际合作与交流。通过开展国际教育项目、参加国际比赛等活动，学生可以拓展自己的国际视野，了解不同国家和地区的教育发展情况，与来自不同文化背景的学生共同学习和合作，培养跨文化交流与合作的能力。

现代教育的发展趋势体现了与时俱进的理念，在不断变革的社会背景下，教育者需要及时调整教学策略，与时俱进地为学生提供符合时代需求的教育资源和学习环境。借助技术普及化、创新思维培养、跨学科融合、个性化学习以及全球化合作等发展趋势，信息技术将更好地满足学生的需求，推动学生的全面发展。

第二节 教师的信息技术核心素养

这是一个信息的时代，这是一个飞速发展的时代，这更是一个发展与创新的时代。

教师信息技术核心素养的形成对学生今后的发展有着十分重要的意义。为此，在教学中，教师应根据学科内容合理分析课堂教学模式与目标，并且将学科核心素养当成教学重点。教师还应充分考虑到学生的学习特点，进行合理引导，最终实现理想的教学效果。

很多教师认为信息技术是一门技术，所以普遍不是很重视，甚至还有部分教师认为自己会电脑，就算是掌握了信息技术，其实不然。信息素养的核心是信息能力。信息素养的本质是全球信息化需要人们具备的一种基本能力，它包括文化素养、信息意识和信息技能三个层面，能够判断什么时候需要信息，懂得如何去获取信息、如何去评价和有效利用所需的信息。

信息素养是一种对信息社会的适应能力，包括基本学习技能（指读、写、算）、创新思维能力、人际交往与合作精神、实践能力等。

信息素养涉及各方面的知识，是一种特殊的、涵盖面很广的能力，它包含人文的、技术的、经济的、法律的诸多因素，和许多学科有着紧密的联系。

信息技术支持信息素养，通晓信息技术强调对技术的认识、理解和使用技能。信息素养的重点是内容、传播、分析，包括信息检索和评价。信息技术学科的核心素养包括信息意识、计算思维、数字化技术的掌握和创新及社会责任四个方面的内容，旨在利用教学，增强学生的素质，以此符合社会发展需要，为社会培养高素质、高技能的专业化人才。

信息意识指学生对计算机数据的敏感度，可有效地对数据进行处理，对信息做到最佳处理。

计算思维是对学生使用计算机进行界定，建立学生抽象思维，建立信息结构模型，科学进行判断和分析，最后形成完整的解决问题思维。

数字化技术的掌握和创新主要指利用计算机进行学习，在学习的基础上对信息技术进行创新，以最便捷的手段解决问题，最终完成任务。

社会责任指学生学习信息技术时有良好的文化修养和道德行为，对自身行为进行约束，避免出现违法行为。

学生核心素养的培养主要是通过解决问题来完成的，教师要充分利用教学资源进行设计，为学生营造良好学习氛围，将教学内容巧妙地融合到实际生活中，利用多元化教学手段，培养学生对信息的敏感度。例如，教师组织“我为祖国添风采”竞赛活动，先引领学生收集素材，利用计算机制作演示稿件，教师引导学生积极参与，开动脑筋思考哪种表现形式是最适合比赛的，充分展示文稿在比赛中的作用。这种具有明确内容的竞赛不仅能提升学生对信息收集、加工和处理的能力，而且能促使学生利用信息技术，将自身观点充分表达出来，以增强信息意识。

计算思维指学生利用信息技术进行学习形成的一种思考方式及解决问题时产生的一系列思考过程。教师可为学生创建各种问题情境，增强其思维能力。计算思维近期才被引入该学科核心素养中，该素养的提出为各国教育学家所认同。现在我国信息技术教学中的计算思维还处于初级阶段，缺乏深入的研究和教学过程。很多数学问题运用计算机进行处理会很快得到答案。教师要将日常生活中的事例运用到实际教学中，积极引导学生，利用信息意识进行教学，将计算思维变成学生学习的能力，通过合理创建教学情境来提升学生学习兴趣，促进其计算思维的培养。例如教学中，教师为学生播放一段视频，提出问题：“为什么视频中的图画会动？是怎么动的？”学生以小组为单位进行讨论，经过学生主动思考和小组成员之间积极探讨，培养学生的自主探究能力，进而使学生从计算思维角度解决问题。

在现代教育教学中，遵循“授人以鱼，不如授人以渔”的教学原则，教学中教授学生知识的同时，提升学生获取知识的能力，并利用自身创新能力提升知识的运用率。如果学生只是在教师的引导下说一步做一步，不自己运用已学知识进行扩展，缺少创新能力，那么该学生就不会成为符合社会发展的创新型人才。所以，教学中教师要引导学生进行具体任务的解决，从针对一类问题的解决进而升华为对同类问题的处理，因此学生的学习能力和创新能力在核心素养中很重要。例如，进行Flash学习时，对其工具面板的掌握根据以前学过的画图基础，教师可让学生对其中各种工具进行探索式学习。根据学生的演示和模仿，对书本中的画图方法进行创新，使学生在运用工具时不断加深记忆，逐渐熟练用法。

随着时代的发展，大数据背景下，越来越多的信息在信息技术中可以查询到。各种各样的信息逐渐出现，有对社会发展有利的信息，也有很多不健康的垃圾信息；有真实性的数据信息，也有一部分虚假的广告等。教师在引导学生使用信息技术时，要让学生进行相应信息的辨别，涉及社会道德的信息，教师要为其指明正确方向，使学生了解怎么做才是对的；同时，要指导学生学会识别垃圾信息和虚假信息，并灌输有关法律法规，使学生科学运用信息技术，减少不良信息的伤害。例如，教师在教学中发现有的学生在网络中使用一些侮辱性的语言或者发表一些不尊重他人的评价；喜欢将优秀的作品P成奇怪的模样等，以此为兴趣。教师要针对这一现象对这类学生进行教育，引导学生文明利用网络，减少对他人的伤害；或者举行班会，和学生共同讨论这样做的危害性，并和学生一起利用信息技术制作课件，主要收集一些人们拾金不昧、见义勇为的素材，由学生来排版、制作。学生在这些正能量的事迹中思考感悟，养成明辨是非的能力，不断增强社会责任感，认识到在网络中遵守规则的重要性。

第三节　人工智能背景下的教师数字素养

未来已来，我们如何看待教育？如何改变教育？作为一个教育人，肩上的责任是重大的。

一、新时代的人工智能新特征

人类文明已经进入乌卡时代(VUCA)。乌卡时代有四个关键词，V(Volatility，易变性)、U(Uncertainty，不确定性)、C(Complexity，复杂性)、A(Ambiguity，模糊性)。VUCA时代主要是科技革命、互联网浪潮、经济危机、地区冲突、全球化带来的社会变化等因素的共同作用下造成的，具体原因如下：

(1) 科技信息技术的不断进步导致了易变性。

(2) 价值观的开放和多元导致了不确定性。

(3) “互联网＋”时代的不断创新导致了复杂性。

(4) 传统的思维习惯导致了模糊性。

例如，人类文明从原始文明进化到农耕文明用了2万年，从农耕文明进化到工业文明用了2 000年，从工业文明进化到信息时代用了200年，从信息时代进化到现在的智能时代只用了20年，而且人类进化发展的速度还在按照摩尔定律不断更新、不断迭代，这充分体现了人类文明的易变性。又如，不确定性，通俗说来就是“现状不可描述，未来不可预测，一切皆有可能”。

(一) 新一代人工智能的特征

2017年常常被称为人工智能元年。2016年到2017年，世界上发生了几件重要的事情：一是围棋机器人阿尔法狗(AlphaGo) 以3∶0战胜人类世界围棋冠军；二是机器系统阿尔法元(Alpha Zero)通过自学习以100∶0打败了阿尔法狗；三是2017年10月15日，全球首个获得公民身份的机器人正式诞生，它的名字叫索菲亚。

人工智能(Artificial Intelligence，AI) 是指人造智能或机器智能，或用机器(计算机)模拟或实现人类的智能。这种由人类创造出来的虚拟或实体的智能机器，具有自主感知、认知、决策、学习、执行和社会协作能力，符合人类情感、伦理与道德观念。人工智能呈现五大特征：深度学习、跨界融合、人机协同、群智开放、自主操控。

人工智能成为引领新一轮科技革命和产业变革的重要驱动力，是推动社会全面变革的新一代技术引擎。如何理解人工智能对教师教育的影响，探索智能时代的教师教育改革，是现实而又紧迫的课题。

（二）“人工智能＋”教育的特征

新一代人工智能的特征映射到教育领域，体现四大关键特征：超强知能、见微知著、算力强大、自我演进。

超强知能，指人工智能是世界上最博学、最高能的“老师”；见微知著，指人工智能可以对学生的知识结构和学习能力进行精准画像；算力强大，指人工智能可以瞬间为每个学生提供最适切的内容和方法推荐；自我演进，指人工智能的自我学习、自我迭代，这是人工智能最关键的特征。

二、新图景：人工智能对教育变革的影响

教育是受人工智能冲击最大的行业之一，教育系统正在经历一场前所未有的以“重组和再造”为特征的变革。

人工智能与教育的融合促进了教育系统各要素的重组，正在转换教育发展的动力结构，实现对传统教育的理念重塑、价值重建、结构重组、流程再造、文化重构，逐步形成促进人的全面、自由和个性化发展的“人工智能＋教育”新形态。

人工智能正在赋能和塑型教育新图景，全方位赋能环境、学校、课程、学习、教师、教学、管理、服务、评价等教育教学要素，塑型教育生态体系。

（一）学习环境智能化

学习环境智能化的特点是设备互联，也就是设备物连、数据驱动、智能管控、人机交互、人机融合。这为学生提供了泛在、自由、协作的智慧生态环境。

（二）学校虚实融合化

学校成为实体学校和虚拟学校无缝融合的综合体。以后每一所学校都可能在互联网上，成为一种新型学校。在这种新型学校中，数据是学校的核心资产，也是21世纪最重要的资产。

（三）课程变革的结构化

“人工智能＋”背景下的课程变革是结构性的，包括课程目标、内容、形态、服务等方面。课程目标更加关注高阶能力，例如，目前课程目标领域较受关注的是核心素养导向（价值引领、关键能力和必备品格）等。课程内容要从标准化教育向个性化教育转变，课程

形态将支持全时域、全空域、全受众的泛在教育，课程服务的专业化将让课程外包常态化。

（四）教师人机双师化

人工智能将与教师一起成为教师共同体，教师的工作形态将发生巨大变化，人工智能将代理教师的重复性工作，承担烦琐、机械、重复的知识性教学工作。教师更多地是进行学习的设计、督促，与学生进行情感交流、激励、陪伴与育人等。

（五）教学人机协同化

教学形态将走向人机共生共存，人机协同将成为教育教学的新常态。这种新常态塑造了师生互动的新空间或者新场景，教学方式即将发生深刻的变化，比如充分解放教学生产力，实现以学习者为中心的教学、人机共生赋能的学习环境。

（六）学习凸显个性化

学习变成一种自组织的课程与活动，人工智能推送面向每个人的个性化学习，从而使得大规模个性化培养（因材施教）成为可能。

（七）评价多元数据化

这包括多元评价机制、多模态数据、多维度监测等。

（八）教育治理智能化

智能学情监测体系将使校务管理、学习支持和校园管理变得更加便捷、智慧、有效。

人工智能时代的大幕已经开启。教育大计，教师为本。《中国教育现代化 2035》强调高素质专业化创新型教师队伍是加快教育现代化的关键。没有教师素养的现代化便没有教育现代化。马克思曾说，教育者本人一定是受教育的。面对人工智能对教育发展的影响，要培养面向未来的合格学生，教师素养必须先行升级改造。唯有积极探索构建“人工智能+”教师教育体系，全面推进教师教育改革，我们才能更好地肩负起培养智能时代卓越教师的新使命。

三、人工智能背景下必须提升教师数字素养

在 2023 年 2 月 13 日召开的首届世界数字教育大会上，教育部正式对外发布了《教师数字素养》行业标准，明确了教师数字素养的核心内涵和指标框架，为教育管理部门、学校和教育机构在发展教师数字素养方面提供了指导，也为建设教师数字素养培训资源、开展监测评价提供了依据。国家教育数字化战略行动，完善了教育信息化标准体系，可以提升教师利用数字技术优化、创新和变革教育教学活动的意识、能力和责任。《教师数字素养》制定了教师数字素养框架，包括 5 个一级维度、13 个二级维度和 33 个三级维度，其中一

级维度包括数字化意识、数字技术知识与技能、数字化应用、数字社会责任、专业发展5个方面。

教师数字素养是教师适当利用数字技术获取、加工、使用、管理和评价数字信息和资源，发现、分析和解决教育教学问题，优化、创新和变革教育教学活动而具有的意识、能力和责任。

（一）数字化意识

数字化意识是指客观存在的数字化相关活动在教师头脑中的能动反映，是教师在数字时代有效开展教育教学和持续发展的前提条件。"数字中国""数字经济"已成为我国发展新引擎，党的二十大报告进一步明确了"推进教育数字化"的重要部署，赋予了教育在建成社会主义现代化强国中新的使命任务。2022年，国家智慧教育公共服务平台上线，推出了丰富的优质教育资源和公共服务，对高质量教育发展具有溢出效应。作为教育的第一资源，教师必须认识到数字技术的重要价值，理解应用数字技术资源开展教育教学实践、探索与创新是推进数字时代教育教学改革的迫切需要，愿意打破惯性、主动探索、积极应对、创新实践，为顺利开展数字教育迈出重要的第一步。

（二）数字技术知识与技能

数字技术知识与技能是指教师在日常教育教学活动中应了解的数字技术知识与需要掌握的数字技术技能，是教师实现数字技术与教育教学深度融合的基本要求。数字技术在教育领域拥有丰富的应用场景，如基于人工智能的教学助手和应用可实现教与学过程的智能化，5G与虚拟现实的融合有利于打造沉浸式环境。教师不仅需要了解这些常见数字技术的内涵特征及其解决问题的程序和方法，而且要从自身课堂的应用需求出发熟练操作适切的数字化设备、软件、平台。例如，教师应熟练掌握国家智慧教育公共服务平台、常用数字化教学系统的功能与应用，学科教师还应掌握专用学科软件以提升课堂质量。通过该维度的提升，不仅有助于发挥数字技术资源的效益，而且能为教师开展数字化教育教学实践做好准备。

（三）数字化应用

数字化应用是指教师应用数字技术资源开展教育教学活动的能力，服务于教学设计、教学实施、学业评价与协同育人等教育教学全流程。该维度既是教师数字素养的核心体现，也是教师实现数字化教育教学的核心要素。教育部对教师的信息技术应用能力十分重视，先后出台一系列文件，开展各项专项工作，以促进教师资源应用和信息化教学能力提升。在新型教育生态形成的当下，面对更智能的教学环境、更开放的教育资源、更灵活的教学模式，教师更需要提升自身数字化教育教学应用水平，以教育教学全过程的实际需要为出发点，充分发掘并利用优质数字教育资源，将数字技术资源融入教学设计、环境创设以及学业评价中，优化教学流程，提升课堂活力，实现学生自主、探究、协作学习。教师还应关注数字技术资源对学生数字素养和身心健康的影响，以数字化赋能“五育并举”。

（四）数字社会责任

数字社会责任是指教师在数字化活动中的道德修养和行为规范方面的责任，这是教师开展公平包容、绿色发展、开放合作的数字教育的根本保障。我国已成为名副其实的网络大国，各种信息、资源以及数字产品服务层出不穷，教师在应用过程中经常忽略其基本使用原则，甚至还存在一些发布和转载错误言论的行为；加上大量新技术、新应用涌入校园，教师数字安全保护能力不足所引发的网络安全与隐私数据泄露等问题也时有出现；网络谣言、网课“爆破”、电信诈骗等网络危害频频发生，更加凸显了教师在创建文明、安全、健康的教育教学环境方面的责任。教师在使用数字技术的过程中应遵守基本法制道德规范，加强数字安全管理，注重防范数字安全风险，同时关注数字时代下学生身心健康的保护及数字社会责任的培养。

（五）专业发展

专业发展是指教师利用数字技术资源促进自身及共同体专业发展的能力。该维度的提升既有利于教师个体及共同体专业能力持续发展，助力服务全民终身学习，也能有效支持教师开展数字化创新应用与实践。数字技术资源为教师专业发展提供了丰富的资源与工具，也有利于打造虚实结合的沉浸式研修空间，教师可充分利用数字技术资源进行个人专业知识学习和教学实践反思，并注重教师共同体的建设，如通过网络名师工作室、虚拟教研室等途径积极学习、广泛交流、辐射影响。此外，教师应持续探索数字化教学的新方法、新模式，通过实践研究实现专业持续发展。

应该说，《教师数字素养》顺应了数字化时代对教育发展的要求，对教师提出了适应数字化变革与未来教育的新的行业标准。这有利于教师科学、正确地理解教育数字化，提升教师在数字化时代利用数字技术教书育人的专业能力，推进个性化教育，满足受教育者的多元教育需求，进而实现学校教育提质增效，培养学生应对人工智能快速发展挑战的创新能力。

过去十多年来，信息技术快速发展，其与教育的融合受到社会的普遍期待。但从具体实践看，有的学校、教师对“互联网＋教育”“人工智能＋教育”存在片面、功利的理解。例如，过于强调“互联网＋教育”的规模效应，即追求一位教师讲，有多少学生“同堂”听课，这反而导致网课的个性化不足。“AI＋教育”则被有的学校用于监控学生上课时的举止、表情，要求学生在课堂上不能分神，并用于学生的精细化提分，进一步刺激了应试竞争，并没有把学生从应试负担中解放出来。这些都与学校、教师缺乏对如何利用互联网、人工智能等先进数字教育技术的正确认识有关。因此，出台《教师数字素养》行业标准有现实必要性。尤其是 ChatGPT 的出现，引起包括教育系统在内的全社会的高度关注。有专家指出，人工智能的快速发展让我国现有的教育优势荡然无存；还有专家认为，ChatGPT 把教育逼到了墙角，如果还坚持同质化，教育就是没有出路的。从这种角度看，提升教师数字素养，利用数字技术推进教育变革已时不我待。

四、ChatGPT 将如何影响教育

ChatGPT(Chat Generative Pre-trained Transformer)是由美国人工智能研究实验室(OpenAI)研发的聊天机器人程序，2022 年底一经推出便引发轰动。推出仅 3 个月，其全球活跃用户就超过 1 亿。目前，ChatGPT 已在 45 个国家开通。它可以生成准确、完整且精确度高的文本，甚至可以根据用户的要求进行调整，不仅如此，它可以在几秒内以多种语言完成，它的答案质量和交互速度令人惊讶，这是此前已有的人工智能产品所不具备的。与此同时，ChatGPT 对教育领域的冲击是巨大的，有学生用其撰写论文、完成作业等，引起了教育界的争论和恐慌。美国纽约市已经制定政策禁止 ChatGPT 类技术在学校应用。这项新技术究竟会对教师工作实践、学生知识获取产生什么影响？是否应该一禁了之？ChatGPT 未来在教育领域的应用方向是什么？

ChatGPT 给教育带来了机遇和挑战，我们将如何采取不同的应对策略？我觉得 ChatGPT 是给了我们更多的机会，希望教师们在这个方面研究更多的课题，写出更多更有分量的论文，出更多高层次的人才。

第四节　怎样做到学科教学与信息技术的深度融合

信息技术给学科教学提供了大量信息和多种手段，为学科教学内容、教学方法和学习方式等提供了更深更广的可挖掘潜力。信息技术应用于学科教学要立足于课程，要与学科课程体系的改革、学科课程的教学内容、教学方法和教学目标相结合，为学科课程和信息化教育手段的深度融合提供平台。因此，作为教师，必须将先进的教育思想和方法与信息技术相结合，更好地达到学科教学的根本目的，在学生学习过程中，激发学生的创造能力，锻炼其实践动手能力，提高其素质，陶冶其情操，不断完善其人格。

一、营造信息化教学环境

营造信息化教学环境是信息技术与学科教学深度融合的基本内容。所谓信息化教学环境，是指能够支持真实的情境创设、启发思考、获取信息、共享资源、多重交互、自主探究、协作学习等多方面要求的教与学方式的教学环境，即能支持下述新型教与学方式的教学环境。

二、实现新型教与学方式

实现以“自主、合作、探究”为特征的新型教与学方式是一节学科教学与信息技术的深度融合课的具体目标，有了新型的教与学方式，再加上正确教育思想观念的指导和相关教学资源的支持，就有可能实现学科教学与信息技术的深度融合的最终目标。

三、变革传统的课堂教学结构

“学科教学与信息技术的深度融合”的最终目标是变革传统的课堂教学结构：将教师主宰课堂的“以教师为中心”的传统教学结构，改变为既充分发挥教师主导作用，又突出体现学生主体地位的“主导与主体相结合”的教学结构。

要深刻认识课堂教学结构变革的具体内容。教学结构的变革不是抽象的、空洞的，它要具体体现在课堂教学系统要素地位和作用的改变，也就是教师要由课堂教学的主宰者和知识的灌输者转变为课堂教学的组织者、指导者，学生构建学习思维的帮助者、促进者，学生良好情操的培育者；学生要由知识灌输的对象和外部刺激的被动接受者转变为信息加工的主体、知识意义的主动构建者、情感体验与培育的主体；教学内容要由只是依赖一本教材转变为以教材为主，并有丰富的信息化教学资源（如学科专题网站、资源库、案例、光盘等）相配合；教学媒体要由只是辅助教师突破重点、难点的形象化教学工具转变为既是辅助教的工具，又是促进学生自主学习的认知工具、协作交流工具、情感体验与内化的工具。要想将上述课堂教学结构的变革真正落到实处，只有通过教师在课堂教学中设计并实施相关的教学模式才有可能。为此，应在不同学科中采用能实现课堂教学结构变革要求的创新教学模式，例如，能实现数学课堂教学结构变革要求的教学模式，若是从教学过程所包含的教学环节来划分，可看作由五个环节组成的教师主导下的探究模式，其实施要领如下：

（1）创设情境：教师创设与当前学习主题密切相关的真实情境，以激发学生的学习兴趣，并把全班学生的注意力吸引到当前学习主题上来。

（2）启发思考：教师提出与当前学习主题密切相关，并能引起学生深入思考的问题（这些问题可以是新授知识的体现，也可以是用于拓展、迁移当前所学知识）。

（3）自主（或小组）探究：由学生运用认知工具对教师提出的问题进行自主（或小组）探究（不同的学科所用认知工具类型不相同；探究内容可以是新授知识，也可以是拓展、迁移的知识）。

（4）协作交流：在小组之间或在全班范围内进行协作交流。协作交流内容可以是新授知识，也可以是拓展、迁移的知识。

（5）总结提高：在个人总结和小组总结的基础上，教师加以补充与升华，使学生的认识由感性上升到理性，由浅层认知达到深层认知。

仔细分析上述创新教学模式，不难看出，尽管实施的具体环节、操作方式有所不同，但都非常关注并力图实现课堂教学系统四个要素（教师、学生、教学内容和教学媒体）地位与作用的改变，也就是要努力实现课堂教学结构的根本性变革。事实上，这种能达到基础教育质量大幅提升目标（也就是能够让信息技术对教育发展真正产生“革命性影响”）的“跨越式发展”创新试验，就是在信息化教学创新理论的指引下，通过根本变革传统课堂教学结构来实现的。

四、融合的基本概念

信息技术与课程融合的定义可以分为“大融合论”和“小融合论”两种。

（一）“大融合论”

“大融合论”所理解的课程是一个较大的概念。这种观点主要是将信息技术融入课程的整体，改变课程的内容和结构，变革整个课程体系。

1. 微课

微课又名“微课程”，是“微型视频网络课程”的简称，它是以微型教学视频为主要载体，针对某个学科知识点（如重点、难点、疑点、考点等）或教学环节（如学习活动、主题、实验、任务等）而设计开发的一种情景化、支持多种学习方式的新型网络课程资源。

2. 慕课

慕课是一种参与者和课程资源都分散在网络上的课程，只有在课程是开放的、参与者达到一定规模的情况下，这种学习形式才会更有效。

3. 翻转课堂

翻转课堂就是在正式的学习中，学生在课前利用分发的数字材料、音视频、电子材料等自主学习课程，然后在课堂上参与与同伴和教师的互动活动，解疑、解惑、探究等，并完成练习的一种教学形态。

（二）“小融合论”

通过课程把信息技术与学科教学有机地结合起来，从根本上改变传统教与学的观念以及相应的学习目标、方法和评价手。

——陈至立部长

将信息技术作为学生自主学习的认知工具、丰富的教学环境的创设工具以及情感激励工具，并全面融合到各个学科的教学中。

——余胜泉博士

五、教学模式的基本概念

教学模式俗称大方法，它不仅是一种教学手段，而且是从教学原理、教学内容、教学目标和任务、教学过程直至教学组织形式的整体的、系统的操作样式，这种操作样式是加以理论化的。

六、各学科与信息技术融合的实施

（一）结合各门学科的特点，构建易于实现学科课程融合的新型教学模式

每位教师都应结合各自的学科特点去构建既能实现信息技术与课程融合，又能较好地体现新型教学结构要求的培养学生创新精神和实践能力的教学方式。

新型教学模式的类型是多种多样的，不应将其简单化。但是若从最有利于创新人才培养的角度考虑，则有两种基于信息技术的教学模式，即“研究性”学习模式和“协作式”学习模式。

（二）以先进的教育思想、教与学理论（特别是建构主义理论）为指导

将信息技术与各学科课程相融合，是为了实现彻底改革传统教学结构与教育本质，促进大批创新人才成长的目标，因此，信息技术与课程相融合的过程绝不仅仅是现代信息技术手段的运用过程，它必将伴随教育、教学领域的一场深刻变革。

（三）高度重视各学科的教学资源建设

没有丰富的高质量教学资源，就谈不上让学生自主学习、自主发现和自主探索，教师主宰课堂，学生被动接受知识的状态就难以改变，创新人才的培养也就落空了。重视教学资源的建设，并非要求所有教师都去开发多媒体素材或课件，而是要求广大教师努力搜集、整理和充分利用互联网上的已有资源，在确实找不到与学习主题相关的资源的情况下，才由教师自己去开发。

（四）运用“学教并重”的教学设计理论进行课程融合的教学设计

最理想的办法是将“以教为主”的教学设计和“以学为主”的教学设计结合起来，互相取长补短，形成优势互补的“学教并重”教学设计理论。这种理论正好能适应“既要发挥教师主导作用，又要充分体现学生学习主体作用的新型教学结构”的创建要求。在运用这种理论进行教学设计时，应当把信息技术作为促进学生自主学习的认知工具与情感激励工具，并把这一观念牢牢地、自始至终地贯彻于课程融合的整个教学设计的各个环节。

（五）紧紧围绕“新型教学结构”的创建来融合

为了推进我国教育的深化改革，必须认清教学过程的本质，在先进的教育科学理论的指导下，改变传统的以教师为中心的教学结构，创建既能发挥教师主导作用，又能充分体现学生主体作用的新型教学结构。信息技术与课程的融合应该紧紧围绕“新型教学结构”的创建这一中心来进行，不能把“融合”变成技术与教学的简单叠加，那是没有意义的。要求教师密切注意教学环境四个要素的地位与作用，看看通过自己将要进行的“融合”能否

使各个要素的地位与作用与传统教学过程相比发生某些改变，改变的程度有多大，哪些要素将会改变，哪些还没有，原因在哪里。只有紧紧围绕这些问题进行分析，并作出相应的调整，使得通过最终教学设计所构建的教学模式能较好地体现新型教学结构的要求，这样的融合才是有意义的。

学校教育信息化环境，既是教师融合学科教学的殿堂，也是学生自主学习和合作学习的园地。融合过程中教与学的核心问题是对信息技术的应用。事实告诉我们，学习化社会的产生和发展从信息技术应用平台开始，信息技术环境下的课程融合模式将成为教育信息化发展的必然趋势。

第五节　创新赢未来

人工智能技术赋能深度学习，人工智能技术将改变现在的教育模式。谁抓住人工智能技术，谁就占据先机，这已是一个不争的事实。

人工智能技术需要拔尖创新人才。拔尖创新人才的培养是教育强国建设的重中之重，它不仅成为2023年教育界的高频词，而且将继续成为2024年的教育热点。可以预见，2024年拔尖创新人才培养，一方面将破除大中小人才培养壁垒，聚焦一体化贯通培养，另一方面将更加注重培养集知识基础、学习兴趣、综合素质为一体的教育。“真问题、真情境”“做中学”“解决真实问题”成为基础教育持续推进的课改主旋律。强化学科实践，注重“做中学”，加强知识学习与学生经验、现实生活、社会实践之间的联系，增强学生认识真实世界、解决真实问题的能力。

“跨学科融合”成为2024年课改的关键词，数字化转型推动学校教育变革。

几乎是在一夜之间，ChatGPT“刷爆”了网络和朋友图，与之相关的多个话题接连登上2023年的热搜头条。

ChatGPT正在以超乎想象的数字内容孪生能力、数字编辑能力、数字创作能力，掀起一场学习革命，也给教育带来了全新的挑战。

近年来，逐步推进实施“双师课堂”建设，通过数字化转型，学校改变原有课堂教学模式，促进了学校间、校区间的均衡发展，实现了人与人工智能互动的课堂教学活动创新。

应对人工智能快速发展的挑战，2024年将会有更多的学校借助新的技术，提升教育的深度和广度，让科技的力量在适合的教育场景中发挥作用，让学生从学会知识转向学会学习，助力课堂教学和学生高质量成长。

人工智能正在深刻改变着人们的生产和生活方式，将逐渐成为推动科技与教育发展的重要力量。深度学习旨在追求学生高阶思维能力与创新创造能力的培养，是学习方式的重要变革。

深度学习是认知结构与思维结构的不断转变与纵深发展的过程，迁移是深度学习的核心特征。堆积与分离是浅层学习的根源；新旧知识相容是同化与顺应作用机制发生的必要条件，同化与顺应是深度学习内部关联迁移的关键；重构与迭代是深度学习外部拓展迁移的动力源。

人工智能赋能深度学习，可以激发学生的学习兴趣与学习动机，促进新旧更迭。

人工智能正在深刻改变着人们的生产和生活方式，将逐渐成为推动科技与教育发展的重要力量。深度学习旨在追求学生高阶思维能力与创新创造能力的培养，是学习方式的重要变革。

Sora，美国人工智能研究公司 OpenAI 发布的人工智能文生视频大模型，于 2024 年 2 月 15 日（美国当地时间）正式对外发布。Sora 这一名称源于日文“空”（そら），即天空之意，以示其无限的创造潜力，也标志着人工智能在理解真实世界场景并与之互动的能力方面实现飞跃。

2022 年底，OpenAI 正式推出 ChatGPT，这款由人工智能技术驱动的自然语言处理工具能够通过学习和理解人类的语言来进行对话。ChatGPT 是 OpenAI 迈出的第一步，这款让所有人都能体会到人工智能潜力的现象级产品，展现了文字对于过去人工智能的理解力和逻辑能力的超越。

AI 会带来史无前例的公平，无论是教育公平，还是在工作当中其他方面的公平。因为我们每个人都有了一个强大的智能工具，而这个强大的智能工具在未来对所有人都是公平的。科技让我们史无前例地实现了生产力解放。科技的进步就是让我们向外探索，让我们仰望星空，这是人与其他动物的最大区别。

当我们站在这一技术革新的地平线上时，不禁要问：像 Sora 这样的人工智能将如何重新定义教育的边界？它将如何影响教师的角色和学生的学习方式？在 AI 新纪元中，教育将会呈现怎样的面貌？

教育最迫切的是要尽快调整人才选拔模式。如果这次的 AI 革命我们不能胜出，后果就真的不堪设想。想继续采用“拿来主义”估计行不通。我们的差距不只是在技术上，更多的是在人才培养和选拔上，以及整个社会中弥漫的功利化氛围。如果不马上改变，未来令人担优。

AI 技术不断进步发展，未来教育该走向何方？一年不到，AI 飞速发展，已经可以生成自己的世界模型，可以创建自己的世界。学理科，学编程，就是要让孩子成为 AI 之上的人。但这样的“学”不能只是刷题、背公式、背定理、记代码，不能只是学习表面的理科和编程。学习任务要更高级，是要更深一层了解理科和编程背后的原理，学会他们是怎么制定 AI 规则的，这样才能成为 AI 之上的人，所以更要学理科、学编程，而且要更高级地学，学会迁移地学。

在 AI 时代，我们需要培养学生的核心能力：创新能力、自主学习能力、团队合作能力、跨领域能力、人际交往能力、情绪控制能力、创新思维能力、谋划未来的能力。

我们需要提升学生的想象力和执行力，帮助他们产生新的想法和解决问题的方法，让他们能通过网络自主地学习和探索新的知识。培养他们的团队合作能力，团队合作是 AI 时代中不可或缺的能力。需要学生具备跨领域的知识和技能，提升沟通能力、协商能力和解决问题的能力等，帮助他们与他人更好地合作和交流，帮助他们更好地处理情感和冲突，帮助他们从不同的角度思考问题，并找到新的解决方案，引导他们考虑未来的规划和目标，帮助他们具备未来导向的思维。

未来已来，是让我们作出改变的时候了。

创新，赢未来！

参考文献

［1］ 王兰英，谈云龙.教师的素质［M］.武汉：湖北人民出版社，1989.

［2］ 教育部师范教育司.中小学教师职业规范道德学习手册［M］.北京：高等教育出版社，2008.

［3］ 姚如富，吕明.综合素质［M］.合肥：中国科学技术大学出版社，2014.

［4］ 张仁贤.教师道德素养［M］.天津：天津教育出版社，2008.

［5］ 朱旭东.教育家精神：教师行走在教育家之路上的明灯［J］.教育家，2023(41).

［6］ 吴天武.寻求充满生命活力的教育——二论人性化教育［J］.教育探索，2004(02).

［7］ 中华人民共和国教育部.义务教育课程方案：2022 年版［M］.北京：北京师范大学出版社，2022.

［8］ 郑颖.分层作业设计 实现减负增效［J］.天津教育，2023(21).

［9］ 郭华.跨学科主题学习：提升育人质量的一条新路径［J］.人民教育，2023(02).

［10］ 宁淼.初中道德与法治教师“五度”教研策略研究——以辽宁省沈阳市皇姑区初中道德与法治教师教研经验为例［J］.中小学教学研究，2023，24(04).

［11］ 陈国华.互动交流自主探索多元评价——浅析一节好的数学课的标准［J］.中学数学，2022(10).

［12］ 朱兴旺，靳健.语文学科主题校本教研活动案例分析报告［J］.中国科技博览，2010(34).

［13］ 刘林虎.什么是教研活动［J］.新课程：下，2013(4).

［14］ 任学宝，王小平.重新审视教研的方向、意义与价值［J］.人民教育，2018，780(02).

［15］ 向秋玲.浅谈如何提高集体备课的实效［J］.中国校外教育，2014(27).

［16］ 于颖泓.集体备课应处理好三种关系［J］.现代教学，2014(17).

［17］ 甘元琴.基于课程审议的教师集体备课机制重构研究［D］.中国科技博览，2020.

［18］ 赵明仁.教学反思与教师专业发展［M］.北京：北京师范大学出版社，2009.

［19］ 邵志慧.反思性教学概述［J］.学理论，2012(10).

［20］ 李楠.决定教学质量的关键策略［M］.重庆：西南师范大学出版社，2010.

［21］ 李胜利.让教学更有效——名师提高教学质量的七个关键环节［M］. 重庆：西南师

范大学出版社，2012.
[22] 郭强.中小学课题研究方法指导[M].武汉：华中师范大学出版社，2016.
[23] 华国栋.教育科研方法[M].南京：南京大学出版社，2001.
[24] 徐红.教育科学研究方法[M].武汉：华中科技大学出版社，2013.
[25] 杨振亭.综合实践活动课程宜突出“综合”特质[J].人民教育，2018(2).
[26] 吴刚平.校本课程开发[M].成都：四川教育出版社，2002.
[27] 王斌华.校本课程论[M].上海：上海教育出版社，2000.
[28] 张雪梅.特色校本课程开发案例解读[M].南京：江苏教育出版社，2013.
[29] 魏书生.班主任工作漫谈[M].北京：文化艺术出版社，2012.
[30] 任小艾，傅国亮.新世纪班主任必读[M].北京：高等教育出版社，2005.
[31] 中华人民共和国国民经济和社会发展第十四个五年规划和 2035 年远景目标纲要[M].人民出版社，2021.
[32] 中共中央网络安全和信息化委员会办公室.中央网络安全和信息化委员会印发《提升全民数字素养与技能行动纲要》[EB/OL].(2021 - 11 - 11)[2024 - 07 - 10]. http://www.cac.gov.cn/2021 - 11/05/c_1637708867754305.htm.
[33] 中央网信办、教育部、工业和信息化部、人力资源和社会保障部联合印发《2024 年提升全民数字素养与技能工作要点》[EB/OL].(2024 - 02 - 23)[2024 - 07 - 10]. http://big5.www.gov.cn/gate/big5/www.gov.cn/govweb/lianbo/bumen/202402/content_6933541.htm.
[34] 中共中央国务院印发《数字中国建设整体布局规划》[EB/OL].(2023 - 03 - 27)[2024 - 07 - 10].http://www.gov.cn/xinwen/2023 - 02/27/content_5743484.htm.
[35] 中华人民共和国教育部.教育部关于印发义务教育课程方案和课程标准(2022 年版)的通知[EB/OL].(2022 - 04 - 21)[2023 - 05 - 27].http://www.moe.gov.cn/srcsite/A26/s8001/202204/t20220420_619921.html.
[36] 中华人民共和国教育部.教育部关于发布《教师数字素养》教育行业标准的通知[EB/OL].(2022 - 11 - 30)[2023 - 06 - 20].https://www.gov.cn/zhengce/zhengceku/2023 - 02/21/content_5742422.htm.

后　记

2024年是国庆75周年，是国家设立教师节后的第四十个教师节，也是《中华人民共和国教师法》颁布实施30周年。我们采取案例、故事＋理论的方式，编写了这本书作为第四十个教师节的献礼。在编写过程中，我们得到了湖北省特级教师、正高级职称教师、隆中名校长胡启胜同志的指导与帮助，在此表示衷心的感谢。

参加本书撰稿的同志有(依章为序)：王怀波(第一章)，亢锦、王鹊(第二章)，李玉兰(第三章)，曾庆丰、宋孝雁、袁再彦(第四章)，孙元武、谢云波(第五章)，陈兴明、刘用哲(第六章)，刘玲、有梦洋(第七章)，刘红新(第八章)，王业铁(第九章)，王怀波和刘红新负责全书的组织及统稿工作。由于我们的水平有限、认知有限，加之时间较紧，难免存在不当之处，真诚欢迎有关专家、学者和广大读者不吝赐教、批评指正。

编　者

2024年8月